21世紀のアメリカ資本主義

American Capitalism in the Twenty-First Century

グローバル蓄積構造の変容

河音琢郎・豊福裕二・野口義直・平野 健 ［編］

大月書店

まえがき

　今日，世界は1930年代に比肩しうる「100年に一度の危機」に直面している．それは，人々の生活を成り立たせている経済が長期の閉塞状態に陥っていること，政財界のエリートたちもその解決を模索しながらも，大衆からの激しい異議申し立てによりエリートたちの政治的指導力が揺らいでいること，そして異議申し立てする側にも複数の力の衝突があり，そのゆくえ次第では進歩的解決にも反動的解決にも向かいうる歴史的岐路に立っていること，そういう意味での危機である．そこで問われ争われているのはアメリカ型新自由主義であり，アメリカ主導の「リベラルな国際秩序」である．

アメリカ国内政治の「分断」

　近年のアメリカ国内政治を象徴する言葉は「分断」である．たとえば，トランプ前大統領の支持者たちは2020年の大統領選挙の結果を承認していない．彼らの中には，トランプを「闇の政府（ディープステート）」と戦うヒーローだとする陰謀理論を信じている者が多く，選挙結果認定手続きを妨害するために1月6日，連邦議事堂を占拠した．

　「分断」は人種差別の形でも現れている．2020年5月，警察官による黒人男性殺害事件が起きた．これをきっかけに全米でブラック・ライブズ・マター運動が広がり，白人も含め多くの賛同が寄せられたが，その一方で白人至上主義を掲げる運動も活発化している．また，新型コロナウイルス感染の拡大とともにアジア人に対するヘイトクライムが急増している．

　こうした「分断」の背後には新自由主義への抗議がある．2008年世界金融危機後，2つのポピュリズム運動，すなわち保守派のティーパーティー運動とリベラル派のオキュパイ・ウォールストリート運動が現れた．これらは2016年大統領選挙ではトランプ支持とサンダース支持に継承され，両者ともに新自由主義がもたらした弊害への抗議を含んでいたが，同時に人種・ジェンダーなどのアイデンティティ・ポリティクスと陰謀理論という要素も追加された．ア

イデンティティ・ポリティクスは公正さではなく承認欲求を基準に運動すると
セクト的偏狭さに陥りやすいとの指摘があり，また陰謀理論は見ている世界像
の不一致を修復不可能にする．こうして新自由主義に対する抗議は，連帯では
なく「分断」へと突き進んだ．

アメリカ主導の国際秩序の揺らぎ

　国際社会でも，アメリカ主導の「リベラルな国際秩序」に大きな亀裂が入っ
ている．米ソ冷戦の終焉により，アメリカが一極覇権を高らかに宣言した30
年前とは隔世の感がある．

　中国は，2001年のWTO（世界貿易機関）加盟を画期に，アメリカ主導の国際
秩序に積極的に参画することで経済成長と技術力向上を実現したが，大国とな
った中国は，習近平体制となった2013年頃から，アメリカ主導の国際秩序か
らの自立（独自勢力圏形成と先端技術覇権）をめざすようになった．

　他方，1990年代に市場経済への転換をめざしたロシアは，IMF（国際通貨基
金）とアメリカの指導に従ったショック療法的改革により深刻な経済破綻に見
舞われた．21世紀に入りロシアは石油輸出によって経済的には持ち直すもの
の，NATOの東方拡大により孤立感と危機感を強めた．2022年2月に始まるウ
クライナ侵略の背後にはこうした事情がある．

　中国，ロシアだけではない．アメリカもまたオバマ政権期にイラク・アフガ
ニスタンからの撤退を本格化させ，「世界の警察官」を辞めると宣言した．こ
うしたアメリカの「内向き化」はトランプ政権の「アメリカ第一主義」によっ
て加速した．

　ウクライナ戦争が勃発し，米中「新冷戦」も貿易摩擦から台湾有事へと焦点
が移る中，バイデン政権は軍事同盟強化を唱えてはいるものの，どのようにウ
クライナ戦争を収束させ，東アジアでの軍事衝突を回避できるのか，先行きは
不透明である．

危機の土台にある経済過程の総合的な分析

　このような危機が1930年代と比肩しうるというのは，その時代の閉塞状況
に対してファシズムとニューディールという2つの路線が提示され，各国内の
激しい政治闘争と第二次世界大戦を通じて戦後資本主義世界の支配的な社会秩

序としてニューディール型が選択されたという経過があるからである．1930年代の「危機」の前には，19世紀末以降の長期不況，重化学工業主導の産業構造への転換，独占資本主義の台頭，農民階層の没落といった大きな経済構造の変化があった．ニューディール型の社会体制とは，この新しい経済構造に整合性を与える新しい社会的合意であった．ケインズ主義的経済政策によって高度経済成長を実現し，その下で社会的リベラル，すなわち労働運動や生存権の承認，そして公民権運動やフェミニズム運動など社会的公正を求める運動が花開いた．

1970年代に高度経済成長が終わりを告げると，ケインズ主義的経済政策が放棄され，1980年代以降は経済的自由主義，社会保障や労働運動の忌避，白人と男性優位の保守的価値観の再興などがバックラッシュとして進行した．この保守化の流れは，今日から見れば，激しい衝突を引き起こすことなく，比較的スムーズに受け入れられたといえる．しかし，新自由主義が徹底して推し進められた結果，ついに社会は，階層，属性，価値観によって分裂し，解体を起こしかねないほどの衝突にまで行き着いた．

本書は，この21世紀的危機の経済的土台の分析を課題とする．1980年前後に新自由主義が採用された後，一定の試行錯誤を経て特殊アメリカ型の新自由主義が成立する．それはグローバリゼーションと金融化と知識経済化を特徴とし，その帰結として，大型好景気と世界金融危機というダイナミックな変動を引き起こしながら，徐々に「長期停滞」と深刻な貧困問題を顕在化してきた．こうした閉塞状況に対処すべく試行錯誤がくり返され，気候変動対策や格差改善・中間層対策を含む「大きな政府」の復活も提起されているが，それが直ちに新自由主義の終焉といえるかどうかはまだ流動的である．

本書は今後のゆくえを予測するものではない．将来社会は経済の動きだけで決定されるものではなく，政治的闘争を通じて選択されるものだからである．しかし，その政治的闘争は日々，国内・国際の両面にわたって展開されており，その政治の動きを見極めるためにも経済的土台の総合的な分析が必要となる．本書はその一助となることをめざしている．

2023年2月　編者一同

目　次

第5篇　労働，貧困，社会運動

第6篇　政治と政策

序　章
本書の対象と課題

平野　健

はじめに

　本書は，20世紀末から今日までの四半世紀のアメリカ経済にスポットライトを当て，18人の執筆者が19の章で様々な側面を取り上げて分析している．その分析は，マクロ経済，代表的産業部門，国民生活，国内・国際政治と広範囲に及ぶ．

　本書で取り上げる分析の対象をこの四半世紀で区切る理由は，この時期のアメリカ経済には相対的に固定的な構造があったからである．その構造は，アメリカが経済政策の方向性を新自由主義に転換させた後，10数年の試行錯誤の末に形成されたものである．アメリカのケインズ主義が，ニューディール政策が開始される1933年から1940年代末までの10数年の試行錯誤を経てようやく確立したように，新自由主義もまたアメリカ経済に適合した特殊型を見つけるまでにやはり同程度の年月がかかったのである．本章ではこれをさしあたり「グローバル蓄積構造[1]」と呼んでおくことにする．この蓄積構造も順調に機能したように見えたのはせいぜい10年強であり，2009年にはその改革の模索が始まっており，それもすでに10年強続いている．

　後続の章で様々な角度から分析するのに先立って，本章ではこの蓄積構造がどのような歴史的経過を経て現れたのか，またどのような基本構造を内部的・

1）アメリカのラディカル派経済学者が提唱した「蓄積の社会構造（SSA)」という概念がある．ある時代のある国の資本蓄積が順調に進行している時，そこにはその資本蓄積と整合性の高い制度が存在しているというものであるが，1990年代半ば以降のアメリカにはそうした「蓄積の社会構造」が国際的・広域的に形成されていると考え，それを現代アメリカ経済の「グローバル蓄積構造」と呼ぶことにする．

国際的に持っていたのかを提示して，後続章の議論の土台を据えることにしたい．

本章では，第1節でグローバル蓄積構造の生成過程，第2節でその基本構造，第3節で綻びと改革の模索について概観する．歴史的事実についての実証研究ではなく，よく知られている歴史的事実の中から論理の骨格をなす部分を取り出して示すことにする．最後に第4節で本書の篇構成を紹介する．

1．アメリカ経済における新自由主義政策の展開

アメリカ経済の第一の苦境＝高度経済成長の終焉

ケインズ主義から新自由主義へと経済政策の路線転換を促したものは，高度成長の終焉である．高度成長は20世紀半ばに米欧日の先進資本主義諸国に共通して見られた現象であるが，その内実は先進国各国における重化学工業の大量生産・大量消費の安定的継続であった．1970年代に高度経済成長が終焉を迎えると，低成長期においてもさらに資本蓄積を進めていけるよう，新しい経済政策に方向転換が図られた．それが「積極的調整政策」「構造調整政策」「構造改革」と呼ばれる政策群，すなわち新自由主義である．

新自由主義の政策には表0-1の右側に列挙されているようなものがあるが，それらは全体として「低成長経済の下でも優位企業（主に大企業）に利益を確保させること」にねらいがあるといえよう．実際，低成長経済の下で大企業の利益を増大させるためには，論理的には表0-1の①〜⑤のような方途が考えられるが，新自由主義として追求される具体的な政策群は，そうした方途を実現するための具体的手立ての集合となっている．

アメリカ版新自由主義ver. 1＝レーガノミクス

ロナルド・レーガン大統領は1980年の大統領選挙で新自由主義を掲げて当選し，新自由主義政策を全面的に推進したアメリカ最初の政権だった．しかしながら，レーガノミクス（レーガン政権の経済政策）は当初想定していたような効果を挙げることができなかった[2]．レーガノミクスの骨格は，①通貨供給の増

2）レーガノミクスについてはボスキン（1991）を参照．

表0-1　新自由主義のねらい（左側）と政策群（右側）

①労働分配率の引き下げ　→　雇用柔軟化，福祉削減，再就職支援
②企業間の優勝劣敗の強化　→　減税，規制緩和，産業保護政策の廃止，財政支出 　　抑制
③ビジネスチャンスの拡大　→　公共サービスの民営化，規制緩和
④新技術・新製品・新産業の創出　→　研究開発支援，規制緩和，知的財産権保護
⑤外生的需要の創出　→　貿易自由化，政府支出（弱者保護を除く）

（出所）筆者作成．右側の政策群はワシントン・コンセンサスの内容を参考にした．

加率抑制によるインフレ抑制，②減税と規制緩和による企業の投資活発化と生産性上昇，③軍拡と福祉予算削減による軍事力増強と均衡財政の両立であったが，次のような結果に終わった．

　①連邦準備制度理事会（FRB）による金融政策は確かにインフレ抑制を達成したが，同時に1982年の不況をかつてなく深刻なものにした．②減税と規制緩和は企業の手元資金を増やし，企業活動の自由度を広げたが，企業は設備投資や研究開発投資には消極的で，むしろ事業資産の買収・合併・売却（M&A&D）を活発化させて，マネーゲームに明け暮れていると批判された．③軍拡を進めつつも，福祉予算の削減は議会の同意が得られず失敗した．減税もあいまって大規模な財政赤字をつくり，国債が大量に発行されたが，これがFRBの金融引き締め政策とあいまって高金利をもたらした．それは海外からのドル流入をもたらし，為替市場でのドル高を招いたため，輸入急増により国内産業に打撃を与えた．財政赤字と経常収支赤字は「双子の赤字」と呼ばれ，大国アメリカの凋落を印象づけた．

　レーガノミクスがシナリオ通りに進まなかった理由は何なのだろうか．当時からレーガノミクスを合理性のない「ブードゥー経済学」（呪術経済学）と揶揄する人々もいたが，レーガノミクスの失敗には合理的な理由がある．アメリカ製造業の国際競争力の低下に対する認識が欠けていたことである．

アメリカ経済の第二の苦境＝製造業の国際競争劣位

　高度経済成長が先進国各国での重化学工業の大量生産・大量消費の好循環であるとすると，それが止まった時，最初に起きることは国際競争の激化である．国際競争で優位に立てれば，国内需要が停滞しても輸出を拡大することで国内

の生産拡大を従来並みに維持できるからである．逆に国際競争で劣位に落ちれば，海外からの輸入品によって国内市場の一部を奪われ，生産拡大をよりいっそう圧迫されることになる．そして1970〜80年代では製造業の多くの部門で日本企業と西ドイツ企業が勝ち組となり，アメリカ企業は負け組となった．

この結果，アメリカ製造業は過剰生産能力の調整を日本やドイツの分もしわ寄せされ，より大規模に工場閉鎖，人員削減せざるをえなかった[3]．レーガン政権はこうしたタイミングで新自由主義政策を発動したのである．新自由主義政策には市場の優勝劣敗機能を強めて劣位企業を積極的に淘汰し，もって優位企業の成長余地を広げることが含まれている（表0-1の②）ため，アメリカ製造業の経営環境はレーガノミクスによっていっそう厳しいものとなった．

このような状態になれば，たとえ減税によって投資用資金を与えられても，生産能力をさらに増やすような投資はおこなえるはずがない．むしろひとまずは不要な資産を削減・廃棄して縮小均衡をめざさなければならず，そのような下でなお競争力強化に努めようとするなら，M&A&Dによる「選択と集中」に向かうのは当然の理である．

レーガノミクス批判の噴出

このような現実に直面して，ジャーナリズム，財界，議会，研究者など様々な方面からレーガノミクス批判が上げられ，競争力問題に正面から向き合うべきだとの声が上げられた．

まず1983年に経済学者とジャーナリストの間で「産業政策論争」が起きた．1984年の大統領選挙を念頭に，日本の通産省（当時）のような特定産業の育成政策の必要性を訴える議論が出された．結局，大統領選挙ではレーガンが再選され，産業政策はとらないと宣言してこの論争は終息した[4]．

次に1985年のヤング・レポートである．これはレーガン大統領の諮問委員会「産業競争力委員会」が大統領に提出した意見書であり，その委員長がヒューレット・パッカード社の社長ジョン・ヤングだったことからこのように呼ばれている．その報告書の意義は，アメリカ産業の競争力低下を初めて公然と認

3）自動車産業や鉄鋼産業ではそうした特徴が鮮明に見られる．平野（2004）を参照．
4）産業政策賛成派にはロバート・ライシュ，ローラ・タイソンなど，後にクリントン権に参加する経済学者がいた．立石（2000）を参照．

めたことと，競争力強化策の基本骨格（①技術革新の促進，②資本コストの改善，③人的資源への投資，④通商政策の重視の4本柱）を提示したことである[5]．

　議会は立法を通じて企業の国際競争を支援する環境づくりを進めた．たとえば，1984年「全国共同研究法」は反トラスト法の規制を緩和して企業間の共同研究開発を許可する立法であり，1988年「包括通商競争力法」はスーパー301条という制裁措置を復活させて貿易不均衡是正のために政府が積極的に介入できるようにした立法だった．

　さらに研究者は日本の競争力の強さの秘密を探る「日本研究」に旺盛に取り組んだ．たとえば1985年に開始された「国際自動車プログラム」は，日本的生産システムに関する共同研究であり，1990年に『リーン生産方式が，世界の自動車産業をこう変える。』を発表した．また1986年「産業生産性委員会」は，日本の製造業の競争力を支える産業・政府・大学間の協力関係を含め，日本社会の包括的研究を進め，1989年に『Made in America』を発表した[6]．

アメリカ版新自由主義ver. 2＝クリントノミクス

　これらレーガノミクスに対する批判を総合する形で経済政策を組み立てたのが，1993年に始まるビル・クリントン政権であった．レーガノミクスをアメリカにおける新自由主義の素朴な適用（version 1）だとすると，クリントノミクスはその弱点を埋めた改訂版（version 2）といえる．大統領選挙で掲げた経済政策が『変革への提言[7]』として出版されているが，そこに説明されている経済政策の考え方は次の通りである．

　まず「新しい民主党」という立場から，市場に任せるだけで政府の戦略性を持たない共和党と，短期的には効果があっても長期的には生産性を停滞させる弱者保護（保護政策，補助金政策）を主張する旧来の民主党の双方を批判する．企業の生産性上昇が経済回復の基本であるが，そのために政府は技術革新，財政赤字削減，人材育成，通商政策に積極的に関与しなければならないと主張するもので，「新自由主義的政府介入」とでもいいうるスタンスである．その内容には具体的なイメージがあり，効率的な生産システムとしては日本やドイツ

5）ヤング・レポートについては関下（1996）を参照．
6）ウォマックほか（1990），およびダートウゾスほか（1990）を参照．
7）アメリカ民主党・進歩的政策研究所（1993）を参照．

の生産システム，先端技術の開発としてはITインフラ整備（アル・ゴア副大統領の「情報スーパーハイウェイ」構想），経済成長においては輸出主導型成長である．

　また国際競争をくり返し強調しており，国際競争での敗北はアメリカ企業と労働者の双方にとって損害であり，政府は通商政策について戦略的である必要があると強調する．世界全体に自由貿易を広げることの価値を肯定しながら，そこではアメリカ企業のシェアを拡大するために政府が制裁措置や威嚇を利用することも有効であるとしている．

日米通商摩擦とその変容

　通商政策に対するクリントン政権の強硬姿勢の背後には，レーガン，ジョージ・H・W・ブッシュ（ブッシュ父），クリントンの3代にまたがる日米通商摩擦の変遷がある．日米通商摩擦は大きく3つのステップがあり，第一のステップは1970年代から続く個別産業ごとの輸出抑制交渉（アメリカ政府は日本側に対米輸出を自主規制するよう要求），第二のステップは1985年のいわゆるプラザ合意によるマクロ政策協調（円高ドル安，日本側の低金利と内需拡大を要求），第三のステップは1989〜90年の日米構造協議（日本独特の経済制度や慣行をよりアメリカに近いものに改革するよう要求）である．

　日米通商摩擦は，もともとレーガノミクスにおける唯一の産業保護政策として出発したのだが，その内実は輸入制限の保護貿易政策であり，新自由主義の理念と齟齬をきたす．ブッシュ父政権期はそのめざす方向を輸入抑制から輸出促進へと切り替えた．どちらも経常収支赤字削減という点では同じだが，後者は前者と異なり，自由貿易推進という建前を守ることができるからである．

　このような転換は，「戦略的通商政策」という経済学の新しい議論の影響を受けて，さらにアメリカ企業が優位に立ちやすい世界をつくりだすよう政府は積極的に外交・交渉していくべきだという見解に行きつく．1989年にある会合で「ワシントン・コンセンサス」という言葉が発せられた．これは「ワシントンに拠点を置く大統領府，議会，国際通貨基金（IMF）・世界銀行，シンクタンクなどは，構造調整政策こそ唯一の経済成長政策であり，これを世界全体に押し広げていくべきだという認識で一致している」という趣旨の発言であり，1982年の中南米累積債務危機とそれをきっかけとした中南米への新自由主義

普及の経験をふまえてなされた発言であったが，この年にメキシコが北米自由貿易協定（NAFTA）交渉に参加し，「日米構造協議」が開始されたのである．これは「保護主義的に自国を守る通商政策」から「外交を通じて世界の新自由主義化を促進する通商政策」への転回である．

アメリカ版新自由主義ver. 3＝グローバル蓄積構造

　クリントノミクスのシナリオは，しかしながら，レーガノミクス同様，現実性に欠けている部分があった．1991年からの景気拡大は，当初，「雇用なき景気回復」といわれた．1994年にはようやく雇用が回復するが，雇用の流動化が進み，製造業の高賃金職を解雇されてサービス業の低賃金職に再雇用される人が増えた．解雇の不安からくる神経症や，再雇用されても貧しい「ワーキング・プア」が社会問題として注目されるようになる．このような現象は，実はクリントン政権が重視してきた大企業の経営合理化が生み出したものだが，その競争力は輸出主導型成長を達成するには遠く及ばないものだった．このままでは製造業の雇用の安定・拡大に何年かかるかわからなかった．

　1995年秋にクリントン政権は通商政策の基本目標を転換した．ゴールドマン・サックス社の共同代表ロバート・ルービンを財務長官に据え，彼の進言に従って，1985年から10年続けてきた円高ドル安の為替政策をドル高容認へと転換したのである．この為替政策は，通商政策の基本目標を経常収支赤字削減から資本収支黒字拡大（これは必然的に経常収支赤字も拡大させる）へと180度転換するものであった．ルービンは，ドル高はドルへの信頼感を高め，ドル建て資産の魅力を増し，アメリカへの長期投資を促進させるのでアメリカ経済にプラスの影響をもたらす，と説得したといわれる[8]．実際，その後，海外資金のアメリカ流入が急増し，それが一つの背景となってアメリカの株価が急上昇し，1998年にはバブル状態に突入する．その結果，1991年に始まった景気拡大は，2001年まで120カ月という記録的な大型景気拡大を達成した．

　図0-1には，1996〜97年から金融収支黒字と経常収支赤字がともに急拡大し，1980年代と比べ物にならない規模に到達している様子が読み取れる．これは2009年にいったん収縮するが，その後も2000年頃の規模で推移しており，

8）森（2001）を参照．

図0-1 アメリカの経常収支と金融収支の推移

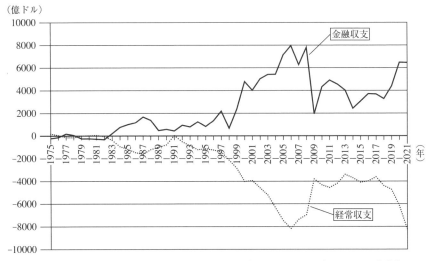

（出所）US Department of Commerce, International Transactions（Balance of Payment）, Table 1.1より作成.

1995年以前の水準に戻ることはない.

　これは製造業の利害を第一に考える通商政策から，金融業の利害を第一に考える通商政策への転換のように見える. 製造業の競争力強化を最重視したクリントンがなぜこれを認めたのだろうか.

　そこには1994年のNAFTAと1995年の世界貿易機関（WTO）の成立が影響している. この両者は単なる貿易協定・機関ではなく，サービスや農業の貿易自由化，知的財産権の確保，そして多国籍企業の活動の自由を保障する「包括的な自由貿易・自由投資協定」とでも呼ぶべきものである. NAFTAは3カ国の協定だが，WTOは発足時77カ国（2022年現在164カ国）が参加しており，世界を統一的な「包括的な自由貿易・自由投資協定」にまとめようとするものである. [9] これらの成立と同時に為替政策の転換がなされたということは，アメリカ

9）WTOは，2001年に立ち上げたドーハ・ラウンドが合意に至らず，交渉も中断され，実質的に機能停止状態に陥り，その後，これに代わるものとしてメガFTA・EPAの交渉が進められてきた. FTA・EPAは世界各国が推進しているものでアメリカだけの専売特許ではないが，グローバル・インバランスを見るかぎり，アメリカが世界に依存している度合いは他国のそれとは比べ物にならないといえる.

政府はもはや国内製造業を保護するのをやめ，多国籍企業が自由に活動できる世界をつくることでアメリカ製造企業を支援する方向へと切り替えたことを意味する[10]．

　ここにアメリカ版新自由主義のversion 3が成立する．それは，①アメリカ製造業企業は積極的にグローバル展開して海外の条件を自社の競争力強化に活かしていくこと，②海外の資金をアメリカ金融市場に呼び込み，バブルを発生させてアメリカ国内経済を活性化していくこと，③アメリカ政府は以上のように世界がアメリカ企業とアメリカ経済にとって有益な存在となるように外交交渉や軍事力を用いて世界に働きかけていくこと，という3点を軸にしている．これがアメリカの経済状態に適合するように特殊化された新自由主義であり，世界を自国中心的につくり変えようとするという意味で「グローバル蓄積構造」と呼びうるものである．

2．グローバル蓄積構造の基本構造

主要部門の資本蓄積とその相互関係

　10数年間の試行錯誤の末，ようやく成立したグローバル蓄積構造であるが，これをどれか一つの産業部門の動向から一元論的に説明しようとするのは正しくない[11]．この蓄積構造の中核には少なくとも製造業，金融業，IT産業の3産業があり，それぞれが自身の個別的利害を追求すると同時に相互に支援しあい影響しあっている．政府の政策もこれらのビジネスの実態との整合性がないとシナリオ通りには進まない．そこでこの蓄積構造の中核にある3産業の様子を見ておこう．

10）NAFTAについては所（2009），WTOについては本書第16章を参照．
11）たとえば「金融化」論，「認知資本主義」論など，特定産業の動向から一元論的に資本主義の発展段階を論じると，それぞれ重要な側面を捉えつつも，一面化を免れない．大事なことはグローバル化，金融化，デジタル化，格差拡大など複数の特徴を連関づけて理解すること，企業や産業が特殊的利害を持って協調も対抗もしているという多元論的なリアリズムに立つことである．

A　製造業

　アメリカ製造企業はますます激しくなる国際競争の中でいかにして生き残るかを模索してきた．一般に製造業企業の競争行動には，①部門間移動（より有利な産業部門へと移動する競争）と②部門内競争（競合する商品のコスト削減・品質管理・製品差別化をめぐる競争）の2種類がある．1980年代以降のアメリカ大企業の場合，前者①は「リストラクチャリング」，すなわち多角化経営を，競争劣位にある事業分野を捨て，生き残れそうな事業分野に経営資源を集中する形で再編した．後者②は「リエンジニアリング」，すなわち選択された事業分野での業務プロセス（研究開発，製造，下請け管理，販売管理，顧客サービスなど業務の流れ）の効率化として進められた．具体的には当時，競争優位にあった日本企業の生産システムを学ぼうとする経営合理化運動である．

　アメリカ企業による日本的生産システムの移植には，IT投資の活発化とアウトソーシングの大胆な展開という独自な特徴がある．まず職務区分が明確なアメリカ企業で，職能部門や企業をまたがった協業を緻密化させるため，多様な情報を共有するツールとしてIT投資が強力に進められた．ITによって企業間の業務調整が効率化されると，さらに内製と外注の分業関係も見直される．自社の業務プロセスの中で競争力が強い業務と競争力の弱い業務とを切り分け，後者を外部にアウトソーシング（外注化）する動きが進んだ．アメリカ企業の場合，業務プロセスの両端（研究開発と顧客サービス）の競争力が強く，その間にある製造工程では競争力が弱いため，自社は研究開発と顧客サービスに専念し，製造工程を大胆に下請け企業にアウトソーシングする動きが進行した．

　このような特徴を持ったリエンジニアリングは，1990年代末の大容量通信網の世界的敷設とともに多国籍企業によって世界的規模で実践されていく．生産拠点の多国籍化とサプライチェーンのグローバル展開である[12)]．その結果，アメリカ本国で研究開発し，日本・韓国・台湾が製造した部品を中国で組み立てる，というような「生産と下請けのグローバル最適配置」を進める多国籍企業が増えていく．

　またITを用いた顧客サービスの充実化の中から「製造業のサービス化」が現

---

12)　グローバル・サプライチェーンについては，たとえば猪俣（2019），平野（2021b），UNCTAD（2013），WTO et al.（2019）などを参照.

れてくる．たとえば，IT製品の製造・販売よりもそれを活用した情報システム
の構築・保守に重点を移したIBM社のソリューション・サービス，製品を販
売するのではなく製品の期限つき利用権を販売するサブスクリプション・ビジ
ネス，製品にインターネット端末を組み込んで，顧客による利用状況をリアル
タイムで把握し，顧客に活用方法や保守を提案するIoT（モノのインターネッ
ト）などがそれである．

　IT活用は，企業の競争力の要素として，工場・機械などの有形資産よりも
「無形資産」の重要性を高めている．無形資産には，収集・集積されたビジネ
ス情報，それを処理するプログラム，研究開発の知識，設計図，著作権，資源
開発権，組織ノウハウ，人材，ブランドなどがあるが，製造業ではこれらに対
する投資が急速な勢いで伸びている．

　また企業がそれらの資産を取得する方法も，投資によって自社開発するより
も，M&Aによって他社から買収するケースが増えている．とりわけ「知的財
産」は多かれ少なかれ試行錯誤という手間を要するが，アメリカ経済ではベン
チャー企業が群生しており社会的な試行錯誤は活発化している．こうした状況
では，自社で無形資産を開発するよりも他社が開発した成果を買収するほうが
迅速かつ確実である．またM&Aは社会全体の総資産量を増やすことなくその
資産の持ち手を変えるだけなので，国際競争劣位にあって恒常的に過剰資本の
整理・削減の圧力の下にあるアメリカ製造業にとっては，無形資産だけでなく
有形資産においてもM&Aが最適な方法となる．

　最後に，こうした製造業の経営合理化とグローバル展開は国内における製造
業の雇用シェアを低下させた．それに代わってサービス業が雇用シェアを高め
たが，それは相対的に高賃金の製造業から低賃金のサービス業への雇用の移動
を意味しており，過去30年間進行してきた「中産階級の崩壊」「貧困問題の深
刻化」の最大の動因がここにある．これは同時に個人消費需要の伸び悩み，そ
れによる経済成長率の低下，長期停滞現象を引き起こす要因となっている．

B　金融業

　金融業は，製造業と入れ替わるようにして存在感を高めた産業部門の一つで
あるが，サービス業とは異なり，雇用シェアを高めることなく付加価値シェア
のみを高めた高収益産業である．マクロ経済全体の中で占める金融業の付加価

値・所得・利益のシェアの増大はしばしば「経済の金融化」と呼ばれる[13]．金融業は大きく銀行業（商業銀行業務）と証券業（投資銀行業務）とに分けることができる．金融業において後者の比重が高まっていることを「金融の証券化」と呼ぶとすれば，アメリカ経済の「金融化」は金融業の「証券化」と一体になって進行した．

戦後アメリカ金融業界はもともと商業銀行が主流であったが，高度経済成長の終焉は商業銀行にとって有利な融資先の先細りを意味している．1980年代には途上国融資，住宅ローン融資，M&Aブームの買収資金融資など，ハイリスク分野への融資を増やし，そこで大きな焦げつきをつくって経営難に陥った．その一方で投資銀行はデリバティブ（先物取引，オプション取引，スワップ取引）や資産担保証券（ABS）など新型の金融商品を開発し，またリスクを分散する巧みなポートフォリオ投資の技術を高めて，世界の投資家をアメリカ証券市場に惹きつけていった．

投資銀行業界の隆盛を支えた背景として，第一にコンピュータ，通信ネットワーク，金融工学の発達がある．これらにより投資情報をリアルタイムで入手し，PCの中で資産価格の理論値を瞬時に自動計算できるようになり，複雑なポートフォリオ投資が可能になった．また第二にレーガノミクスの財政赤字による国債の大量発行がある．国債は典型的な安全商品であり，これがいつでも大量に購入できるようになることは，ポートフォリオの中にハイリスク商品を混ぜ込む余地がそれだけ広がることを意味する．これが投資家側のリスク分散を可能にした．第三にアメリカ大企業が国際競争で追い込まれたことが，リストラクチャリングと第4次M&Aブームを引き起こした．

株価は1980年代から上昇傾向をたどっていくが，1990年代後半からはさらに加速し，バブルが景気拡大を支えるほどの規模に達した．その背景として大企業の自社株買い（後述）の他に，家計が金融資産として銀行預金よりも証券を選好するようになったことがある．具体的にはミューチュアルファンドや確定拠出型年金の流行であるが，その背後には，雇用の流動化によって将来不安が増大し，金融資産を証券市場で積極的に運用する動機が高まったことがある．これらの条件が揃ってきたうえで，ルービンのドル高誘導策が海外投資家のド

---

13)「金融化」論については，高田（2015），小倉（2016）が詳しい．

ル資産選好を強めたことが最後の決め手となった.

　アメリカでは1990年代後半から今日まで3度の大型バブルを経験している. 一度目は1990年代末のITベンチャー企業株, 二度目は2000年代半ばの住宅モーゲージ担保証券, 三度目は2010年代後半の証券市場の株価全体を表すインデックス投資（それを牽引したのはGAFA株）が投機の対象になった. この中でバブル崩壊が金融恐慌に結びついたのは二度目のバブルだけである. 金融投機の対象は実体経済の中に見出されるのであるから, それが技術革新と高収益を期待できる成長産業の株式であるのか, それともハイリスクな負債に対する債権の証券化商品であるのかによって, 金融業界が抱えるシステミック・リスクの質も変わってくる.

　以上のように, 「金融の証券化」は, その時々の技術, 政策, 実体経済を条件とし, その影響を受けて進行してきた. 同時に金融化と証券化が実体経済に反作用を及ぼしてもいる. たとえば, 第4次M&Aブームの背後には製造業大企業のリストラクチャリングがあったのだが, 逆にM&Aブームが大企業の経営スタイルをより近視眼的なものにした. 企業はM&Aブームの中で他社に買収されないようにするために高株価維持を余儀なくされたのだが, そのために製造業企業は, 一方で自社株買いをおこない, 他方では投資家たちを惹きつけ, 見放されないようにするために, 長期的な視野からの研究開発などよりも, M&Aによる他社の資産の取得や従業員解雇による労務コスト削減など, 短期で収益増加を見込める経営政策を率先して採用していくようになる.

　また「無形資産」やM&Aの際に発生する「のれん」は, 市場で取引されると同時に, その価格は（他の財とは異なり生産費用に規定されるよりも）将来収益の期待から逆算されて評価されるという, 金融資産に似た性格を持っている. 企業経営者はこれら無形資産の価格操作も経営政策の中に盛り込むようにもなった.

　最後に, バブルはその資産効果によって個人消費や設備投資を増やし, 景気を浮揚する効果を持っている. この30年間, 製造業を軸に実体経済が経済成長率を低下させる傾向を持ってきたのに対し, 三度のバブルが経済成長率を上方に押し上げており, その総合としてアメリカ経済はダイナミックな景気変動をつくりだしてきた.

C IT産業

　IT産業が新興成長産業として注目されたのは，1980年代から1990年代にかけてである．ITは1980年代から経営合理化のツールとして導入されてきた．企業の中の様々な部署に1人1台ずつパーソナルコンピュータ（PC）を配置し，それをネットワークでつなぐことで協業を緊密化することがITの役割であった．当初はPCを企業独自の通信規格で接続していたのだが，1990年代になってTCP/IPという統一規格で接続し，企業の枠を越えた協業が組織される中で，経営合理化革命としての「IT革命」が語られるようになった．

　1990年代の段階では，ハードウェア，OS，ソフトウェアがそれぞれ別の専業企業から提供されており，情報エンジニアがそれらを組み合わせて既存のサービス（ウェブ，電子メール，ファイル共有など）を企業の情報システムとして構築するスタイルが主流であった．2000年代に入るとIBM社などの垂直的統合企業がこれら多様なサービスを統合し，顧客企業の要求に対応したカスタムメイド・サービスとして開発・構築・保守する総合ソリューション・サービスが主流になってくる．今日ではそれはさらにクラウドサービスの形になって，少数の大企業から寡占的に提供されている[14]．

　2010年代になると2つの変化が現れる．一つはインターネットの情報端末に，職場にあるPCだけでなく，24時間365日個人の消費生活にぴったりと密着しているスマートフォンが加わったことである．スマートフォンは単なる携帯電話ではなく，SNS，音楽配信，動画配信，ゲーム，ネット販売など個人向けサービスの入口になっている．そこではグーグル，アップル，フェイスブック（現メタ・プラットフォームズ），アマゾンなどのプラットフォーム企業が，一方では消費者個人に向けてアプリやサービスを（多くの場合，無料で）提供しつつ，他方でそうした個人に対して営業活動をしたい企業を登録させて登録料・手数料を取る両面ビジネスを展開し，また顧客の嗜好や消費行動に関する個人データを大量に収集し，人工知能（AI）で分析して，個人別にターゲティング広告を打つなどして高い収益を得ている．

　もう一つは2011年にドイツでインダストリ4.0が提唱され，2014年にアメリカでインダストリアル・インターネット・コンソーシアムが立ち上げられ，

14）以上，森原（2017）を参照．次の段落も含め，本書の第9章も参照されたい．

IoTによって収集したビッグデータをAIで分析して生産過程を消費過程に同期化する，新しい生産システム構築の国家的プロジェクトが立ち上がったことである．

　この2つは，需要サイド（顧客，消費）からの情報を供給サイド（工場，生産）にフィードバックし，生産と消費を同期化しようとしている点で共通している．これらは，すでに工場の機械体系の範囲内では実現されているモノとモノとの協働を，流通過程や消費過程にまで拡張・統合することを志向しており，その先にはインフラ，不動産，動産までインターネットで接続して管理するスマートシティ構想なども展望されている．

　以上のように，IT産業は，製造業や金融業など既存の産業にとって合理化と競争力強化のためのツールとして誕生し，発展してきた．その需要は常に途切れることはなく，好況不況に関係なく成長できる産業として高収益と高株価を実現してきたため，「製造業が衰退しているアメリカ経済にとっての新しい稼ぎ頭」と見なされることが多い．しかし，自らが利潤を稼ぐことと，経済全体の成長を促すことは別である．IT産業は一部の高給職を除けば雇用創出効果は大きくなく，設備投資も相対的に安価であるため，広範な産業部門の生産拡大を促すような大規模需要を生み出す能力に欠けており，単独で経済成長のリーディング産業となることはできない．

　IT産業の意味はそこにはなく，製造業や金融業の競争力の技術的基盤を形づくる産業であること，そうであるからこそ絶えざる技術革新を求められ，新しいビジネス・モデルを開発する産業であり，自らが変わることで既存産業のビジネス・モデルにも変容を及ぼしていく産業であることにある．そのような意味でアメリカ経済の長期的な変容を担っている．

グローバル蓄積構造とアメリカ「帝国」の姿

　製造業，金融業，IT産業は，相互に影響を与えあいながら，それぞれがグローバルな規模で事業を展開している．その取引の国際的連関を，その地理的範囲と経済的機能によって区分け（分類）してみよう．その姿を捉えるにはまだあまりにも不十分であるが，ごく簡単に図式化すれば，**表0-2**のA・B列のような整理ができるだろう．

　まず表のA列には，製造業や鉱業など実体経済面での経済的機能を取り上げ

表0-2　アメリカ「帝国」の地理的範囲とその経済的・政治的機能

	A　製造業・鉱業	B　金融業	C　軍事・外交
欧州	・巨大な欧州市場をめぐって米欧企業で競争. ・双方向の海外直接投資. ・ドイツをハブとしたサプライチェーン構造.	・アメリカ証券市場でハイリスク商品への投機に参加. ・金融商品の多様性，規制の少なさ，投資家の投資技術でアメリカ金融市場が優位.	・軍事同盟．多かれ少なかれ対米従属的. ・欧州は相対的自律性あるが，基本的には米が優位．同盟関係は堅固. ・メキシコ，日本，韓国は対米従属度が非常に高い.
カナダ・メキシコ	・地元市場とアメリカへの逆輸入を目的とした海外生産と海外下請け. ・欧州に比べると低コスト生産拠点の性格が強い. ・自由貿易協定としてNAFTA，米韓FTA，米日FTA.	・米国債購入によるドル支持.	
日本・韓国			
中国			・極東と中東は仮想敵地域の両端. ・中国は利害次第によって協調と対抗の両面を持つ.
中東	・石油の確保とその価格管理.	欧州を経由して対米投資.	・中東は親米国家と反米国家の混在地域．不安定.

（出所）筆者作成.

ている．その中心は製造業の多国籍的生産とグローバル・サプライチェーンの展開である．このような取引連関を世界規模でつくりだしたことでアメリカ企業は国際競争の中で生き延びてきている．その中で欧州地域と北米・アジア地域とでは意味あいも構造も異なっている．欧州市場はそれ自体がアメリカ市場と並ぶ巨大市場の一つであり，アメリカ企業と欧州企業は互いの地域に向けて双方向に直接投資をしている．欧州地域のサプライチェーンはドイツをハブとした車輪のスポークのような構造（ハブ・アンド・スポーク）をしており，アメリカ企業もまたこれに従っていると推測される．北米のカナダ，メキシコはともにアメリカへの逆輸入を目的とした生産拠点として位置づけられている．アジア地域は，アメリカ市場への逆輸入向け生産拠点としての位置づけと同時に，中国がアメリカや欧州に並ぶ巨大市場として位置づけられている．アジア地域

では複雑な生産ネットワークが展開されており，かつては日本が対米輸出の最大の窓口だったが，今日ではその地位は中国が取って代わっている．その際，中国は低付加価値の最終組み立ての機能から出発し，徐々に高度な技術の産業分野に移行して，自国内での付加価値の比率を高めてきている．

　表のB列は，グローバル蓄積構造のうちの金融経済面での機能を取り上げている．ここでは区分線は欧州・北米とアジア・中東との間に入る．まず前者（欧州・北米）がアメリカとの間でおこなっている金融取引は，アメリカ証券市場でリスク商品への投機的取引が大きな比重を占めており，これがアメリカ国内の投機マネーと並ぶバブルの発生要因である．それに対しアジア地域（日本・韓国・中国）から流入する資金は米国債の購入に向かう比重が高く，これがアメリカの財政赤字，ひいてはアメリカのドル体制を支えると同時に，国債利回りを引き下げることで前者の投機マネーがよりハイリスクな証券へと向かう前提条件をつくりだしている[15]．2010年代に中国は米国債投資の規模を徐々に引き下げてきている．

　表には載せていないが，デジタル貿易という問題もある．GAFAなど新世代のIT産業にとって，国境を越えたデータ流通の自由を確保することは死活の問題だが，ここの問題ではアメリカ，欧州連合（EU），中国が三つ巴になって自国の利害を国際秩序に反映させようとして相争っている．

　以上のような経済的機能を発揮させるために，アメリカは様々な外交的資源を利用してきた．WTOや自由貿易協定（FTA）などの通商制度を広げていくことはもちろん，IMF，世界銀行などの国際機関もアメリカの意思を反映した行動を取ることが多く，また軍事同盟を含む政治的関係の構築も重要な要素になる．

　表のC列には，各国・各地域とアメリカとの間の政治的・軍事的関係がまとめられている．ここでは欧州・北米・アジア（中国を除く）と中国・中東の間に区分線が入る．前者は基本的にアメリカと軍事同盟の関係にあり，しかも国によって程度の差はあるが，多かれ少なかれ対米従属的な位置にある．これに対して米中間は1971年のニクソン訪中以来，2010年代半ばまで協調的関係を続けてきたが，あくまで両国の利害が一致している限りのものであり，その後，

15）以上，A列，B列の区分については平野（2020；2021a）を参照．

米中「新冷戦」と呼ばれる対抗関係に入っている．また中東はいわゆる親米国家と反米国家が入り交じる地域であり，地域内での紛争も絶えず，アメリカから見れば流動的で不安定な地域である．

　この東アジア（北朝鮮・中国）から中東までの地帯は，アメリカ軍が1991年のソ連解体の直後から「不安定の弧」と呼んで，ソ連に代わる仮想敵地域として指定してきた地域であった．冷戦崩壊に際してブッシュ父大統領は唯一の超大国として「新世界秩序」の形成を宣言した．しかし，その後を継いだクリントン政権は，アメリカが唯一の覇権国になってもそれに見合う経済力を持てなければ内実を伴わないとして，経済力の回復を優先した．そのクリントン政権の2期目，1990年代後半にアメリカ経済を活力あるものにできるグローバル蓄積構造の構築に成功する．同時にそれはアメリカ経済がそれだけますます世界全体に依存するようになったことを意味する．

　2001年から始まるジョージ・W・ブッシュ（ブッシュ子）政権は，9.11同時多発テロをきっかけに，アフガニスタンとイラクを相手に戦争を始め，世界に「単独行動主義」「先制行動主義」を宣言する．このようなブッシュ子政権の姿勢と行動は世界中から「帝国」と呼ばれた．ブッシュ父が語った「新世界秩序」宣言という空虚な器に，クリントン政権が経済的内容を盛り，その経済構造を堅固なものにするためにブッシュ子政権が「帝国」的ふるまいを開始したといえる．

3．グローバル蓄積構造の綻びと改革の模索

綻び

　グローバル蓄積構造が順調に機能しているように見えたのは，1990年代後半から2000年代半ばまでの約10年にすぎない．2007年頃には早くもその綻びが現れてきた．

　第一の綻びは，2001〜03年に開始されたアフガニスタン戦争・イラク戦争の泥沼化である．戦争そのものは1カ月程度で容易に勝利できたが，その後の統治，とりわけ親米政権の樹立と安定化には成功せず，抵抗運動は内戦へと発展した．2007年頃には，統治に失敗していることはアメリカ内でも認識され，また国内の厭戦的世論が強まった．いかに世界で飛び抜けた軍事力を持とうと，

戦争に勝つことと他国民を親米的に統治することは別の事柄であり，アメリカ
「帝国」の能力限界を示したといえる.

　第二の綻びは，2008～09年の世界金融恐慌である．この恐慌はアメリカの
みならず世界の経済状態に大きな衝撃を与え，その後，数年にわたる傷跡を残
した．また大規模な財政支出や非伝統的な金融政策など，政府のマクロ経済政
策にも大きな変化をもたらした．これは成長産業や新技術がない場合でもバブ
ルによる景気浮揚は可能かという，いわば「錬金術」の実験に失敗したに等し
い.

　第三の綻びは，アメリカのグローバル蓄積構造に埋め込まれることで高度成
長を続けてきた中国が，そこからの自立化の動きを見せていることである．中
国は，習近平が国家主席になった2013年に「アジアインフラ投資銀行」の提
唱，2014年に「一帯一路」構想の発表，さらには東シナ海，南シナ海での領
有権主張という形で中国の経済的・軍事的影響力の強い勢力圏形成の野心があ
ることをあらわにし，2015年には「中国製造2025」を発表して，アメリカが
最も強みを持つハイテク分野でアメリカを抜くこと（技術覇権）を目標として
掲げるようになった．独自勢力圏の形成も技術覇権も，アメリカにとってはと
うてい許すことのできない挑戦である.

　第四の綻びは，アメリカ国内におけるグローバリゼーション反対のポピュリ
ズム運動の台頭である．左右のポピュリズム運動は2010年のティーパーティ
ー運動，2011年のオキュパイ・ウォールストリート運動という形で出現した
が，2016年の大統領選挙では製造業の海外生産・下請け推進により貧困が深
刻化してきた白人ブルーカラー労働者を中心に反グローバリゼーションを掲げ
たトランプ候補を応援する大衆運動になった．グローバリゼーションの推進は
民主党・共和党をまたいだ超党派的合意（国是的な政策）であったので，その
どちらからも離反してその国是を否定する大統領候補を当選させたという事実
のインパクトは大きい.

改革の模索

　以上の出来事を受けて，2009年に始まるバラク・オバマ政権から新しい蓄
積構造の構築を模索する動きが始まった．しかし，必ずしもシナリオ通りには
進んでおらず，ドナルド・トランプ政権，ジョー・バイデン政権と右に左に揺

れながら，さらに模索が続けられている．その間，グローバル蓄積構造は若干萎縮した形で引き続き継続している．

その模索の第一の領域は外交・安全保障戦略にある．これは第一，第三の綻びへの対応であるが，まずオバマ政権はイラクからの米軍全面撤退を決断し，その後，中東地域への介入を手控え，アメリカは「世界の警察官」ではないと宣言して，外交資源を東アジアに集中させた．次にトランプ政権は「アメリカ・ファースト」を掲げ，国際秩序の維持・安定化よりも二国間でアメリカの利益を交渉で勝ち取る外交路線を追求する一方，中国への対抗姿勢を強め，「新冷戦」を開始した．これに対してバイデン政権はトランプ政権から対中国対抗を引き継ぎつつも，そのためにも同盟関係の強化と人権や民主主義などの普遍的価値によるイニシアティブを重視している．ロシアによるウクライナ侵略への対抗にも積極的に関与し，再び国際秩序の「守護神」としての姿勢を強めている．

模索の第二の領域は経済政策である．これは第二，第三，第四の綻びへの対応であり，新しい蓄積構造の構築をめざして改革の試みがいくつかなされている．まずその第一のものは金融業界の再規制と新型支援策で，具体的には2010年，オバマ政権の下で成立した「ドッド＝フランク・ウォール街改革・消費者保護法」と非伝統的金融政策によるFRBの機能拡大である．これらにより，2010年代を通して投資銀行の自己勘定取引は小さくなっており，また不良資産がFRBに買い取られることで，株価の不安定な変動も小さくなっている．果たしてそのような手段で今後もバブルを管理することは可能なのか，慎重に見ていく必要がある．

第二は製造業の本国回帰やサプライチェーン再編成である．グローバル蓄積構造の主要な柱の一つが製造業の海外生産・下請けの展開だった．しかし，一方でそれがもたらした貧困問題の深刻化と労働者のポピュリズム運動の台頭はもはや無視できない規模に達している．また他方で米中「新冷戦」，新型コロナウイルス感染拡大などにより，多国籍企業の側から見てもグローバル・サプライチェーンの脆弱性は放置できない問題として現れてきた．そこでサプライチェーンを複数国へ分散しつつ，アメリカ本国に生産を引き戻すことがめざされている．これはオバマ，トランプ，バイデンの3代にわたって追求されている課題であるが，必ずしも順調には進んでいない．

表0-3　グローバル蓄積構造の形成・充実・綻びと模索

	政権	経済政策	通商・外交政策
形成期	レーガン	**アメリカ版新自由主義ver. 1** 新自由主義の素朴な適用	日米通商摩擦（輸入抑制） 対ソ軍拡
形成期	ブッシュ父		経常収支赤字削減（国内産業保護）
形成期	初期クリントン	**アメリカ版新自由主義ver. 2** 国際競争支援の積極的介入	日米通商摩擦（輸出促進） 冷戦崩壊→軍縮
充実期	後期クリントン	**アメリカ版新自由主義ver. 3** アメリカ中心的世界の形成 **製造業の競争力強化** グローバル化　　**銀行業の競争力発揮** バブル・金融化 **IT産業によるサポート** デジタル化・無形化	通商政策：金融収支黒字拡大（バブル誘発）＋ WTO・FTA（多国籍企業とグローバル・サプライチェーンの展開）
充実期	ブッシュ子		外交・軍事政策：「帝国」化 → 介入消極化 → 介入再強化
綻びの露呈と改革の模索	オバマ	**綻びの露呈** ①占領国親米化の破綻 ②2008年世界金融危機 ③中国の対米挑戦 ④貧困とポピュリズム	**改革の模索** ①金融再規制 ②製造業の本国回帰，サプライチェーンの見直し ③環境エネルギー産業の育成
綻びの露呈と改革の模索	トランプ		
綻びの露呈と改革の模索	バイデン		

（出所）筆者作成.

　第三は世界を牽引する新技術の開発とそれによる新産業の育成である．具体的には環境・エネルギー関連技術がターゲットになっている．ここで新興産業が立ち上がり，技術的にも世界最先端を走ることができれば，雇用増大や気候変動対策での国際的リーダーシップなどのメリットがねらえる．これはまずオバマが大統領選挙で「グリーン・ニューディール」として打ち出したが，その後頓挫し，次のトランプ政権はその推進を否定し，バイデン政権が再び持ち出しているという経過にある．

　第二，第三の模索がめざす蓄積構造は「新技術開発＋製造業の国内生産拡大＋輸出主導型成長」という点では初期クリントンの経済政策を彷彿させる．以前はその実現の困難さゆえに撤回されたのであるが，果たして今回は実現できるのか，これも注視が必要な領域である．

　こうした試行錯誤はまだ継続されており，模索の末に現れるのが果たしてア

メリカ版新自由主義のversion 4なのか，それともポスト新自由主義の経済路線になるのか，はたまたグローバル蓄積構造の単なる微修正（version 3.1）にとどまるのか，確定的に語ることはまだできない．

　以上，ここまで述べてきたグローバル蓄積構造の生成過程，基本構造，その綻びと改革の模索を一つの表にまとめると表0-3のようになる．

4．本書の構成

　後続の19の章では，以上の枠組みを前提に，現代アメリカの政治・経済を様々な角度から分析する．これらは各執筆者の個人論文であるが，それを6つの篇に沿って次のように配置した．

　第1篇では景気循環とマクロ経済構造を取り上げる．第1章（十河利明）では，ハワード・シャーマンの計測法を活用して戦後60年間（1949～2009年）の景気循環を分析し，それらとの対比で直近の景気循環（第34循環）の特徴を明らかにする．第2章（平野健）では，本書が対象とする1990年代から2020年までの三度の景気循環（第32・33・34循環）を取り上げ，それぞれの動態とそこに貫かれる基本特徴を取り出す．これらによって現代アメリカ経済のマクロ的な特徴が明らかになる．

　続く第2・3・4篇は，グローバル蓄積構造のコアを構成する主要産業部門に見られる資本蓄積上の3つの特徴，すなわちグローバリゼーション，金融化，デジタル化の動向を取り上げる．まず第2篇は製造業・農業・軍事産業のグローバリゼーションである．第3章（井上博）では製造業多国籍企業の生産の海外移転とグローバル・バリューチェーンの展開，および政府の国内回帰奨励策を取り上げる．第4章（藤本晴久）では穀物や大豆などのバルク農産物市場における国際競争の変化とアメリカ農業の位置の変化を見る．第5章（山崎文徳）では軍事産業における情報のデジタル化と生産と研究開発のグローバル化とそのリスクを見る．

　第3篇はバブルと金融化を取り上げる．第6章（豊福裕二）は2008年世界金融危機の震源地となった住宅の「金融化」を取り上げ，その複雑な仕組みと帰結，そして金融危機後の住宅の金融化の様子を見る．第7章（磯谷玲）はアメリカ銀行業界の厳しい規制が1980年代から緩和され，それが新たな収益基盤

をつくると同時に経営危機をも生み，銀行持株会社の集中を促進したことを見る．第8章（新祖隆志郎）は世界的大企業の170社をサンプルにその財務活動を追跡し，自己金融，「のれん」の過大評価，配当や自社株買いなど，非金融企業の「金融化」現象を見る．

　第4篇はデジタル化と無形資産（知的財産）を取り上げる．第9章（森原康仁）は1990年代にウィンテリズム（Wintelism）として注目を浴びたIT産業が，2000年代以降，プラットフォーム・ビジネスとソリューション・サービスという新しい段階に入ったことを見る．第10章（篠田剛）では多国籍企業によるタックスヘイブン利用（租税回避）を取り上げ，国際課税ルールづくりの動きとそこでの米欧の利害対立を見る．第11章（山口祐司）では典型的な知的財産集約型産業である製薬産業を取り上げ，その競争の特質，研究開発力の背景，独占的高価格という社会問題を検討する．第12章（西村成弘）では知的財産権の保護政策がアメリカ経済に競争力ある産業群を形成し，研究開発活動のグローバル展開，知的財産貿易の活発化をもたらしていることを見る．

　第5・6篇は，以上のような特徴を持つ資本蓄積がアメリカ社会にもたらした帰結を見る．第5篇はますます深刻化する貧困問題と国民生活の問題を扱っている．第13章（伊藤大一）では1980年代以降の格差拡大と貧困問題の深刻化をふり返りつつ，同時に労働運動や社会運動にも新しい潮流が生まれてきていることを見る．第14章（宮崎崇将）は製造業の衰退に伴う雇用の変化が流通業に低価格戦略（ウォルマート）と配送サービス拡大（アマゾン）をもたらし，それがさらに雇用の格差を再生産していると指摘する．第15章（長谷川千春）では2010年に成立した医療保障改革（オバマケア）を取り上げ，それが医療無保障者を減らしつつも，なおその格差が差別・分断・貧困と結びついていると論じる．

　第6篇はグローバル蓄積構造の綻びが，今日，アメリカの政治をどのように揺さぶっているかを見る．第16章（増田正人）ではWTOがアメリカに有利な世界をつくってきた一方で，中国にも経済成長と技術力高度化をもたらし，それが米中「新冷戦」に至っていることをふり返る．第17章（河音琢郎）では経済的困難の深刻化が人種・宗教・ジェンダーなどの文化問題と結びつくことで，アメリカ政治で民主党対共和党の対抗と並んでエリート対ポピュリズムの対抗が極端化していることを論じる．第18章（河音琢郎）ではアメリカが新型コロ

24

ナ対策で世界最大規模の財政支出をしながら世界最大の感染者・死者を出したことをふり返り，財政政策が今後の政策対立の軸の一つとなっていると論じる．第19章（野口義直）ではグリーン・ニューディール構想のゆくえを取り上げる．これは蓄積構造のゆくえを左右する鍵の一つであるが，イデオロギー的対立，関連業界の利害対立，国際的な覇権争いなどの影響もあり，政治的争点として大きく揺れている．

参考文献

アメリカ民主党・進歩的政策研究所（1993）『変革への提言——クリントン政権の基本政策』同文書院インターナショナル．

猪俣哲史（2019）『グローバル・バリューチェーン——新・南北問題へのまなざし』日本経済新聞社．

ウォマック，ジェームズ・P，ダニエル・T・ジョーンズ，ダニエル・ルース（沢田博訳）（1990）『リーン生産方式が，世界の自動車産業をこう変える．——最強の日本車メーカーを欧米が追い越す日』経済界．

小倉将志郎（2016）『ファイナンシャリゼーション——金融化と金融機関行動』桜井書店．

関下稔（1996）『競争力強化と対日通商戦略——世紀末アメリカの苦悩と再生』青木書店．

高田太久吉（2015）『マルクス経済学と金融化論——金融資本主義をどう分析するか』新日本出版社．

立石剛（2000）『米国経済再生と通商政策——ポスト冷戦期における国際競争』同文舘出版．

ダートウゾス，マイケル・L，リチャード・K・レスター，ロバート・M・ソロー（依田直也訳）（1990）『Made in America——アメリカ再生のための米日欧産業比較』草思社．

所康弘（2009）『北米地域統合と途上国経済——NAFTA・多国籍企業・地域経済』西田書店．

平野健（2004）「現代アメリカのオールド・エコノミー」福島大学経済学部国際経済研究会編『21世紀世界経済の展望』八朔社．

——（2020）「現代アメリカのグローバル蓄積体制と中国」『季刊経済理論』第56巻第4号．

——（2021a）「アメリカ『帝国』の生成・展開・綻びと米中新冷戦」『経済科学通

信』第154号.

―――（2021b）「アメリカ経済のグローバル蓄積構造としてのオフショアリング」『経済研究所年報』第53号.

ボスキン，マイケル・J（野間敏克監訳，河合宣孝，西村理訳）（1991）『経済学の壮大な実験――レーガノミックスと現代アメリカの経済』HBJ出版局.

森佳子（2001）『米国通貨戦略の破綻――強いドルはいつまで続くのか』東洋経済新報社.

森原康仁（2017）『アメリカIT産業のサービス化――ウィンテル支配とIBMの事業変革』日本経済評論社.

UNCTAD (2013) *World Investment Report 2013: Global Value Chains: Investment and Trade for Development*, United Nations Publication.

WTO, IDE-JETRO, OECD, UIBE, and World Bank Group (2019) *Global Value Chain Development Report 2019: Technological Innovation, Supply Chain Trade, and Workers in a Globalized World*, World Trade Organization.

第　1　篇

景気循環とマクロ経済構造

.

第 1 章
マクロ経済と景気循環

十河利明

はじめに

　本章は，アメリカ経済が資本主義的に自立して発展するようになってから今日に至るまで常に景気循環とともにあったことを確認した後，ウェズリー・ミッチェルが考案しハワード・シャーマンが継承した計測法で景気循環を分析して，景気循環は資本主義経済にとって外的条件によって与えられるのではなく，経済内生的に生成するものであることを論じる．

1．アメリカ経済と景気循環

　アメリカ経済は資本主義的に組織された経済制度である．すなわち，生産活動に使用される設備と建物と原材料（不変または物的資本）が比較的少数の人たち（資本家）に貨幣との交換で私的に所有され，彼ら社会の少数者が物的資本をそれ相応に機能させるために，物的資本を所有しない社会の多数の人たちに貨幣賃金を支払って，すなわち賃金労働者（可変または人的資本）を雇い働かせて生産する．こうして得られた生産物は資本家が所有するのであり，その生産物価値，カール・マルクスの用語を使えば「死んだ労働」と「生きた労働」が対象化されたものの合計は，売れる保証はないまま市場に売りに出される．売りに成功すれば，賃金を含む生産費用を普通は超過するのであり，この超過分が利潤，すなわち資本家の収入になる．売りに失敗すれば，利潤獲得どころか生産費用補填すらできないこともありうる．

　こうした資本主義的生産と再生産が支配する国の経済は，景気循環と不可分である．経済学は，大学など研究機関で主流の地位を占めて政策立案や教育や

メディアを支配する正統派と，これには批判的で非主流の地位に現在まで甘ん
じてきた非正統派に大別されるが，両派ともに資本主義経済（以下，特に断ら
ないかぎり経済）は景気循環とともにあることを認める．違いは，前者では特
に景気の悪化は経済外生的に，すなわち自然災害や戦争や政府の誤った政策な
どの経済外的衝撃が理由で景気循環が生じるとするが，後者では経済内生的に，
すなわち資本主義経済が自ら内生的に景気循環を生成させるとするところにあ
る．本章は後者の非正統派の立場で景気循環を論じる．

　景気循環とは，経済の時間を通じた進行が，一国全体で経済活動が拡張する
時期（回復・活況）と，収縮する時期（危機・不況）とを，景気転換期（景気の
山と谷）を境に交互にくり返す現象を指す．アメリカ経済では，景気循環は経
済内生的所産だといっても，独立革命後19世紀初め頃までは，資本主義的発
展が未発達であったため，主に貿易を通じてイギリス経済の景気の影響を受け
た外生的な景気循環であり，内生的な景気循環が始まったのは1837年金融危
機以後のことだと考えられている．

　ところで，景気循環転換期は全米経済研究所（NBER）が判定しており，こ
れに連邦政府は従っている．なぜなら，NBERは1920年の設立時に，当時す
でに景気循環研究のパイオニアとして著名であったウェズリー・ミッチェルを
初代所長に迎えて以来，景気転換期の判定等の景気循環研究を進めてきた先駆
者であり，これに対して連邦政府の経済担当機関である商務省はこの分野の新
参者だからである（Sherman and Kolk 1996: 54）．ミッチェルは景気転換期の判
定に際して入手可能なあらゆる証拠を収集して検討したが，現在のNBERは，
移転所得を差し引いた実質個人所得，非農業賃金雇用，実質個人消費，実質卸
小売り売上高，雇用，および工業生産といった限られた指標を用いるにすぎな
い．こうした制約はあるが，アメリカの景気循環転換期について，これまで多
くの研究はNBERの判定に従ってきた長い歴史があるので，これを尊重するこ
とが適当である．

2．景気循環の転換期と循環期間

　NBERが判定する最初の景気転換期は，1854年12月または同年第4四半期の
景気の谷（以下，単に谷，景気の山は単に山）にまで遡る．それ以来現時点で最

表1-1　景気循環転換期（1949〜2020年）

循環番号	最初の谷		山		最後の谷	
	年	四半期	年	四半期	年	四半期
24	1949	Ⅳ	1953	Ⅱ	1954	Ⅱ
25	1954	Ⅱ	1957	Ⅲ	1958	Ⅱ
26	1958	Ⅱ	1960	Ⅱ	1961	Ⅰ
27	1961	Ⅰ	1969	Ⅳ	1970	Ⅳ
28	1970	Ⅳ	1973	Ⅳ	1975	Ⅰ
29	1975	Ⅰ	1980	Ⅰ	1980	Ⅲ
30	1980	Ⅲ	1981	Ⅲ	1982	Ⅳ
31	1982	Ⅳ	1990	Ⅲ	1991	Ⅰ
32	1991	Ⅰ	2001	Ⅰ	2001	Ⅳ
33	2001	Ⅳ	2007	Ⅳ	2009	Ⅱ
34	2009	Ⅱ	2019	Ⅳ	2020	Ⅱ

（出所）NBER：景気循環転換期判定サイト.

　後は2020年4月または同年第2四半期の谷である．このように，NBERは景気
転換期を月次と四半期の両時間単位で特定している．以下の本章では，後述す
る理由で，景気転換期に言及する場合は，四半期単位の転換期のみとする．
　前述したように，景気循環とは経済拡張期と収縮期が交互に入れ替わること
であり，一循環は一拡張期と一収縮期の合計である．また，拡張期から収縮期
への順序で，したがって景気転換期では谷山谷の順序で見ていくのが一般的で
ある（もっとも，一循環を山から次の山までとする定義もある．たとえばMitchell et
al. 2019: 414）．この順序で一循環ごとを取ると，1854年第4四半期の谷以来，
アメリカ経済は景気循環を34回くり返してきたことがわかる．
　これを紙幅の制約上，第二次世界大戦直後の戦後転換期が入る特殊な循環を
除くそれより後の循環に限定して，各循環の転換期をまとめたものが表1-1で
ある．
　以下本章では，景気循環の一循環単位に言及する場合，表1-1に見られる転
換期の順序のユニットとする．ただし，各循環の期間がどれほどなのかを見る
場合，同表は一循環を谷から次の谷までの時期としているので，ある循環の最
後の谷の時期と直後の循環の最初の谷の時期が重複していることに注意してお
く必要がある．NBERの定義によると，特定の循環の拡張期は直前の循環の最
後の谷直後の時間単位から始まるので，最初の谷の時期は含まない．収縮期は
拡張期最後に当たる山の直後から最後の谷までなので，山の時間単位は含まな

図1-1　各景気循環の期間（四半期数）

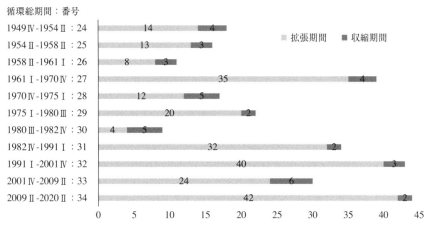

循環総期間：番号

（出所）表1-1と同じ．ローマ数字は四半期を表す．拡張期間は最初の谷を除く．

い．したがって，ある一循環の総期間は，最初の谷直後から最後の谷までの期間になるが，後述する計測法で一循環全体の動きを見る場合，同表のように，本来は直前の循環の最後の谷になる転換期を当該循環の最初の谷に加えて，同じ循環の最後の谷まで続く谷山谷の順序のユニットで計測するのである．

　循環を谷山谷の順序でどのように計測するかについては後述するとして，ここでは各循環の期間がどれほどになるのかを，以上のことに注意して図示してみよう．

　図1-1を見れば，各循環の拡張期間も収縮期間も，したがって総期間も最短9四半期間（第30循環）から最長44四半期間（第34循環）まで様々であり，決まった周期があるわけではないことがわかる．ただし，拡張は必ずそれに続く収縮によって中断されること，したがって景気循環は不可避であることを示している．他方で，拡張期間（戦後平均22.2四半期間）のほうが収縮期間（同3.5四半期間）よりも共通して長いようなので，NBERは「拡張が通常で収縮は一時的」というのだが，1980年から82年までの第30循環は，4四半期間の拡張期よりも収縮期のほうが5四半期間と長いのであり，これが今後も戦後「唯一の例外」になるかどうかはわからない．直後の第31循環以後は一様に，拡張期が長期化する一方で収縮期が短期化しているように見える（しばしば「大安定」

と言及される）が，2001年から09年までの第33循環では，世界金融危機に波及するまで深刻化した収縮は，1930年代大不況以来の厳しい収縮になり，第30循環（および第28循環）を超えて6四半期間続いた戦後最悪・最長の「大景気後退」になった．これもまた今後，最近約40年続く拡張の長期化・収縮の短期化傾向における「唯一の例外」となるかどうかはわからないのである．実際，第30循環の収縮も，当時のFRB議長であったポール・ボルカーは「大景気後退」と呼んだが（Sherman 2010: 5），だとすれば第33循環の収縮は戦後二度目の「大景気後退」になる．こうした大収縮はこれが最後になるかどうかはわからない．

　このように景気循環は期間について見れば，拡張期間も，収縮期間も，したがって総期間も一様に定まった期間に収斂することはないので，拡張も収縮も循環全体もいつ始まりいつ終わるかはわからず，結果は偶然でしかないように見える．それゆえ，正統派経済学がいうように，経済は一時的な撹乱を伴ったとしてもいずれ必ず均衡に向かう傾向を有しているので，景気循環は経済外的衝撃（たとえば第34循環ではパンデミック）が原因で生じる偶然の所産であり，経済収縮も偶然の結果でしかないとする説が有力であるように見える一方，景気循環は偶然ではなく，資本主義経済に内生的な必然から発生するという非正統派経済学は説得力に欠けるように見える．だが，この見方は景気循環を期間について見たかぎりでのことであり，景気循環の内部で何が起きているのかをまだ見てはいないのである．

　では，景気循環の内部で何が起きているのかをどのように見ることができるのだろうか．この問題に直面する時，ミッチェルが最初に考案したが，彼の死後NBERでは次第に顧みられなくなってしまい，代わって，アメリカの非正統派・異端派経済学総合をめざすラディカル派政治経済学の巨星，ハワード・シャーマンが継承した景気循環計測法を利用することができる．以下では，シャーマンがどういう人であるのかをごくかいつまんで紹介した後に，同計測法を説明する．

3．ハワード・シャーマンにおけるマクロ経済学と景気循環

　ハワード・シャーマンは，1931年にイリノイ州シカゴで生まれ，17歳の時

の1948年に，当時新たに結成された進歩党でヘンリー・ウォレス（フランクリン・ローズヴェルト政権で農務長官と副大統領を歴任，ハリー・トルーマン大統領の対ソ冷戦政策開始に反対して政権を去る）を大統領候補に選出した大会に代議員として参加したほどの，早熟の政治意識覚醒の人であった．シカゴ大学で学んだ後にカリフォルニア大学（UC）ロサンゼルス校（LA）に移って同校を1950年に卒業，その後司法試験に合格するが，ラディカル（革新的，根底から批判的）な政治活動を理由に法律家として活動する資格獲得から排除されたり，徴兵されるがここでも政治活動を理由に除隊させられたりした時期を挟んで，1957年に南カリフォルニア大学で経済学修士号を，1960年にUCバークレー校で経済学博士号を取得した（Sherman 1995: xiv）．修士論文のテーマはマルクス主義における景気循環についてであり，博士論文は景気循環と企業規模との関係における利潤率についてであった（Pollin ed. 2000: 347）．

　このように，大学院時代にはすでに彼の関心は景気循環に向かっていたのであり，最初の著作（Sherman 1964）を発表して以来著作を量産しはじめた1960年代に早くも，自らを資本主義に対するラディカルな批判者と公言する少数の経済学者の一人としての地位を確立し（Weisskopf 2000: 30），以後夥しい数の著書・論文を発表しつづける生涯を通じて，景気循環は一貫して彼の主要な研究テーマでありつづけた．1966年から98年までUCリバーサイド校に在職した後，UCLA客員の立場で現在まで研究・著述活動を続けている．

　その生涯を通じてラディカルな姿勢を貫く彼の研究の特徴は，主流の地位を占める新古典派経済学に対する批判とともに，旧ソ連の体制のプロパガンダに利用された「公式マルクス主義」に対する批判を同時一体的に進めたところに見ることができる（Sherman 1987: 5-8）．限界効用価値論をベースとする新古典派経済学では，労働価値論をベースとする古典派と同様に，「供給はそれ自らの需要を創り出す」とする「セーの法則」を前提しているので（Keynes [1936]1964:18；邦訳上巻：27），[1] 需要不足は問題にならず，循環的に生じる経済的波動や失業増加は，自然災害や政府の誤った政策や戦争などの経済外的要因による供給ショックが原因で生じる．他方，公式マルクス主義は，資本主義の

1）同書でケインズは新古典派もまとめて古典派と呼んでいるが，新古典派はむしろ「反」古典派であるとする最近の研究がある．Petri（2021: 5）．

危機は利潤率の低下が原因で発生するとしていた[2]．両者ともに，需要不足が原因で生じる景気循環や循環的失業は問題にならないのである．

　これらに対して，資本主義経済に内生的に景気循環が生じると見る経済学の系譜があり，シャーマンはこれを継承して彼独自の景気循環論へと発展させた．それは，「セーの法則」を前提する経済学を「正統派経済学」と呼んで異議を申し立て（Keynes [1936]1964: v; 邦訳上巻：xiii），マクロ経済学の領域を切り開いたジョン・メイナード・ケインズの『一般理論』と同様に，「セーの法則」を批判することから出発するが，『一般理論』では「覚書」（同書第22章）にとどまる景気循環の占める役割は，シャーマンのマクロ経済学では主要な位置を占めるまで高まる（それが最初にフルスケールで現れたのが Sherman and Evans 1984 である）．なぜなら，彼においてマクロ経済学は，資本主義経済では拡張と収縮が交互に入れ替わる循環的波動がなぜ生じるのか，そこでは特になぜ失業が循環的に増加するのかを説明しなければならないからである．すなわち，彼においてマクロ経済学とは景気循環論そのものでもある（その集大成が Sherman 1991である）．

4．景気循環計測法──9段階還元法

　第2節の問題に立ち返ろう．本節では，ミッチェルが最初に考案して，後にシャーマンが継承した景気循環計測法を説明する（以下の計測法はミッチェルの著作では，端的にはMitchell 1951: 13-14；邦訳：14-16で，またシャーマンではいろいろな著作でくり返し言及されている）．

　景気循環の内部で何が起きているのかを見るためには，各景気循環でおおよそ共通して起きていることを見る必要がある．だが，景気循環の期間が一様でない状態のままでは，谷山谷の転換期を挟んで拡張期と収縮期が交互に入れ替

2）利潤率の低下傾向はマルクスが生きた時代には経験的事実として知られていたが，マルクス自身はこれに反対に作用する諸要因を多数列挙していた．彼の死後の時代にはその作用はよりいっそう強まり，利潤率の低下傾向は認められなくなった．なお，資本ストックが純投資によって追加されて増加していけば，利潤率は下方バイアスを持つことになるが，戦後アメリカ経済では資本ストックに対する税引き後利潤の比率はむしろ増加傾向にあった．Sherman and Evans（1984: 206；邦訳：253）．

わること以外に，共通点を見出すことは難しい．そこで，期間が様々な各景気
循環を，拡張期間も収縮期間も，したがって総期間も同じ長さの期間を持つ景
気循環一般に還元して，全て同じ尺度で計測できるようにするのである．全て
の景気循環が持つ谷と山の転換期は，定義により1四半期間になる．ここで，
景気循環を構成する時間単位を四半期間とする理由を説明するならば，月別で
は変化が乏しく景気循環を傾向として見るとすれば短すぎるのであり，年別で
は景気転換期を見るには長すぎるので，両者の中間の四半期間にするというこ
とである．

　山も谷も転換期はどの循環でも1四半期で同じだが，拡張期と収縮期の長短
は様々なままである．そこで，拡張期のうち最初の谷と山の間の時期と，収縮
期のうち山と最後の谷の間の時期を，それぞれ3段階からなると想定する．各
段階の時間単位は，同数の四半期を含み，各段階はそこに属する四半期データ
間の平均値を取る．転換期もそれぞれ1段階をなすと想定すれば，どの循環も
合計9段階からなる景気循環一般に還元できる．さらに，対象となる循環全体
のデータ平均値（ミッチェルはcycle basesと呼んだが本章では「循環平均」とす
る）に対する百分比（ミッチェルはcycle relativesと呼んだが本章では「循環平均
比」とする）を取って各段階のデータとする．ここでは，戦後1949年から2009
年までの実質国内総生産（GDP：アメリカ国内で一定期間に生産された財貨・サ
ービスのインフレ要因を除いた総ドル価値）の各循環における各段階の循環平均
比を取って，さらにそれらの平均値を取って見てみよう．

　表1-2の循環平均比は，前述したように第24循環から第33循環までの，各段
階の循環平均比を同じ段階ごとに平均値にしたものである．すなわち，戦後実
質GDPは各循環の内部で平均的にどのように動いていたのかを示している．

　まず拡張期を見よう．段階を経るごとに前段階比で循環平均比が増減する比
率と一緒に見れば，拡張期には前半（回復）第3段階まで拡張度は増していく
が（5.0から6.7pt.），後半（活況）に入ると減少していき（6.4pt.），拡張末期に
は最低水準（3.0pt.）まで落ち込んでいることがわかる．すなわち，実質GDP
の拡張度は回復期に逓増するが，活況期に入ると逓減に転じ，やがてゼロまで
近づき，ついにはマイナスに落ち込んで収縮期に入るのである．慣例により拡
張期の後半を「活況」と呼ぶので，景気の山まで経済は拡張度を増していくと
思われるかもしれないが，それは誤解であり，反対に景気の山に向かって拡張

表1-2　戦後実質GDP循環（1949～2009年）

段階	1	2	3	4	5	6	7	8	9
期間	谷	拡張期			山	収縮期			谷
循環平均比：%	87.6	92.5	99.3	105.6	108.6	107.9	107.4	106.9	106.6
前段階比増減：pt.		5.0	6.7	6.4	3.0	-0.7	-0.5	-0.5	-0.3
振幅：pt.	谷	21.0（谷から山まで）		山	-1.9（山から谷間まで）				谷

（出所）U.S. Department of Commerce, Bureau of Economic Analysis（BEA），国民所得生産勘定（NIPA），Table 1.1.6. 四捨五入により合計は一致しない．

度は減衰していくのである．すなわち，経済は成長を加速させた後に急落するのではなく，成長を衰えさせた後に，成長が止まるピークを迎えて下降に転じるのである．これは，どの循環も同じ9段階循環に還元することによって，循環全体を見ることができるようにすることで初めて明確にわかることである．活況局面だけを見ていてはわからないし，元のデータのままでは，山のようにあるデータを前にしてほとんど何もわからず途方に暮れるだろう．

　次に収縮期を見よう．戦後の循環的収縮は，拡張期の実質GDPを振り出しに戻すほどの強度はない（ただし，後述するように失業率は別である）．収縮期に入ってすぐ（危機前半）の収縮度が最も強く（−0.7pt.），その後（危機後半）には収縮は若干弱まり（−0.5pt.），収縮期後半（不況）にはさらに収縮は弱まって（−0.5から−0.3pt.），次の循環における回復に向かうのである．収縮期もまた，後半を「不況」と呼ぶので収縮度が増していく中で終わると思われるかもしれないが，そうではなく，前半に比べて後半に収縮は緩やかになって，収縮のうちに次の循環の回復に向かうのである（ただし，この場合も後述するように失業率は別である）．

　このように戦後実質GDP循環をミッチェルの計測法で見れば，しばしば目にするところの傾向線の上下を波打つ景気循環のイメージ図（たとえばMitchell et al. 2019: Figure 25.4）を，イメージにとどめることなく，循環を「現実」の姿にして再現できるといってよい．これは，景気循環において，回復のうちに次の活況が生み出されるが，活況のうちに拡張が衰えて収縮に向かう危機が生み出され，収縮が厳しい危機のうちにそれが和らいでいく不況が生み出され，不況のうちに次の循環の拡張に向かう回復が生み出される連続であるといえるだろう．ミッチェルが考案した計測法は，景気循環，すなわち経済が拡張と収

縮を交互に波打つようにくり返すというイメージを，データから得られる端的な「現実」の姿にして見せるとともに，経済が進行するプロセスのあらゆる局面が次の局面を生み出すことを示唆するのである（ヨゼフ・アロイス・シュンペーターによるミッチェル追悼エッセイを参照：Burns ed. 1952: 333）．

　最後に循環全体の振幅を見よう．戦後実質GDPは，谷から山までの拡張が循環平均比21.0pt.で，山から谷までの収縮が同 − 1.9pt.だったので，各循環を通じて平均して循環平均比で合計22.9pt.変動したうちの91.7％は拡張分が占めていて，実質19.1pt.成長して次の循環に移行していたことになる．また，ミッチェルの計測法が拡張期も収縮期も同じ長さとする「想定の」世界とは違って，第2節で見たようにNBERが判定する「現実の」循環期間は，一循環当たり合計で平均25.7四半期間あったうち拡張期は同22.2四半期間あったので，総期間の同86.4％を占めたが，収縮期は同3.5四半期間，総期間の同13.6％を占めていただけである．では，これらのことから，戦後アメリカ経済は，NBERがいうように「拡張が通常で収縮は一時的」であるので，循環的な「一時的」収縮を除けば，アメリカ国民の大多数にとって「通常は拡張」が続いたことになるのだろうか．それは誰にとっての「繁栄」なのだろうか．「一時的」な収縮の犠牲を払うのは誰なのだろうか．

5．景気循環における拡張利得と収縮損失

　本節では，前節で説明した計測法で得られるデータを循環図にしてみよう[3]．図1-2は，前節で見た戦後実質GDP循環データに，新たに失業率（失業者の総労働力人口に占める比率）循環データを加えて，同一次元上に重ねている．これは，対象も単位も異なる（この場合10億ドル単位の実質GDPとパーセント単位の失業率の）情報源そのままでは縦軸左右別単位にでもしないかぎりはできないのだが，ミッチェルの計測法で同じ趣旨の単位に還元すれば，こうして左軸単位のみでデータ比較が可能になるのである．見られるように，実質GDPは

3）シャーマンはSherman（2010）以後，おそらく戦後循環では拡張期が収縮期よりも戦前に比べていっそう長くなったことを理由に，横軸5段階までの拡張期をそれより右側の収縮期よりも長く取るよう図形処理するが，本章では現時点でその必要はないと考えており，以下の循環図は横軸前後半とも等間隔にしている．

図1-2　戦後実質GDP・失業率循環（1949～2009年）

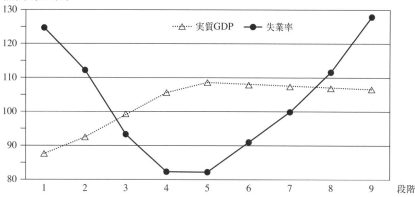

循環平均比（％）

（出所）実質GDPは表1-2と同じ．失業率はU.S. Bureau of Labor Statistics.

正循環的に，すなわち拡張期に上昇し収縮期に下降するのに対して，失業率は反循環的に，すなわち拡張期に下降し収縮期に上昇する．失業率が反循環的に動くのは，経済が拡張する時には失業率は低下し，逆の場合は逆だからである[4]．ただし，拡張期の実質GDP拡張は循環平均比21.0pt.であるのに対して，失業率は同－42.5pt.であり，収縮期の実質GDP収縮は同－1,9pt.であるのに対して，失業率は同45.7pt.である．失業率の振幅は実質GDPのそれに比べてとても大きく，特に収縮期のその差は際立つのであり，経済収縮は比較的緩やかなのに対して雇用喪失は著しい．しかも失業率は戦後平均して循環を経過するごとに，前循環最後の谷比で同3.2pt.上昇して次の循環に移行するのをくり返してきたのである．すなわち，戦後経済は循環を経過するごとに平均して同19.1pt.成長してきたが，そのたびごとに失業率を同3.2pt.増加させてきたのである（ただし，戦後1970年までは，循環を経過するごとに失業率は低下していた）．景気循環の平均総期間の86.4％を占める比較的長期の拡張期間をかけて徐々に減少した

4）失業は国民所得の負の関数である（Sherman 1991: 189-90）．失業関数は，ケインズでは雇用関数で総供給関数になり，総需要関数との交点の値が有効需要になる．これは両関数とも右上がりの曲線をなす「ケインジアン・クロス」として知られるマクロのクロス図であるのに対して，需要と供給ともに価格の関数だが，前者が右下がりで後者が右上がりの曲線をなす古典派のミクロのクロス図とは全く異なる．

図1-3　戦後搾取率・賃金シェア循環（1949〜2009年）

循環平均比（%）

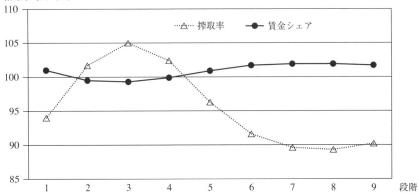

（出所）BEA, NIPA, Table 1.12. 搾取率は事業者所得（9行目）と企業利潤（13行目）を加えたものを雇用者報酬（2行目）で除して算出. 賃金シェアは雇用者報酬（2行目）を国民所得（1行目）で除して算出.

　失業率は，平均総期間の13.6%を占めるだけという意味で短期の収縮期間によって一挙に帳消しにされ，さらにその帳消し分を上回る失業率上昇で収縮を終わる循環がくり返された.

　とはいえ，なるほど，失業率を見るだけなら，アメリカの働く者たちもまた，景気循環の短い収縮期を除けば，大部分は失業率が低下することによる「繁栄」にあずかっていたと見ることができるかもしれない. そこで，働く以外に他の生計手段を持たない者たちの収入，すなわち賃金が，景気循環を通じてどのように分配されたのかを見てみよう.

　図1-3が利潤所得と見なす事業者所得と企業利潤は節税対策による未申告所得を含まず，また賃金所得と見なす雇用者報酬は事実上の利潤所得と見なすべき経営者報酬を含むなどの問題があり，本来の利潤所得はもっと多いはずで，本来の賃金所得はもっと少ないはずだという制約がある. にもかかわらず，同図は，所得は設備や機械や原材料などの「死んだ労働」の所有からではなく，労働者階級が生産過程で支出する「生きた労働」から発生するという労働価値論をもとに，マルクスが資本家による労働者の搾取の程度の指標とした「不払い労働の支払い労働に対する比率」（搾取率），および賃金が所得に占める比率（賃金シェア）を見るための，ある程度の目安を与えてくれる.

　搾取率の激しい変動は，景気循環を通じた利潤の変動を反映しており，これが景気変動を引き起こす理由の一つである．利潤所得は経済不安定要素なのである．搾取率は回復期に急上昇した後，拡張後半の活況期には急落する．拡張期のうちに収縮に向かい，そのまま収縮期に入って下降を続け，収縮後半に持ち直しながら緩やかに上昇して次の循環の回復期に向かう傾向が，ここでも見られるのである．この動きの連続は，実質GDP変動に対して先行する．これとは逆向きながら，しかし同じタイミングで，搾取率に比べればきわめて緩やかに変化するのが賃金シェアである．それは拡張期の前半では下降するので景気回復利得はほとんど利潤に吸収された後，拡張後半に上昇に転じてそのまま収縮期に入るが，収縮期の上昇傾向は失業率急増の代償を伴う．それゆえ，アメリカの働く者たちにとって景気が「通常は拡張」であるとしても，それは実際には拡張期後半に限定されるのである．これを1970年代にラディカル派の一部は「産業予備軍」効果（失業者が多くなることによる賃下げ圧力）消滅で表れる「資本主義の危機」であると論じた．すなわち，彼らによれば，景気循環の活況は同時に「資本主義の危機」なのである．この「危機」は収縮期に入って搾取率がいっそう低下することで深刻化するが，失業率も急増するので収縮の損失は「労使折半」される．だが収縮後半には搾取率は持ち直し，失業率上昇はさらに勢いを増して「産業予備軍」効果は復活するので，収縮のしわ寄せは働く者たちにだけ及ぶのである．

6．第34循環（2009〜20年）概説

　現時点で直近の最後の谷まで完結した第34循環は，2009年第2四半期から2019年第4四半期までアメリカ景気循環史上最長の42四半期間拡大を続けて山を迎えたが，収縮は2020年第2四半期までの2四半期間にとどまり，過去の最短記録と並んだ（表1-1と図1-1を参照，月間ベースでは史上最短の2カ月）．それゆえ，この循環単独で循環9段階還元法を使って収縮期を四半期ベースで5〜9段階に分割することはできない．だが，史上最長の拡張期を同1〜5段階に分割することはできる．そこで仮にではあるが，下記表1-3を得ることができる．

　第34循環の拡張期の回復は，戦後かつてに比べて弱く，大不況後最悪の大景気後退からの回復は遅れがちだった．ただし，活況に入ると史上最長の拡大

表1-3　実質GDP各循環における前段階比増減率（循環平均比：単位pt.）

循環局面	回復		活況		危機		不況	
各段階前後区間	1〜2	2〜3	3〜4	4〜5	5〜6	6〜7	7〜8	8〜9
1949〜2009（第24〜33循環）	5.0	6.7	6.4	3.0	-0.7	-0.5	-0.5	-0.3
2009〜2020（第34循環）	4.0	6.5	8.1	5.0	-1.5		-9.9	

（出所）表1-2に同じ.

を本格化させて，戦後かつてに比べて大きな伸びを保った．とはいえ，活況後半に拡大が衰えたのはかつてと変わらず，そこにパンデミックによる「経済外的衝撃」が加わって，収縮期は史上最短ではあったものの，戦後最悪の不況に落ち込む大不況型景気後退になった．トランプ前政権の経済報告は，自らの政権時に相当する循環活況局面の後半だけに着目して，当時の実質GDP成長の実際値が予測値を上回って史上最長の経済拡大を実現したといって，これを「偉大な拡大」と自賛したが，これでは当時アメリカ経済の成長が勢いを増しつつあったのがパンデミックによって突如中断させられたとの誤解に読者を誘導することになる（CEA 2021: 15）．実際にはこの局面は，以前の循環拡張期活況後半と同じように，経済成長は衰えつつあったのであり，その影響がパンデミックによって一挙に広がり，大不況型景気後退になったのである．

おわりに

　アメリカ経済において景気循環は，NBERが判定する景気循環史上最初の谷の1854年第4四半期以後，現時点で同最後の谷の2020年第2四半期まで34回くり返された．本章は，このうち第二次世界大戦後の1949年第4四半期の谷から始まる第24循環以後の11回の循環を対象に，ミッチェルが最初に考案してシャーマンが継承した方法で計測して，戦後アメリカの景気循環の一般的な特徴と，これとの対比で第34循環の特徴を明らかにした．景気循環は，拡張期のうちに収縮に向かう傾向が生み出され，収縮期のうちに拡張に向かう傾向が生み出される連続であり，トランプ前政権がこの連続の全体を見ずに拡張末期だけを見て「偉大な拡大」と偽って称賛した第34循環の史上最長の拡張期もまた，そのうちに収縮に向かう傾向を生み出していたのであった．利潤所得の賃

金所得に対する比率，すなわち搾取率を景気循環から見れば，働く以外に主た
る生計手段を持たない者たちにとって，NBERがいう景気循環の「正常な拡
張」は拡張期後半の活況局面に限定され，あとは同前半の回復局面での拡張利
得は利潤所得に吸収され，収縮期の損失を支払うだけであることがわかる．以
上のように，アメリカ経済はマクロ経済で見れば景気循環と不可分であり，景
気循環で見ればこの国のマクロ経済独自の資本主義的特徴が明らかになるので
ある．

参考文献

十河利明（2021）「オバマ回復とトランプ拡大の考察」『商学論集』第90巻第1号.
───（2022）「米国景気第34循環の考察──史上最長の経済拡大とパンデミックの
　　衝撃に関する批判的研究」『商学論集』第90巻第2-4号.
Burns, Arthur, ed. (1952) *Wesley Clair Mitchell: The Economic Scientist*, National
　　Bureau of Economic Research.
Council of Economic Advisors: CEA (2021) *Economic Report of the President, 2021*,
　　Government Printing Office.
Keynes, John Maynard [1936] (1964) *The General Theory of Employment, Interest,
　　and Money*, Harcourt.（間宮陽介訳『雇用，利子および貨幣の一般理論』上下巻，
　　岩波文庫，2008年.）
Mitchell, Wesley (1951) *What Happens During Business Cycles: A Progress Report*,
　　National Bureau of Economic Research.（春日井薫訳『景気循環Ⅲ──景気循環
　　の過程』文雅堂書店，1963年.）
Mitchell, William, L. Randall Wray, and Martin Watts (2019) *Macroeconomics*, Red
　　Globe Press.
Petri, Fabio (2021) *Microeconomics for the Critical Mind: Mainstream and Heterodox
　　Analyses*, Springer.
Pollin, Robert, ed. (2000) *Capitalism, Socialism, and Radical Political Economy:
　　Essays in Honor of Howard J. Sherman*, Edward Elgar.
Sherman, Howard (1964) *Macrodynamic Economics: Growth, Employment, and Prices*,
　　Appleton-Century-Crofts.
───(1987) *Foundations of Radical Political Economy*, M.E. Sharpe.
───(1991) *The Business Cycle: Growth and Crisis under Capitalism*, Princeton
　　University Press.

―――― (1995) *Reinventing Marxism*, Johns Hopkins University Press.

―――― (2010) *The Roller Coaster Economy: Financial Crisis, Great Recession, and the Public Option*, M.E. Sharpe.

Sherman, Howard, and Gary Evans (1984) *Macroeconomics: Keynesian, Monetarist, and Marxist Views*, Harper and Row.（野下保利，原田善教，植村博恭（抄録）訳『マクロ経済学――ケインジアン，マネタリスト，マルクス派の見解』新評論，1989年.）

Sherman, Howard, and David Kolk (1996) *Business Cycles and Forecasting*, HarperCollins.

Sherman, Howard, Michael Meeropol, and Paul Sherman (2019) *Principles of Macroeconomics: Activist vs. Austerity Policies*, 2nd ed, Routledge.

Weisskopf, Thomas E. (2000) "Left Perspectives on Long-term Trends in Capitalism," in Pollin ed. (2000).

第 2 章
三度の景気循環と現代アメリカ経済の基本構造

平野 健

はじめに

　1991年から2020年までの間に三度の景気循環があった．そのいずれもバブルによる影響を強く受けており，その景気拡大＋景気後退の長さが120+8カ月，73+18カ月，128+2カ月といずれも長大（1945～91年の景気循環の平均月数は50+11カ月）になった一方で，その経済成長率はますます低下しており，長期停滞に向かっているという様相を呈している．こうした現代アメリカ経済の特質を考える一助として，本章では三度の景気循環の様子を概観することにしたい．

　以下，まず第1節では景気循環の分析方法について説明する．第2，3，4節では，その方法に沿って，第32循環（1991～2001年），第33循環（2001～09年），第34循環（2009～20年）の特徴を概観し，最後に3循環に共通の傾向と特質を考える．なお本章は2020年2月までを検討の対象とし，新型コロナウイルス感染拡大以後の分析については他章に委ねる．

1．景気循環の捉え方

　経済学では景気拡大（経済成長）についての理解が基本的な点で分裂している．主流派経済学は経済成長は供給能力で決まると考え，非主流派経済学は需要の制約を重視する．本稿もまた需要の動向を重視する立場に立つが，それと同時にその背後に投資（生産的投資と金融投機）があることに注目している[1]．

1）経済成長と景気循環の分析方法については平野（2019）を参照されたい．

　経済統計では最終需要を個人消費，粗投資（設備投資，住宅投資，在庫変化），純輸出，政府支出の4つに分類するが，このうち，個人消費と粗投資は企業による生産的投資に伴って増大している．企業が生産を拡大しようとして雇用と設備を増やすと，雇用の増加は雇用者報酬を増やし，個人消費を増やす．設備投資は粗投資需要の規模を大きくする，という具合である．ところが企業が生産を拡大しようと決断するのは，まず何よりも需要の増加が見込まれる時である．したがって「生産的投資」と「個人消費と粗投資という2大需要の増加」と「企業の生産拡大」とは互いに誘発しあうポジティブ・スパイラルの関係の中にある．ただし企業は互いに競争しあっているため，生産的投資は往々にして過剰投資に行きつくことが多い．そして企業が過剰生産能力を抱えるようになると，その後の需要増加は生産的投資を誘発せず，このスパイラル全体が停滞に向かう．

　他方，需要は個人消費と粗投資の2つだけではない．統計上の分類では純輸出や政府支出がそれに当たるが，近年のアメリカではその他にバブルの影響が大きい．バブルとは株式，証券，不動産などの資産に投機が集中し，それらの資産価格が高騰することを指すが，バブルが起きると個人消費や設備投資が促される効果（資産効果）があり，これが景気を浮揚する．これら生産的投資のスパイラルの外にある需要が景気拡大の長さや成長率などに影響し，景気循環は毎回異なった様相を見せるし，これらの需要は突然収縮する可能性があり，それが急性的な景気後退を呼ぶ．

　以上をふまえて，過去三度の実質GDP成長率と4つの最終需要の寄与度[2]，失業率，そしてバブルの指標として株価インデックスの動きを図2-1で示しておこう．以下ではこれを見ながら，また主要な成長部門，主要な設備投資部門，雇用増加部門とその賃金水準なども加味して，生産的投資のスパイラルの様子とバブルの様子から，三度の景気循環のメカニズムを説明する．

2）需要の成長寄与度は，各需要の今年の増加を前年のGDPで除すことで計算する．たとえば，GDP成長率（総需要の増加分 / 前年GDP）が4％として，個人消費需要の増加分 / 前年GDPが3％なら個人消費需要の成長寄与度は3％であり，成長寄与率は75％（3% / 4%）となる．

図2-1　実質GDP成長率，4つの需要寄与度，失業率，株価インデックスの推移

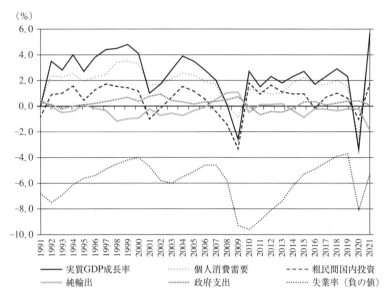

凡例：
―――　実質GDP成長率　　……………　個人消費需要　　- - - -　粗民間国内投資
―――　純輸出　　　　　　…………　政府支出　　　　………　失業率（負の値）

（出所）US Department of Commerce, Bureau of Economic Analysis, NIPA Table 1.1.5, 1.1.6；US Department of Labor, Employment status；Yahoo! Finance より作成.

2．第32循環（1991～2001年）

製造業の設備投資による製造業中心の成長

　1991年から第32循環の景気回復が始まる．1992～95年には製造業（金属加工，機械類，電気電子機器，自動車，食料品，化学製品などの部門）が活発に設備投資をおこない，その需要が製造業自身の生産拡大を促すという形で景気拡大が進んだ．これは，1980年代に日本からの集中豪雨的輸出によってアメリカ製造業が名門大企業も含めて経営危機に陥り，従業員の削減や工場閉鎖など大規模な生産能力削減がおこなわれたことの反動として起きたことである．

　しかしながら，製造業部門は積極的な設備投資をおこないながらも雇用拡大には抑制的であった．1993年までは景気が拡大しても雇用が増えない「雇用なき景気回復」という言葉が流行し，その後も雇用の柔軟化が進み，いつ解雇されるとも知れない不安が社会問題化したほどであった^{3）}．製造業を解雇された労働者はサービス業や小売業で再雇用されたが，それは大幅な賃金低下を伴うため，個人消費の成長力を削いだ．個人消費需要は1992年に繰延需要を噴出させた後，1996年まで成長率を低下させていった．

　このようなアンバランスは，この設備投資の中身を見てみると理解できる．1980年代に日本企業の輸出攻勢に悩まされたアメリカ製造業は，1980年代後半から1990年代前半にかけていわゆる「日本的生産システム」を移植しようと試み，そのための有効なツールとしてITを見出した．1990年代初頭のインターネット商業利用開始とあいまって，生産性革命としての「IT革命」が喧伝された．実際，アメリカ製造業は生産性を上昇させたが，それでも日本企業を追い抜いて市場シェアを取り戻すところまでは実現できなかったため，必然的に労働者の雇用は削減されたのであった．それは個人消費需要を抑制し，逆に景気拡大を弱化させる可能性があった．事実，1995年には景気後退が起きかねない気配が現れたのであるが，その後，再び景気は勢いを取り戻し，2001年まで拡大が続く．それを支えたのはIT株バブルであった．

3）『ニューヨーク・タイムズ』紙1996年3月の特集企画The Downsizing of America（https://archive.nytimes.com/www.nytimes.com/specials/downsize/glance.html，2022年10月31日閲覧）を参照されたい．

ITバブルによる設備投資と個人消費の増加

　1990年代を通して株価は常に上昇傾向にあったが，1995年頃からその上昇スピードが加速し，1998年を越えると中でもITベンチャー企業の登竜門とされたナスダックの株価がひときわ高い上昇を示すようになった．これがIT株バブルである（図2-1の株価の推移を参照）．

　株価が継続的に上昇した背景の第一は，1990年代後半に企業が自社の株価を引き上げる目的で自社株買い[4]を進めており，企業の株式発行は純減になっていたことがある．

　背景の第二は，家計が資産として預金よりも証券を選好するようになったことである．家計の保有する金融資産の中で最も大きいのは年金積立だが，この時期，家計はそれを確定給付型年金から確定拠出型年金（資産運用次第で給付額が変動する年金タイプ）へと移行させ，この大規模な年金積立金を用いて自ら証券市場で運用をするようになった．また金額は大きくないがミューチュアルファンド（投資信託の一種）もこの時期に安定的に増加している．このような「家計の投資家化」は，1990年代に雇用関係の柔軟化が進み，生涯の生活の安定を雇用者報酬に頼っていけるのか，不安が増したことが背景にある．

　背景の第三は海外資金の流入である．1995年，ルービン財務長官はこれまでの円高ドル安推進政策をドル高容認へと転換し，これが海外の投資資金をアメリカに呼び寄せた．さらに1997年にアジア通貨危機が発生し，国際投機資金はより安全な資産としてのドルに逃避した．こうしてアメリカの国際金融収支は急速に黒字を拡大していく．金融収支黒字は，理論上，経常収支赤字と同じ大きさになる．海外資金が流入して株価が上昇すると，その資産効果によって景気が拡大するが，アメリカ経済の場合，それは経常収支赤字の拡大（ドル流出）を意味する．このドルが再びアメリカ金融市場めざして還流してくるという循環構造が1990年代後半に成立した．

　国内外の投機資金のうち，まずミューチュアルファンドが1993年に株式投資を拡大し，続いて非金融企業が株式購入を急増させ[5]，最後に海外資金が参入してきた．海外資金は最初（1994〜97年）財務省証券投資に向かったが，財務

4）自社株買いによる高株価維持には，敵対的M&Aを回避する，M&Aを有利に遂行する，ストック・オプション制度を効果的にするなどの理由がある．

図2-2　株式の主要購入主体とその購入規模の推移

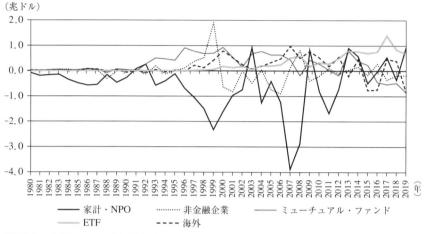

（出所）Board of Governors of the Federal Reserve System, Z.1., F223より作成.

省証券の価格が上昇しその利回りが低下すると，社債，株式，GSE担保証券といったよりハイリスクな資産へと向かっていった.

　その一方で，家計は直接保有していた株式を売り越している．それでも家計の株式保有残高は増えており，株価が猛烈な勢いで高騰する中で，その一部を売却して売却益を得ていたと考えられる．1997年以降，これらの資産効果によって家計は消費支出を増やすようになり，その結果，製造業以外の多数の部門で生産拡大が促された[6].

　株価の中でも特に群を抜いて上昇したのはIT企業の株であった．IT産業は製造業をはじめとする既存大企業の経営合理化のツールとして利用されており，事業所向けサービス業として新しいサービスとビジネススタイルを次々と生み出し，将来性の高い新興産業として期待されていた．そこに1996年通信法改

5）ただし，非金融企業の株式投資には，価格差益をねらった短期的な投機ではなく，企業の事業戦略に沿った他社資産（特に知的財産）の取得のための株式投資が多く含まれていた可能性が高い.

6）粗投資需要は製造業，建設業，専門ビジネスサービスなど少数の産業部門に集中的に向かうが，個人消費需要はきわめて多数・多様な産業部門に広がっていく．産業連関分析の産出誘発分析からその様子がわかる.

正が加わった．これは通信事業への参入規制を緩和し，通信業と放送業の融合（インターネット放送）を可能にする法改正であったが，これをきっかけに長距離通信事業にベンチャー起業が新規参入し，株価を上昇させながらM&Aをくり返し，また実需の何倍もの容量を持つ光ファイバー通信網を敷設したりした．

大容量通信網の敷設は，第一にそれ自体が設備投資需要であるから，個人消費需要と並んで，この時期の景気を浮揚した．第二に，この通信網は大西洋・太平洋を越えて地球を一周する規模で敷設されたため，アメリカ企業はITを用いた経営合理化策をグローバルな規模で展開するようになった．その結果，2000年前後から海外直接投資とグローバル・サプライチェーンの展開が加速されていく．このことはアメリカ製造業の国際競争力を高めるとともに，アメリカ国内の雇用条件を加速度的に悪化させていった．

景気拡大から後退へ

こうして第32循環は120カ月という記録的な大型景気拡大となった．それが可能になったのは，その前半と後半とで成長のメカニズムが異なっていたからである．前半はもっぱら製造業の設備投資によって製造業中心の経済成長がなされたが，それが息切れする頃にタイミングよくIT株バブルが誘発され，それが家計の金融資産を膨らませ，またITベンチャー企業の過剰な設備投資を促進したことで景気拡大を引き継いだのである．

2000年，いくつかのベンチャー企業で粉飾決算が明らかになり，IT株バブルも崩壊していく．バブル崩壊は個人消費や設備投資を冷え込ませ，2001年の景気後退を引き起こした．とはいえ，この景気後退はわずか8カ月の小規模で軽微な景気後退で済んでいる．

3．第33循環（2001〜09年）

不況対策

2001年1月に就任したジョージ・W・ブッシュ（ブッシュ子）大統領は，公

7）連邦通信委員会のウェブページ（https://www.fcc.gov/general/telecommunications-act-1996，2022年10月31日閲覧）を参照．ITバブルとブロードバンド・サービスの過剰生産能力については，Sterling et al. (2006), Blumenstein (2001) を参照のこと．

図2-3　政策金利（Federal fund rate）の推移

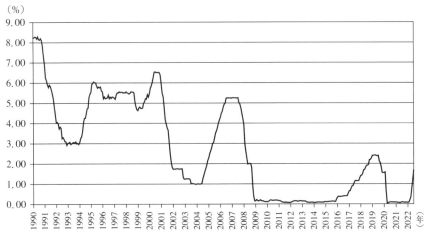

（出所）Federal Reserve Bank of St. Louis, Federal Funds Effective Rateより作成.

約だった大型減税に加えて不況対策として低金利政策をおこなった．2000年11月に6.51％だった政策金利（Federal Fund Rate）を2003年7月までに1.01％に落とし，2004年6月までそのまま据え置いた．景気回復は2001年11月から始まっているのだが，最初の3年近くは景気拡大の勢いが弱く，再び「雇用なき景気回復」といわれていたこともあって，2004年まで低金利を続けたのである．

　また2001年の9.11同時多発テロをきっかけにブッシュ子政権は「テロとの戦争」を宣言し，2001年にアフガニスタン戦争，2003年にはイラク戦争を開始する．これらの戦争のための財政支出も，期せずして景気を下支えする効果を持った．

　その一方で，2000年頃に株式市場に集中した投機資金は，バブル崩壊によって株式市場から逃避して，原油，穀物，住宅などに流れ込んだ．住宅はもともとベビーブーマー世代の住宅買い替え需要に支えられて1998年頃から価格が上昇しはじめていたが，ブッシュ子政権の低金利政策の影響もあって，居住という実需に加えてその価格上昇を当て込んだ住宅投機が進行した．住宅価格の上昇は，キャッシュアウト・リファイナンスやホームエクイティローンなど銀行からの借り入れを可能にし，これが個人消費を伸ばした．

過剰生産能力の温存と停滞の長期化

　景気後退が軽微で済んだことは，その後の景気拡大にとって良いことばかり
とは限らない．1990年代は前半の製造業の設備投資と後半の通信業の設備投
資とがともに企業の生産性を上昇させたのであるが，景気後退が軽微で済んだ
結果，これらの過剰生産能力が破壊されることなく温存されたのである．その
ため1990年代前半とは対照的に，2000年代初頭の景気回復では設備投資は活
発化しなかった．

　この時期，粗投資として大きく増えたものは住宅投資であり，これは統計上，
不動産業の設備投資のように表記されるが，その大部分は家計による住宅建
設・購入であり，むしろ個人消費需要と見なすべきものである．2003年から
設備投資が活発だった鉱業（ガス石油採掘）は原油投機の影響を受けている．
こうして粗投資は，当初は住宅投機・原油投機の結果おこなわれたものばかり
である．

　景気回復の中で製造業（コンピュータ電子製品），卸売業，運輸業，情報産業，
専門ビジネスサービス業なども生産を拡大しているが，これらの部門もしばら
くの間，設備投資に抑制的だった．たとえば2003〜04年，製造業の成長率は
高かったが，活発に設備投資をおこなうのはバブルによる景気拡大がさらに進
んだ2005〜07年になってからのことである．

　こうしてこの景気拡大における設備投資の成長寄与度は著しく低く，もっぱ
ら個人消費需要に依拠した景気拡大になるのだが，国内の雇用条件は，企業の
多国籍化とグローバル・サプライチェーンの展開によってさらに悪化しており，
住宅価格の上昇による資産効果に支えられてもなお，個人消費需要の成長寄与
度は1990年代を下回る低水準にとどまった（図2-1参照）．

MBS関連商品バブル

　2004年から始まる政策金利の引き上げは住宅購入の勢いを弱める．そこで
商業銀行は，より広範な人々に住宅ローンを借りてもらえるよう，変則金利の
サブプライムローンを積極的に押し出した．サブプライムローンとは，銀行の
融資信用度の低い人々（貧困層，移民労働者，破産経験者など）に貸し出す住宅
ローンであり，プライムローンに比べて金利は高いのだが，最初の2年間はこ
れを低めに抑え，3年目から引き上げるという具合に設定しておく．最初の2

年間に住宅の資産価値が上昇し，資産と負債の状態が改善すれば，その人の信
用度は格上げされ，ローンの借り換えによって金利を引き下げることができる，
というシナリオを描いたのである．

　銀行はこのハイリスク住宅ローンを直ちに回収しようとして，このローン債
権をMBS（Mortgage Backed Securities：モーゲージ担保証券）にして投資家に売
却しようと考える．しかし，いくら利率が高くてもハイリスクの証券が大量に
売れるわけではない．そこで多種多様な債権をかき集めてプールし，それを優
先劣後の序列を付けて切り分ける[8]CDO（Collateralized Debt Obligation：債務担
保証券）をつくって売った．売れ残ったCDOはさらにプールに入れては切り分
けるという作業をくり返すことにし，これにCDS（Credit Default Swap）とい
う保険を付け，さらに格付け機関にトリプルAを付けてもらうようにした．こ
うして幾重にも操作を重ねた結果，サブプライムローンのMBS関連商品は高
金利の安全商品と見なされ，その結果，バブルとなった．

　このMBS関連商品に投機した最大の主体は海外投資家だった．バブル最盛
期にはMBSの半分ぐらいは海外投資家が購入しており，残りの半分をアメリ
カの投資家が少しずつ購入しているという構図である[9]．ここでも海外投資家は
最初は財務省証券に投資し，その価格が上昇すると2004〜08年に社債，MBS，
GSE証券，株式などのリスク商品の購入を増やしていった．

　投資銀行はこのようなハイリスク商品への投機を自らもリスクを取りながら
積極的に支えた．投資銀行は顧客の要望に沿った証券取引を成立（マーケット
メイク）させるために一定額以上の資金と多様な証券の在庫を抱えなければな
らず，それらを柔軟に調達できるレポ取引（Repurchase agreement：買い戻し条
件つき証券売買）を多用している．投資銀行は2000〜02年にレポ取引を活発化
させ，2004〜07年にはその取引規模を2〜3倍近く拡大する．ここには顧客の
ための在庫準備と自身のための投機的取引の両方が含まれるが，購入した証券
を担保に資金を借り，その資金でまた証券を購入するというハイリスクな行為
をくり返していた．

8）債権のプールから，優先債（ローンの焦げつきが起きても利子支払いが優先される）
　　と劣後債（最初に利子支払いが停止される）とに切り分けて債券を発行すること．
9）とはいえ「海外」とは海外に住む個人投資家，機関投資家，非金融企業，金融機関な
　　どの総称であるから，厳密には単一の主体として扱うのは不正確である．

図2-4　社債・外国債の主要購入主体と購入規模の推移

（兆ドル）

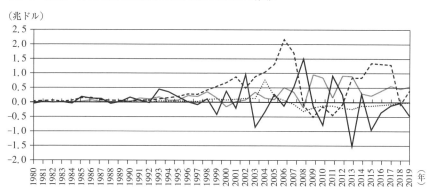

（出所）Board of Governors of the Federal Reserve System, Z.1., F213より作成.
（註）「社債・外国債」には社債とABS（資産担保証券）とが含まれている．発行主体側から見ると2008年まで
は発行総額の圧倒的多数が国内金融機関発行社債で，その大部分はABSであったが，2008年にそれが大きく落
ち込んだ後，非金融企業の社債発行が増加している.

景気拡大から後退へ

　2004年の政策金利引き上げは住宅投機の勢いを弱め，2006年には住宅価格
がピークを付ける．これがサブプライムローンの焦げつきを増加させ，ひいて
はMBS関連商品の値崩れを引き起こす．レポ市場では証券の投げ売りが連鎖
的に加速するという「取り付け」騒ぎへと発展した．これがリーマン・ショッ
クに代表される金融パニックの内実である．ここから始まった恐慌は，アメリ
カ経済の急激な景気後退を通じて対米輸出で経済成長を続けてきた東アジア各
国へ，また金融機関の経営危機と信用収縮を通じてヨーロッパ各国へと波及し
た[10].

　第33循環の景気拡大は73カ月と，3つの景気循環の中では短めになっている.
その理由は，景気回復の最初から過剰生産能力を抱えていたため，需要増加と
生産的投資のポジティブ・スパイラルの過程がほとんど成立せず，景気拡大を
最初から住宅バブルとMBS関連商品バブルに依存せざるをえなかったこと，
これらのバブルも政策金利を引き上げればまもなく崩壊せざるをえなかったこ

---

10) 2008〜09年の世界金融危機とそれを準備したMBS関連商品バブルについては高田
　（2009；2015）が詳しい.

とにある.

　今回のバブルは,その投機の裏づけが,勢いよく成長しつつある産業・企業の将来(期待)収益ではなく,ハイリスクな融資債権の将来の返済金にあった.このように投機対象がハイリスクであれば,通常,そのままでは大規模な投機の対象にはならないので,大手銀行はブームをつくるために幾重にも操作を重ねてリスクを隠蔽した.このことにより証券価格暴落の際に不安の連鎖が拡大し,伝統的な金融政策ではパニックを阻止できなくなったのである.

４．第34循環(2009〜20年)

金融危機対策

　金融危機のあった2008〜09年はブッシュ子政権からオバマ政権への移行期に当たる.両政権は金融危機に対して次のような対応を取った.

　まず財政政策であるが,ブッシュ子政権は2008年10月に「緊急経済安定化法」を成立させ,7000億ドルの税金を大手銀行12行に資本注入して救済した.オバマ政権は2009年2月に「米国再生・再投資法」を成立させ,7880億ドルの財政支出をおこなった.こちらは金融危機に巻き込まれた中産層・貧困層への支援と環境・エネルギー産業の振興を目的としていた.

　また金融政策として次の2つをおこなった.第一は低金利政策で,5.26%だった政策金利を2008年12月までに事実上のゼロ金利に引き下げ,これを2015年12月まで継続している.その後,いったん,金利をゆっくり引き上げたが,再び引き下げて2020年4月から2022年3月までゼロ金利で維持している(図2-3参照).ゼロ金利が7年(さらに追加2年)も続いたのは異例の事態である.

　第二の金融政策は量的緩和と呼ばれるもので,伝統的な公開市場操作では財務省証券を購入するのが常であったが,今回はMBSなどハイリスクの証券を大量に購入したところに新しさがあり,「非伝統的金融政策」と呼ばれた.FRBは三度の量的緩和で合計4兆ドルを超える証券を買っている.[11]

---

11)　メーリング(2021)は,中央銀行が市場の不良債権を買い上げることは,価格暴落に直面している証券に価格を付けてマーケットメイクする(取引を成立させる)「最後のディーラー」としての役割を果たすことであり,中央銀行の役割の変質であると指摘している.

　また2010年7月にはドッド゠フランク・ウォール街改革・消費者保護法が成立し，金融業界に対する規制が強化された．特に投資銀行の自己勘定取引を規制するボルカー・ルールが注目を集めた．

個人消費と設備投資

　2009年から始まる景気回復は，個人消費と設備投資の両需要の増加に支えられた．設備投資には，スマートフォンの普及や4GなどIT産業の新しい段階の到来に対応した情報産業・専門ビジネスサービス・コンピュータ電子製品の設備投資，シェールガス・ブームによる鉱業と石油石炭製品の設備投資，また金融危機の際の経営破産からの再建に根ざした自動車の設備投資という具合にそれぞれ異なる背景があるが，これと並行して個人消費も増大しており，2010年代前半は生産拡大と2大需要が好循環を描きながらゆっくりと景気回復をたどっていたといえる．しかし，この設備投資も2014年からはその勢いが低下し，2015年以降はほとんどもっぱら個人消費による経済成長になる．

　個人消費の伸びには2つの理由があり，一つめは労働市場の逼迫による賃上げである．金融危機によって失われた雇用は2014年には完全に回復され，それまで低下していた労働分配率（雇用者報酬／国内総所得）はその後，上昇へと転じていく．2018年には労働市場の逼迫がいわれるようになり，2019年には失業率が3.7％（過去四半世紀で最低水準）まで低下した．

　とはいえ，このような動きは景気拡大の勢いが強いことを意味していない．一つの問題は労働参加率（就業者と求職者の数／就業可能人口）が低下したことである．金融危機で急上昇した失業率の低下には時間がかかっており（図2-1参照），長期にわたる失業は労働者の求職意欲を損なう．資産に余裕がある人は早期引退を決め，貧困者はうつ病，薬物依存，アルコール依存になり，「絶望死」と呼ばれる自殺者も増えた．こうして生まれた労働力の供給制約が労働市場逼迫の一方の原因なのである．

　もう一つの問題は，雇用が増えている業種がサービス業，とりわけ医療サービス，飲食サービス，清掃サービスなどの低賃金業種が圧倒的であることだ．労働市場の逼迫はこれらの業界で最も強く現れ，人手不足による賃上げも生じているが，低賃金業種であるゆえにそれが消費需要の増加，マクロ的な経済成長を押し上げる力は強くない．三度の景気循環で経済成長率がますます低下す

る傾向にある背後には，こうしたサービス経済化＝低賃金雇用の増加＝貧困化
の問題がある[12].

インデックス投資とGAFA株バブル

　個人消費需要の増大のもう一つの背景は，株価の記録的な亢進である（図
2-1参照）.

　今回のバブルの特徴は，まずETF（Exchange Trade Fund：上場投資信託）を
通じたインデックス投資（S&P 500などのような株価指数と同じ値動きをめざす投
資）が株式市場の活況をリードしている点である．株価指数は少数の上位銘柄
の価格の影響を受けやすく，今回の株価上昇を牽引しているのはいわゆる
GAFA（グーグル，アップル，フェイスブック，アマゾン）とマイクロソフトであ
る．GAFAはスマートフォンの普及に伴い消費者の行動がビッグデータとして
収集されるようになったことを背景に急成長してきたプラットフォーム・ビジ
ネス企業であり，新しい技術の登場が事業収益の増大を期待させ，株価を上昇
させている．ETFは一種の投資信託だが，いつでも市場で売買でき，手数料も
安く，少額から参加できるなど，株式投資に不慣れな人が参加するハードルが
低い．ETFが株式投資の主役に躍り出る一方で，家計による直接取引は徐々に
その規模を縮小している．こうした消極性に金融危機後の投資家のマインドが
表れているといわれる.

　その一方で積極的にリスクテイクしているのが海外投資家である．彼らは金
融危機直後にいったん財務省証券に資金を逃避させた後，2013年頃から再び
ハイリスク商品に向かうようになった．その最大の投機対象が社債であり，中
でもレバレッジド・ローンとその証券化商品であるCLO（Collateralized Loan
Obligation：ローン担保証券）が注目されている．これは，金融危機前のサブプ
ライムローンのCDOと似た構造の証券化を中小企業の社債においておこなっ
たものである．ただし，その取引規模はまだまだ小さい.

　また投資銀行も，金融危機以降，取引の規模を縮小している．レポ市場での
取引も，以前は証券の購入も販売もともにプラス値で連動して増大していたが，

---

12)　平野（2021）では，この見地からいわゆる「長期停滞（Secular stagnation）」論に
　　対する仮説を提起している．長期停滞をめぐる論争についてはサマーズほか（2019）
　　を参照.

金融危機以後はマイナス値になる（証券の購入や販売より，それらの返済が多い）ことが多くなっている．これはドッド＝フランク法の規制とFRBの非伝統的な量的緩和の影響によって投資銀行がマーケットメイク用の在庫（証券）規模を小さくしたことの現れと思われる．こうして2010年代のバブルの特徴は，投資家（海外を除く）も投資銀行も，将来性を期待させるGAFAの登場で無理なく株価が上昇するに任せている，という点にある．

景気拡大から後退へ

　今回の景気拡大は128カ月続き，平時最長記録を達成したが，その成長率もまた記録的に低いものだった．2013年に「長期停滞（Secular stagnation）」論が提起されたのも無理からぬことである．とはいえ，この長期景気拡大を支えたバブルはこれまでになく堅牢で，2018年の米中貿易摩擦，2020年のコロナ禍発生など，何度か株価が動揺する出来事があったが，結局，持ち直して株価は上昇しつづけた．景気後退はコロナ禍をきっかけに2020年2月に発生するが，バブル崩壊には至らず，わずか2カ月で景気拡大へと転じた．長きにわたるFRBのゼロ金利政策と量的緩和プログラムがボラティリティを抑え，資産価格を押し上げていると見られている[13]．

おわりに

　この四半世紀の三度の景気循環の様子を見てきた．いずれも個性的でユニークな姿をしていたが，そこには共通する特徴（基本構造）を見出すことができる．

　第一に，生産的投資のポジティブ・スパイラル，すなわち個人消費と設備投資の経済成長への影響を見ると，徐々にその景気拡大に資する勢いが低下している．特に第34循環では，生産的投資がそれなりの水準でなされたにもかかわらず，実質GDP成長率は史上最低水準に落ちている．問題は，低賃金職の雇用ばかりが増えて個人消費需要の増加に結びつかないことにあり，それは深刻な貧困問題として現れている．貧困と停滞性は現代アメリカ経済の構造的特

13）金融業界のニュースサイトCNBCやDATALENDの記事より．

質の一つである.

　第二に，常に金融投機が景気浮揚効果を発揮している．第33循環のMBS関連商品バブルでは，国内外の投資家，商業銀行，投資銀行のいずれもアグレッシブに行動し，その結果として金融危機を引き起こした．他方，第34循環では逆に投資家，投資銀行ともに抑制的になっており，同時に株価が簡単には崩壊しない堅牢性も見られた．投機の規模は若干抑制されたとはいえ，バブルは現代アメリカ経済の抜きがたい要素として組み込まれており，経済成長がバブルに依存する度合いはますます高まっているといえる.

　第三に，以上の2つの特徴を成立させる条件として，製造業と金融業のそれぞれに国際的取引の拡大（2層のグローバリゼーション）があり，またどちらもITによってサポートされている点がある.

　以上3点が現代アメリカのマクロ経済の基本的特徴であり，これらは2010年以後，若干萎縮した部分を含みながらも根本的には変わっていない.

参考文献

サマーズ，ローレンス，ベン・バーナンキ，ポール・クルーグマン，アルヴィン・ハンセン（山形浩生編訳）（2019）『景気の回復が感じられないのはなぜか——長期停滞論争』世界思想社.

高田太久吉（2009）『金融恐慌を読み解く——過剰な貨幣資本はどこから生まれるのか』新日本出版社.

——（2015）『マルクス経済学と金融化論——金融資本主義をどう分析するか』新日本出版社.

平野健（2019）「産業循環から見た2008年恐慌と長期停滞」『季刊 経済理論』第55巻第4号.

——（2021）「戦後アメリカの経済成長率の長期低落傾向と産業構造の再編」『季刊 経済理論』第58巻第1号.

メーリング，ペリー（山形浩生訳）（2021）『21世紀のロンバート街——最後のディーラーとしての中央銀行』東洋経済新報社.

Blumenstein, Rebecca (2001) "How the Fibre Barons Plunged the Nation Into a Telecom Glut," *Wall Street Journal*, Eastern edition, 18 June.

Lawler III, Edward E., Susan A. Mohrman, and Gerald E. Ledford Jr. (1998) *Strategies for High Performance Organizations --The CEO Report: Employee*

Involvement, TQM, and Reengineering Programs in Fortune 1000 Corporations.
Jossey-Bass Publishers.

Sterling, Christopher H., Phyllis W. Bernt, and Matin B. H. Weiss (2006) *Shaping American Telecommunications: A histroy of technology, policy, and economics.* Lawrence Erlbaum Associates, Publishers.

第 2 篇

グローバリゼーションと通商政策

第 3 章
製造業のグローバル化と国内回帰

井上　博

はじめに

　レーガン政権に始まる1980年代以降の新自由主義政策の下で，アメリカ多国籍企業は生産の海外移転と企業内貿易網を通じたグローバル化を推進したが，それはアメリカ経済における国内製造業の衰退と貿易赤字の拡大をもたらすことになった．アメリカ主導によるグローバル化を「アメリカン・グローバリゼーション[1]」と呼ぶとすれば，その影響は各国経済に多様な結果をもたらすのであり，アメリカにとってそれはグローバリゼーションの「特殊アメリカ的構造」の形成であるといわなければならない．

　1990年代後半以降の世界的なデジタル化の進展は，製造工程の細分化と国際分業を可能にし，他方で共通のアーキテクチャに基づく部品の標準化とモジュール化を推進することによって，中間財貿易の拡大とグローバル・バリュー・チェーン（GVC）を形成することになった．GVCの進展は中国への生産拠点のシフトと生産技術のアップグレードを促進し，中国は先端技術においてもいくつかの分野でアメリカに対抗する水準に達しつつある．こうした現状は，軍事的，技術的覇権に基づいたアメリカ主導によるグローバル体制を脅かす可能性を秘めており，2010年代半ばから中国を「戦略的競争相手」と位置づけ，米中経済を切り離す「デカップリング」が議論されるに至った[2]．同時にこれはアメリカ製造業にとっては，製造業の国内回帰と回復力のあるサプライチェーンの必要性を再認識させることとなった．

---

1) 中本編（2007）を参照．
2) 中本・松村編（2022）を参照．

　1990年代半ばに確立したアメリカン・グローバリゼーションの下での特殊アメリカ的構造における矛盾の累積と転換の契機は，2008年のリーマン・ショックにあったと考えられる．本章ではその構造変化について，アメリカ製造業多国籍企業のグローバル生産体制の変化を中心に分析し，アメリカ製造業の国内回帰の現状と限界について明らかにする．

1．経常収支赤字の拡大と製造業の国内回帰

経常収支赤字拡大の推移

　図3-1によってアメリカのGDP比経常収支赤字の推移を見ると，3つの時期に区分することができる．第1期は1992年から2000年までである．この期間は財貿易赤字が拡大する一方でサービス貿易黒字が拡大したため，GDP比経常収支赤字は拡大を続けているとはいえ，4％以下にとどまっていた．1993年に大統領に就任したクリントンはNAFTAの推進とともに，国際競争力の低下に直面したアメリカの製造業を積極的に支援するために，主要な貿易赤字国であった日本に対して「自主的輸入拡大」を強力に迫る通商交渉を展開した．しかし，1990年代後半に入ると，IT革命による景気拡大と持続的成長，いわゆる「ニューエコノミー」の下で，貿易赤字削減は主要な政策課題ではなくなり，対米投資拡大によって経常収支赤字が大幅に拡大した．それとともに，製造業の海外移転が加速し，国内生産のさらなる後退を招いた[3]．

　第2期は2001年から2008年までである．この期間はGDP比サービス貿易黒字が低下するとともに，財貿易赤字が著しく拡大したため，GDP比経常収支赤字は4％を突破する大幅な拡大となった．1990年代後半から進行したIT革命は，製造業のみならずサービス業においても海外移転を促進し，オフショアリング，オフショア・アウトソーシングを加速させた．しかしアメリカ経済の持続的成長を支えた「ニューエコノミー」は2001年のITバブルの崩壊とともに潰え去った．2001年以降の好景気は住宅バブルと石油投機によって支えられたものであり，積極的な生産的投資はおこなわれず，サブプライムローンの破綻と2008年のリーマン・ショックによる世界的な金融恐慌によって終焉した[4]．

3）サービス経済化と貿易赤字に関しては，井上（2008）を参照．

図3-1　アメリカのGDP比経常収支

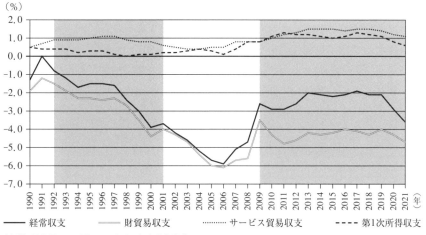

（出所）U.S. Breau of Economic Analysisより作成.

　第3期は2009年以降の時期である．2009年以降も財貿易赤字は持続している
が，その割合は安定しており，サービス貿易収支と対外投資収益である第1次
所得収支の黒字が拡大したため，GDP比経常収支の赤字は2020年までは3％以
下の水準にまで低下した．2008年，金融恐慌最中に大統領選挙で「変革」を
スローガンに勝利した民主党のオバマは，大統領就任後，金融恐慌をもたらし
た金融機関に対する規制強化に乗り出すとともに，国内製造業の立て直しを政
策課題として取り組んできた．しかし，後述するように国内製造業の立て直し
が十分に進まない下で，不安定雇用の増大と所得格差の拡大に対する国民の不
満は「ラストベルトの反乱」を引き起こし，2016年大統領選挙で貿易赤字の
削減と「製造業の復活」を唱えた共和党トランプ政権が誕生したのである．だ
が，トランプ政権による対中貿易赤字削減のための4弾にわたる制裁関税の実
施にもかかわらず，貿易赤字の削減はほとんど進まず，「ラストベルト」の支
持を失った．さらに2020年のCOVID-19（新型コロナウイルス感染症）パンデ
ミックに適切な対応をしなかったトランプ政権は，2020年大統領選挙で国内製

4）平野（2020）は1990年代後半から2000年代にかけてアメリカ経済はバブルによって景
　気拡大が支えられるようになっていることを明らかにしている．

造業の復活と雇用最優先を掲げる民主党のバイデンに敗れた.

　経常収支赤字を拡大しつづけてきたアメリカ経済は, 2008年のリーマン・ショックを契機としてその構造に変化をもたらしていることは明らかである. それはオバマ政権以降に進められてきた製造業の国内回帰政策の反映であると見ることができる. しかし, 同時に財貿易赤字を大幅に削減できるほどに製造業が復活しているとはいいがたい. そこで次にアメリカの国内生産基盤の現状を見ることによって, 製造業の国内回帰の現状を明らかにする.

GDPに占める製造業の割合と雇用の推移

　2009年に誕生したオバマ政権は, 製造業復権の視点として, 第一に海外に展開しているアメリカ企業の製造業拠点の国内回帰の奨励, 第二に3Dプリンターの活用等によるより高い付加価値を持った先端製造業(Advanced Manufacturing)の育成という方向性を掲げてきた[5]. こうした政策によって製造業の国内生産基盤にどのような変化が現れたかを検証しよう.

　図3-2のように, GDPに占める製造業の割合は, 2000年の15.1％から2010年の12.0％へと急激に低下した. しかし, それ以降低下率は減少し, 2020年の10.9％から2021年には11.1％へと持ち直す傾向も見られる. 製造業の雇用状況を見ると, 2000年以降の各年末における非農業就業者に占める製造業就業者の割合は低下しつづけており, 2000年の12.9％から2021年末には8.5％となっている. しかし, 2000年から2009年までの10年間に4.0％低下したのに対して, 2010年から2021年までの11年間には0.4％低下したにすぎず, 製造業就業者の割合の低下が緩やかになっていることがわかる.

　各年末における製造業就業者数の推移を見ると, 減少しつづけていた就業者数が, 2009年末の1147万5000人を底に2010年以降は増加傾向に転じ, 2020年にはCOVID-19の影響を受けて減少したが, 2021年末には1255万5000人となり, 2009年末に比べて108万人増加している. これを主要産業部門別に見ると,

---

5) オバマ政権の競争力強化策については関下(2012：第3章), 国内回帰促進政策については田村(2014)を参照. 山縣(2016)はオバマ政権の製造業回帰政策に関する評価として, 2015年までのデータ分析をふまえて,「製造業は確かにある程度アメリカに『回帰』しているが, それはグローバル展開, 高付加価値化, 利潤極大化行動の一環としてであることが示唆された」(山縣 2016：71)と述べている.

図3-2　製造業就業者数と非農業就業者に占める割合およびGDPに占める製造業の割合

（万人）　　　　　　　　　　　　　　　　　　　　　　　　　　　　　　　　　　　（%）

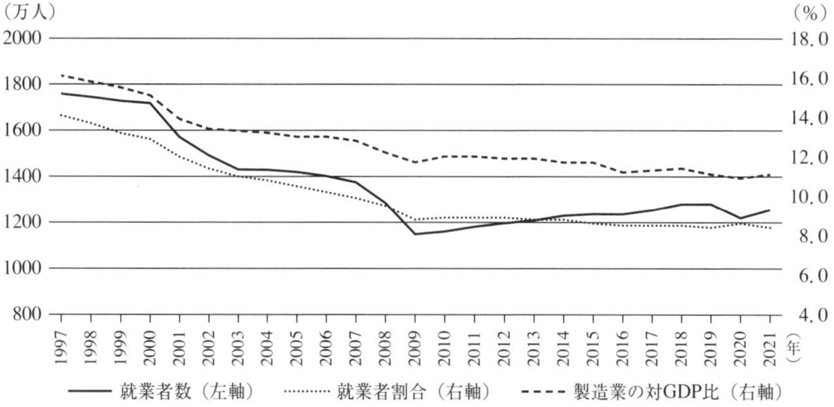

（出所）U.S. Breau of Labor Statistics, U.S. Bureau of Economic Anlysisより作成.
（註）就業者数は各年末.

　輸送機器では2009年末の131万3600人から167万2700人へ35万9100人の最大の増加を示している．金属・金属製品では160万5800人から176万8700人へ16万2900人の増，機械では97万6600人から106万8500人に9万1900人の増，化学では79万4300人から87万8000人に8万3700人の増，電気機器・部品では35万4400人から40万2400人に4万8000人の増となっている．一方，コンピュータ・周辺機器では109万4500人から105万5900人へと3万8600人減少している．
　GDPに占める製造業の割合においても製造業就業者数においても，2009年までの製造業の急激な衰退傾向からは転換しつつあるといえよう．

製造業産出額の推移

　次に製造業における産業部門別産出額の1997年からの推移を見ることによって，国内生産基盤の状況を検討しよう．製造業全体の産出額は2009年にはリーマン・ショックの影響を受けて前年より減少したが，それ以降は図3-3に見られるように増加に転じ，2010年の5兆188億ドルから2014年の6兆255億ドルに増大した．2015年，2016年は減少したが，2017年からは再び増加し，2020年はCOVID-19の影響により減少したが，2021年には6兆3452億ドルと過去最高額を記録した．その結果，2009年から2021年にかけて産出額は製造業

図3-3　製造業産出額の推移

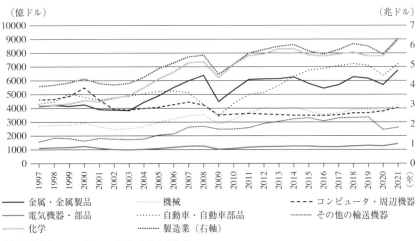

（出所）U.S. Bureau of Economic Analysisより作成.

全体で40.7％増加している.

　2009年から2021年にかけての製造業主要部門の産出額の推移を見ると，自動車・自動車部品が3424億ドルから7207億ドルへ110.5％増と最大の伸びを示している．次いで伸び率が高いのは金属・金属製品で，4473億ドルから6756億ドルへ51.0％増加している．さらに機械が2852億ドルから4292億ドルへ50.5％，化学製品が6209億ドルから8925億ドルへ43.7％，電気機器・部品が1027億ドルから1448億ドルへ41.0％それぞれ増加している．これに対して，コンピュータ・周辺機器は3502億ドルから4051億ドルとなり，増加率は15.7％ときわめて低い．製造業全体の産出額はこの10数年間に増加傾向にあり，特に自動車・自動車部品は2倍以上に生産能力を拡大している一方で，コンピュータ・周辺機器はほとんど産出額の拡大が見られなかった.

　以上のように，アメリカ製造業は産出額で見ると，2009年を境にそれ以降は回復基調に転じたと評価することができる．ただし，この間の年平均増加率は3.7％にすぎず，その回復ぶりは一部の産業を除いてきわめて低調である．その要因を明らかにするためには，アメリカ多国籍企業が推進してきた「グローバル生産ネットワーク」の内容とその変化を分析する必要がある.

2．GVCの形成と生産のネットワーク化

オフショア・アウトソーシングとGVC

　アメリカン・グローバリゼーションの下でアメリカ多国籍企業はグローバルな生産体制を構築してきた．製造業多国籍企業はグローバルに海外子会社を設置し，親会社・海外子会社間および海外子会社相互間での企業内国際分業を通じて生産拠点の最適配置と利潤極大化を推進してきた．しかしながらこうしたグローバル生産の内部化による統合型多国籍企業のビジネスモデルは，1990年代以降大きく変化してきた．それは生産の海外移転であるオフショアリングと生産過程の一部を外部企業に委託するアウトソーシングを組み合わせたオフショア・アウトソーシングの進展である．

　こうした変化をもたらした要因は，第一にIT技術の進歩と1990年代以降の貿易障壁の削減により海外のサプライヤーへのアクセスが増加し，オフショアリングが企業にとってより費用対効果を高めたこと，第二にITの進歩により企業が製品と生産プロセスの仕様に関する詳細情報を長距離で伝達できるようになり，物流におけるコンテナ化などの輸送の改善により，商品をより迅速かつ一貫して移動できるようになったことにある[6]．これらの開発により，生産プロセスを細分化し，研究開発や管理などの高度なスキルを備えた機能を主要国の本社に維持しながら，コンポーネントの生産や製品の組立などの他の機能を低賃金国に移すことが可能となった．部品の相互のアーキテクチャの共通化によるモジュール化の進展は，こうしたオフショア・アウトソーシングをさらに促進させることになった．いわゆるGVCの形成である[7]．2001年の中国のWTO加盟による生産拠点化は，これをいっそう加速させた．

　経済協力開発機構（OECD）による付加価値貿易（TiVA）統計は，こうしたGVCを把握するためのデータを提供してくれる．しかし，Sturgeon et al.（2013）は，TiVAによるGVC分析の限界として，第一にそれが産業・生産物分類に基づいているため，製品の設計や組立といった業務レベルの活動単位

6）Grossman and Rossi-Hansberg (2006).
7）Gereffi (2020).

での分業関係を明らかにできないこと，第二に居住者レベルで分析されるため，多国籍企業の生産活動に伴う所有者レベルでの付加価値の帰属が把握できないこと，第三に個別取引の内容に関する情報が得られないため，質的なサプライチェーン分析が不可能であることを指摘している．

GVCと二重ネットワーク

GVCの進展は，すべてのグローバル生産がオフショア・アウトソーシングに移行したことを意味しているわけではない．Gereffi et al.（2005）はGVCにおける海外下請けのガバナンスを①市場（Market）型関係，②モジュラー（Modular）型関係，③リレーショナル（Relational）型関係，④縛られた（Captive）関係，⑤垂直統合（Hierarchy）型関係の5類型に分類している．多国籍企業が主導する国際分業が，垂直統合による企業内分業のいっそうの推進ではなく，多様な企業間関係を通じた支配に移行してきたのは事実であるが，これらの類型が選択肢の一つとして並列して存在しているわけではない．

関下（2012）は，「多国籍製造企業の展開は，企業内国際分業（内部化）に基づく国際生産を基本とする世界的集積体が，これと並んで企業間国際提携（外部化）の展開を加味して深化・展開する形になるが，その結果，ついに知財・サービス中心のネットワーク型の世界的知識集積体へと変身を遂げるようになる」（関下 2012：106）と指摘している．

IT技術の進展とコミュニケーションのデジタル化は，インターネットをベースとしたデジタル多国籍企業の台頭をもたらした．インターネット・プラットフォーム，デジタルソリューション，Eコマース，デジタル・コンテンツを主要な事業内容とするデジタル多国籍企業はまさに「世界的知識集積体」と呼ぶにふさわしい新しいタイプの多国籍企業である．こうした企業は従来の多国籍企業とは明らかに異なる特徴を持っており，それはグローバル経済における先進国と発展途上国との関係や国際分業のあり方，雇用や技術をめぐる競争と格差拡大に大きな影響を与えつつある[8]．

デジタル多国籍企業は総じて，資産構成において現金などのキャッシュフローの比率が高く，また非公開のものも含めた無形資産の割合がきわめて高い．

8）UNCTAD（2017）を参照．

これは従来の多国籍企業が対外直接投資による固定資産の取得と支配を通して
グローバルな支配体制を構築してきたのとは大きく異なり，無形資産の中心を
占める知的財産による支配体制への移行を物語っているといえるだろう．これ
らの企業は海外資産に比較して海外売上比率がきわめて高く，さらにその母国
はアメリカを中心とした一部の国に集中するとともに，子会社の構成でも母国
の比重が高いという特徴を示している[9]．

　しかし，こうしたデジタル多国籍企業の台頭とオフショア・アウトソーシン
グの進展は，多国籍企業の海外直接投資と資産所有に基づいた内部ネットワー
クを否定するものではない．製造業を部門別に見れば，強固な内部ネットワー
クによる垂直統合を維持している企業から，外部ネットワークを利用した完全
なファブレス企業に至るまで多様性があり，現代の多国籍企業は知財支配に基
づいて内部ネットワークと外部ネットワークを組み込んだ「二重ネットワー
ク」による世界的な生産体制を構築しているといえるだろう．これを「グロー
バル生産ネットワーク」と呼ぶことにしよう．

3．多国籍企業のグローバル生産ネットワークの形成と変化

多国籍企業関連貿易の推移

　本節では2000年代におけるアメリカ多国籍企業の親会社・海外子会社によ
る内部ネットワークを分析することによって，グローバル生産ネットワークの
変化がアメリカ経済に与えた影響を検討する．

　まず，2000年代におけるアメリカ多国籍企業関連貿易の変化がアメリカの
貿易収支にどのような影響を与えているかを検討する．表3-1のように，1999
年にはアメリカの財貿易に占めるアメリカ多国籍企業親会社の割合は輸出で
62.3％，輸入で37.5％を占めていた．また財貿易収支の3370億ドルの赤字に対
して，多国籍企業関連貿易収支は467億ドルの黒字を計上し，この時期までは
アメリカ多国籍企業はアメリカ製造業の輸出競争力の強化と輸出拡大に積極的
に貢献していた．しかし，企業内貿易収支はそれまでの黒字から初めて赤字に
転落し，内部ネットワークにおいては海外生産の拡大とともに貿易赤字の担い

9）デジタル多国籍企業の特徴については，井上（2021）を参照.

表3-1 アメリカ多国籍企業関連財貿易

（単位：百万ドル）

		1999年	2004年	2009年	2014年	2019年
輸出	輸出総額	698,524	823,584	1,070,331	1,635,563	1,655,098
	親会社輸出	435,192	438,193	558,040	824,569	822,032
	企業内輸出	158,575	158,778	181,594	252,311	263,495
	対非関連輸出	276,617	279,415	376,446	572,258	558,537
輸入	輸入総額	1,035,592	1,488,349	1,580,025	2,385,480	2,512,358
	親会社輸入	388,480	540,904	715,591	980,350	965,768
	企業内輸入	158,958	202,262	215,502	316,576	327,736
	対非関連輸入	229,522	338,642	500,089	663,774	638,032
貿易収支	財貿易収支	-337,068	-664,765	-509,694	-749,917	-857,260
	多国籍企業関連貿易収支	46,712	-102,711	-157,551	-155,781	-143,736
	企業内貿易収支	-383	-43,484	-33,908	-64,265	-64,241
多国籍企業関連輸出割合		62.3%	53.2%	52.1%	50.4%	49.7%
企業内輸出割合		36.4%	36.2%	32.5%	30.6%	32.1%
多国籍企業関連輸入割合		37.5%	36.3%	45.3%	41.1%	38.4%
企業内輸入割合		40.9%	37.4%	30.1%	32.3%	33.9%
多国籍企業関連貿易収支割合		-13.9%	15.5%	30.9%	20.8%	16.8%
企業内貿易収支割合		0.1%	6.5%	6.7%	8.6%	7.5%

（註）企業内輸出入は親会社と多数株所有海外子会社（MOFA）との取引である.
（出所）U.S. BEA, Direct Investment Abroad 1999, 2004, 2009 Benchmark Survey and Worldwide Activities of Multinational Enterprises 2014 Benchmark Surbvey, 2019 Preliminary Resultより作成.

手に転化しつつあった.

2004年になると輸出総額に占めるアメリカ多国籍企業親会社の輸出割合は53.2%となり，1999年と比較して9%以上低下し，さらに2019年には49.7%にまで低下した.これに対して2019年の輸入総額に占めるアメリカ多国籍企業親会社の輸入割合は38.4%であり，1999年からほとんど変化がない.その結果，これまで黒字であった多国籍企業関連貿易収支が2004年から赤字に転落し，さらに企業内貿易収支の赤字も拡大した.こうしてアメリカ多国籍企業は，内部ネットワークにおいても外部ネットワークにおいても貿易赤字の担い手となったのである.

製造業多国籍企業の海外生産と企業内輸入

次に表3-2によって，アメリカ製造業多国籍企業の部門別海外生産比率と貿易との関連からさらに分析しよう.アメリカ多国籍企業の海外生産比率は，多国籍企業親会社と海外子会社の付加価値総額に占める海外子会社の付加価値額

表3-2　アメリカ製造業多国籍企業の海外生産比率と企業内輸入の割合

（単位：％）

	海外生産比率					MOFAとの企業内輸入割合				
	1999年	2004年	2009年	2014年	2019年	1999年	2004年	2009年	2014年	2019年
製造業	28.8	36.7	31.6	29.6	28.7	46.7	45.6	(D)	45.7	50.9
食料品	21.8	39.7	29.2	25.0	19.4	25.6	45.2	63.5	(D)	49.4
飲料・タバコ類	36.8	28.5	49.5	51.3	49.2	24.7	(D)	(D)	(D)	20.0
衣料品・繊維・皮革製品	12.8	19.3	34.3	25.1	40.9	9.9	(D)	(D)	33.3	37.9
石油・石炭製品	52.0	57.4	36.7	22.6	(D)	18.1	20.1	(D)	25.8	32.7
化学製品	35.0	38.5	35.7	32.4	32.1	46.9	55.9	49.4	55.0	61.7
金属製品	19.7	24.5	30.4	27.2	24.7	24.1	27.0	38.1	(D)	38.0
機械	26.5	29.3	38.7	39.5	33.4	50.3	37.8	(D)	55.1	51.1
コンピュータ・電子機器	25.8	32.5	28.0	30.4	30.8	45.7	(D)	(D)	54.8	54.3
コンピュータ・周辺機器	35.6	45.8	32.8	37.1	33.3	71.4	71.8	87.0	(D)	77.1
半導体およびその他の電子機器	26.1	34.4	33.1	38.2	38.0	46.5	61.2	60.4	55.7	55.5
電気製品・家電製品	21.3	27.8	28.7	26.2	24.2	40.5	(D)	46.3	29.2	30.5
輸送機器	22.2	28.8	17.9	20.0	19.6	60.0	57.0	(D)	(D)	55.5
自動車・自動車部品	27.7	42.7	37.8	35.2	26.9	65.4	61.7	(D)	(D)	67.2

網掛けは2009年と比較して2019年に割合が低下した部門.
（出所）表3-1と同じ.

　の割合であり，多国籍企業の内部ネットワークを利用した海外生産の高さを示している．また企業内輸入割合は，この内部ネットワークによる輸入割合を示している．

　製造業全体で見ると，海外生産比率は1999年の28.8％から2004年の36.7％へと大幅に拡大したが，それ以降は低下傾向にあり，2019年は28.7％まで低下している．部門別では飲料・タバコ類，化学製品，金属製品，機械，電気製品・家電製品，自動車・自動車部品などで低下傾向にあり，コンピュータ・電子機器のうち，コンピュータ・周辺機器や半導体およびその他の電子機器においても低下しており，全体としてアメリカ多国籍企業の内部ネットワークを利用した海外生産は2004年をピークとして低下傾向にあるといえる．

　企業内輸入割合について見ると，製造業全体では1999年の46.7％から50.9％に上昇しており，部門別に見ても半導体およびその他の電子機器と電気製品・

表3-3　アメリカ多国籍企業親会社の用途別輸出

| | 1999年 | | | |
	合計（百万ドル）	輸出先構成	再販売	再加工
全世界	190,547	100.0	30.4	67.4
カナダ	63,980	33.6	22.9	76.6
ヨーロッパ	46,523	24.4	41.0	57.5
ラテンアメリカおよび西半球	38,154	20.0	15.9	80.3
メキシコ	28,181	14.8	11.5	87.6
アジア太平洋	40,266	21.1	43.9	53.2
中国	3,103	1.6	20.4	79.3
日本	11,636	6.1	64.2	35.6

（出所）U.S. BEA, Direct Investment Abroad 1999 Benchmark Survey, Worldwide Activities of Multinational Enterprises 2014 Benchmark Surveyより作成.

家電製品で若干低下が見られるものの，ほとんど変化がないか，わずかながら割合の上昇が見られる．これは表3-1で示したアメリカ多国籍企業全体の企業内輸入割合が1999年の40.9％から2019年の33.9％へと低下しているのと対照的である．これはアメリカ多国籍企業の輸入に占める製造業企業の割合が1999年の73.6％から2019年の61.2％へと大幅に低下し，卸売業企業による輸入が16.7％から25.4％に増加していること，さらにその企業内輸入割合が24.0％から6.5％に大幅に低下したことが大きな要因である．アメリカ多国籍企業は全体としては外部ネットワークによる輸入を急増させる一方で，製造業多国籍企業は海外生産比率を低下させながらも輸入の約半分は内部ネットワークによる海外子会社との企業内貿易を維持しつづけているということになる．また製造業多国籍企業の海外生産比率の低下は，高付加価値部門を親会社にシフトさせていることを意味しているのであり，これは製造業の国内回帰に一定の役割を果たしているといえるだろう．

多国籍企業親会社の用途別輸出構造の変化

　次に，アメリカ親会社の対子会社用途別輸出の構造とその変化を分析する．
　表3-3は1999年と2014年のアメリカ多国籍企業親会社による対子会社用途別輸出を示している．アメリカ多国籍企業の海外子会社は単なる販売子会社ではなく，再加工を目的としたグローバル生産ネットワークを構成していることに特徴がある．1999年には全世界で再販売用最終財の輸出が30.4％であったの

（単位：％）

その他	合計（百万ドル）	2014年			
		輸出先構成	再販売	再加工	その他
2.2	298,544	100.0	36.0	53.5	10.5
0.6	81,593	27.3	31.5	54.6	13.9
1.5	82,870	27.8	42.7	48.4	8.9
3.7	60,749	20.3	25.9	67.5	6.7
1.0	40,306	13.5	17.5	77.0	5.5
2.9	70,162	23.5	42.6	46.7	10.7
0.3	13,299	4.5	33.8	46.6	19.6
0.1	9,790	3.3	52.2	40.6	7.2

に対して，再加工用中間財の輸出が67.4％を占め，これにその他用資本財の2.2％を含めると，グローバル生産ネットワークによる海外子会社への輸出は69.6％ときわめて高い割合を示していたことがわかる．地域別に見ると，ヨーロッパとアジア太平洋は現地市場への販売を目的とした再販売用最終財の比率が高く，その中でも香港と日本の割合が高いことがわかる．これに対してカナダとラテンアメリカ，特にメキシコは再加工用中間財輸出がきわめて高く，NAFTAを中心としたネットワークの形成を裏づけている[10]．

　2014年になると，全世界では再販売用最終財が36.0％に増加する一方で，再加工用中間財は53.5％に低下し，グローバル生産ネットワークは後退したようにも見えるが，その他用資本財が10.5％へと大幅に拡大し，グローバル生産ネットワークの中でのアメリカ親会社の役割がより資本財供給へと変化してきたということができる．地域別にはヨーロッパで再販売用最終財の割合が増加する一方で，ヨーロッパとアジア太平洋で資本財輸出の割合が大幅に拡大した．特に輸出先構成に占める中国の割合は1999年の1.6％から2014年の4.5％に大幅に拡大するとともに，用途別に見ても資本財輸出の割合が0.3％から19.6％にまで拡大している．NAFTAを構成するカナダとメキシコに対しても資本財輸出の割合が拡大しており，中国とNAFTAを中心とした資本財輸出と中間財輸出によるアメリカ多国籍企業のグローバル生産ネットワークがさらに強化さ

10）アフリカおよび中東への輸出は1999年，2014年のいずれもきわめて少ないため，表3-3では除外している．

表3-4　アメリカ多国籍企業海外子会社の販売先

	合計 （百万ドル）	販売額構成	アメリカへの 販売	現地販売
1999年				
全世界	2,218,945	100.0	10.4	67.4
カナダ	281,251	12.7	27.8	70.1
ヨーロッパ	1,220,468	55.0	4.4	65.9
ラテンアメリカおよび西半球	251,575	11.3	17.3	65.9
メキシコ	81,473	3.7	26.7	64.8
アジア太平洋	426,280	19.2	11.1	71.4
中国	20,381	0.9	13.3	70.2
日本	121,786	5.5	3.3	92.1
2014年				
全世界	6,249,820	100.0	10.9	59.4
カナダ	662,516	10.6	20.2	76.7
ヨーロッパ	2,934,877	47.0	8.6	51.4
ラテンアメリカおよび西半球	769,057	12.3	14.8	68.3
メキシコ	244,559	3.9	27.0	68.3
アジア太平洋	1,696,548	27.1	9.0	62.6
中国	340,997	5.5	6.1	81.4
日本	196,840	3.1	3.1	86.4

（註）販売額は財とサービスから構成されているが，2014年のその他海外への販売には投資収益が含まれている．
（出所）表3-3と同じ．

れてきたということがわかる．とりわけ資本財輸出の拡大は，先に見た高付加
価値部門の親会社へのシフトと密接に関連していると考えられる．

海外子会社の販売活動とグローバル生産ネットワーク

　次にアメリカ多国籍企業海外子会社の販売活動から，グローバル生産ネット
ワークの構造を分析しよう．2019年におけるアメリカ多国籍企業海外子会社
の販売額は6兆4599億6700万ドル，その中でアメリカへの販売が8185億2900
万ドル，海外での販売が5兆6414億3800万ドルである．同年のアメリカの財・
サービス輸出額は2兆5462億7600万ドルであり，海外子会社の販売額は輸出額
の2.5倍，海外での販売に限定しても2.2倍に達している．

　表3-4によって全世界の海外子会社の販売先を見ると，1999年には現地販売
が67.4％を占めたのに対してアメリカへの販売は10.4％にすぎず，その他海外
への販売が22.2％を占めていた．地域別に見るとヨーロッパの海外子会社は

（単位：％）

その他海外への販売				
その他海外合計	カナダ	ヨーロッパ	ラテンアメリカ および西半球	アジア 太平洋
1999年				
22.2	0.3	15.7	1.4	4.0
2.1	–	1.1	0.4	0.6
29.7	0.3	26.1	0.7	1.6
16.8	0.5	5.7	7.3	3.0
8.5	1.3	1.6	4.6	(D)
17.6	(D)	2.6	(D)	(D)
16.5	(D)	3.8	0.1	0.8
4.5	(D)	0.8	0.2	3.4
2014年				
30.3	0.4	17.4	1.7	8.9
3.1	–	1.6	0.4	1.0
40.9	0.6	32.5	1.2	4.0
17.5	0.3	4.7	7.5	4.4
4.8	0.5	1.4	2.0	0.8
28.5	0.2	3.6	0.5	22.7
12.5	0.2	1.7	0.3	9.9
10.5	0.1	0.8	0.1	9.3

55.0％と全体の過半数を占め，販売先ではアメリカが4.4％ときわめて少なく，現地販売の65.9％とその他海外のうちのヨーロッパの26.1％を加えた92.0％がヨーロッパに集中している．つまり，ヨーロッパ進出子会社はヨーロッパ内でのネットワークを形成していることがわかる．これに対して，カナダとメキシコはアメリカへの販売がそれぞれ27.8％，26.7％を占め，現地販売と合わせて90％以上がNAFTAの域内でおこなわれている．アジア太平洋ではアメリカへの販売が11.1％，現地販売が71.4％を占め，特に日本では現地販売が92.1％と圧倒的に高く，グローバルなネットワークを形成しているとはいいがたい[11]．

　2014年には，全世界の販売先でアメリカへの販売は10.9％と，1999年とほとんど変化がない一方で，現地販売が59.4％と大幅に低下するとともに，その他海外への販売が30.3％と大幅に拡大している．地域別にはヨーロッパが47.0

11）アフリカと中東の販売額は1999年および2014年のいずれもきわめて少ないため，表3-4では除外している．

％に低下する一方で，アジア太平洋が27.1％に拡大し，とりわけ中国が5.5％に拡大している．カナダとメキシコの販売先構成には大きな変化が見られず，依然としてNAFTAの域内販売を中心としていることがわかる．ヨーロッパは現地販売比率が51.4％にまで大幅に低下し，その他海外のうち，ヨーロッパへの販売が32.5％に拡大しており，ヨーロッパ内での分業関係がさらに深化していることがうかがえる．アジア太平洋では現地販売の62.6％とその他海外のうちアジア太平洋の22.7％を合わせた85.3％がアジア太平洋地域内でのネットワークを形成していることがわかる．1999年と比較すると，全体として現地販売の比率が低下し，NAFTA，ヨーロッパ，アジア太平洋の3地域におけるリージョナルなネットワークがさらに深化を遂げるとともに，海外子会社のアジア太平洋，とりわけ中国への進出が顕著に拡大してきたということができる．

おわりに

　アメリカ製造業はリーマン・ショック以降，回復基調に転じたのであるが，その回復ぶりはきわめて低調である．オバマ政権以降のアメリカ政府による製造業の本国回帰政策の推進にもかかわらず，それが十分に実現できないのは，本章で検討してきたようにアメリカ多国籍企業のグローバル生産ネットワークが2000年代にさらなる進化と深化を遂げたことに大きな要因がある．それはアメリカの貿易赤字構造の定着でもある．アメリカ製造業多国籍企業親会社への高付加価値部門のシフトは，製造業の国内回帰をある程度反映しているとも考えられるが，貿易赤字を大幅に削減しうるほどの回復にはほど遠いといわざるをえない．

　2018年以降の米中対立の激化と2020年のCOVID-19パンデミックは，製造業の海外移転による半導体や医療品などの供給不足といったサプライチェーンの脆弱性を白日の下にさらした．バイデン政権は発足当初より，国内製造業の立て直しを表明し，「CHIPS法」の成立に見られるように，半導体の回復力のあるサプライチェーンの構築を目的に，半導体製造工場の国内設置への補助金を提供する産業政策を推進している[12]．しかし，こうした政策にもかかわらず，生産拠点を海外に依存するグローバル生産ネットワークを形成してきたアメリカ多国籍企業のサプライチェーンを再編し，アメリカ製造業の本格的な国内回

帰に結びつけることは，きわめて困難な課題であるといえるだろう．

参考文献

井上博（2008）「アメリカのサービス経済化と貿易赤字」田中裕二，板木雅彦編『岐路に立つグローバリゼーション——多国籍企業の政治経済学』ナカニシヤ出版.

———（2021）「デジタル・エコノミーと多国籍企業」『阪南論集　社会科学編』第56巻第2号.

———（2022）「アメリカ半導体産業における回復力あるサプライチェーンの構築——100日レビューの検討を中心に」『阪南論集　社会科学編』第58巻第1号.

———（2023）「米中経済のデカップリングとアメリカ製造業の『復活』——トランプ政権からバイデン政権への展開」*OCCASIONAL PAPER*, No. 71, 阪南大学産業経済研究所.

関下稔（2012）『21世紀の多国籍企業——アメリカ企業の変容とグローバリゼーションの深化』文眞堂.

田村考司（2014）「オバマ政権の先進製造業戦略とリショアリング促進策」『桜美林大学産業研究所年報』第32号.

中本悟編（2007）『アメリカン・グローバリズム——水平な競争と拡大する格差』日本経済評論社.

中本悟，松村博行編（2022）『米中経済摩擦の政治経済学——大国間の対立と国際秩序』晃洋書房.

平野健（2020）「アメリカ経済の産業循環とグローバル蓄積体制」『経済』第299号.

山縣宏之（2016）「産業構造と産業政策」河音琢郎，藤木剛康編『オバマ政権の経済政策』ミネルヴァ書房.

Gereffi, Gary (2020) "What Does the COVID-19 Pandemic Teach Us About Global Value Chains? The Case of Medical Supplies," *Journal of International Business Policy,* 3.

Gereffi, Gary, John Humphrey, and Timothy Sturgeon (2005) "The Governance of Global Value Chains", *Review of International Political Economy*, 12(1).

Grossman, Gene M., and Esteban Rossi-Hansberg (2006) "The Rise of Offshoring: It's Not Wine for Cloth Anymore." in *Proceedings from the Economic Policy Symposium at Jackson Hole*. Federal Reserve Bank of Kansas City. https://www.

---

12)　半導体産業におけるサプライチェーンの脆弱性と回復力のあるサプライチェーン構築の課題については，井上（2022；2023）を参照.

kansascityfed.org/documents/3289/PDF-8GrossmanandRossi-Hansberg.pdf.
（2022年10月10日閲覧）

Sturgeon, Timothy J., Peter Bøegh Nielsen, Greg Linden, Gary Gereffi, and Clair Brown (2013) "Direct Measurement of Global Value Chains: Collecting Product- and Firm-Level Statistics on Value Added and Business Function Outsourcing and Offshoring," in Aaditya Mattoo, Zhi Wang, and Shang-Jin Wei eds. *Trade in Value Added: Developing New Measures of Cross-Border Trade*, Centre for Economic Policy Research and the World Bank.

UNCTAD (2017) *World Investment Report 2017: Investment and the Digital Economy*, United Nations Publication.

第4章
バルク農産物市場の再編と
アメリカ農産物輸出の現段階

藤本晴久

はじめに

アメリカ農務省（USDA）は，2021年度の農業純所得が過去最高を記録した2013年以来の高水準となる見通しを発表した．しかし，数年前には，農業所得の減少や負債の増加によって，アメリカ農業の苦境が伝えられていたはずである．当時，中西部・大平原（ハートランド・心の故郷）の状態が悪く，この地域の農業者や住民の怒りがトランプ前大統領誕生の一因になったともいわれていた．また，国内農業の低迷を受けて，改定米韓FTA（2019年）や日米FTA（2020年）などで，他国の農産物市場への介入を強める姿勢を見せていた．ではなぜ，アメリカ農業の状況はこうも目まぐるしく変化するのだろうか．

本章では，近年のアメリカ農業の状況を，バルク農産物（大容量で未加工な穀物や大豆など）市場での競争関係やアメリカ農業のポジションの変化に焦点を当て考察する．農業・食料国際分業関係のグローバルな規模での再編（「世界農業」化）の中で，アメリカ・バルク農産物輸出部門の動向を規定する要因について明らかにする．

1．バルク農産物市場の再編とアメリカ農業

バルク農産物市場の再編

2000年代以降のバルク農産物市場は，価格の乱高下に象徴されるように不

1）「世界農業」化については，磯田（2021）を参照．

図4-1　主要バルク農産物の国際価格の推移

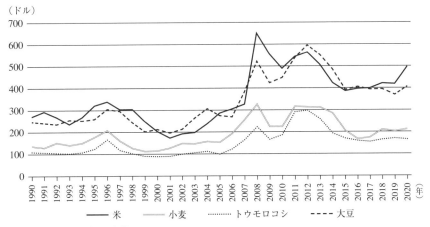

（註）価格（ドル）は年平均価格.
（出所）World Bank,World Bank Commodity Price Data より作成.

安定な状態にある（図4-1）.たとえば,トウモロコシ価格は,2008年に223ド
ルまで急騰し,リーマン・ショックを経て急落した.その後再び上昇基調に転
じ,2012年には史上最高値298ドルを更新したが,2017年には154ドルまで一
気に下落している.こうした価格の乱高下はトウモロコシだけではなく,小麦
や大豆などのバルク農産物でも起こっている.これは,バルク農産物需給が
1990年代よりも激しく変動していることを意味している.
　バルク農産物市場は,「薄いマーケット」と呼ばれるように市場規模が大き
くないため,需給の変化が価格変動に結びつきやすいという性質がある.
2000年代以降の需給は逼迫傾向にあることから,人口増加や経済成長に伴う
消費量の拡大,異常気象や紛争・戦争による生産量の減少などがあれば,直ち
に市場価格に連動する.さらに近年では,「コモディティの金融商品化」や
「農業・食料の金融化（financialisation of food and agriculture）[2]」が進み,ヘッ
ジ・ファンドやインデックス・ファンド等の投機資金が農産物先物市場への流
出入をくり返している.これによって,バルク農産物市場のボラティリティ

[2]　農業・食料のあらゆる分野（農地,投入資材,保管,流通,検査認証,穀物貿易,食
　　品加工,小売など）に金融資本が関与する現象のこと（Burch and Lawrence 2009,
　　立川 2016等を参照）.

（変動性）は以前にも増して高くなっており，貿易依存度の高い国々ほど世界市場の影響を受けやすくなっている．

　こうした市場動向の中で，農産物需給に大きなインパクトを与えているのが，中国やブラジルなどの新興国である．中国は，WTO加盟（2001年）後，世界中から農産物輸入を拡大させて輸入大国になった．また，ブラジルやアルゼンチン等の南米諸国，ロシアやウクライナ等の黒海沿岸諸国も農業生産力を拡大させ，輸出国として台頭している．これらの新興国の登場によって，世界の農産物貿易額は急増しており，2000年代初頭に比べると輸出超過地域としての南米地域と輸入超過地域としてのアジア地域の存在感が高まっている．

　とりわけ，巨大な人口を抱える中国の世界市場参入の衝撃は大きかった．たとえば，世界の大豆貿易はこの30年間に6倍以上（1990年：約2500万トン，2021年：約1億7000万トン）に拡大したが，それは中国の輸入拡大によって牽引されている．また，アジア地域の農産物貿易収支赤字の増加も，そのほとんどは中国の輸入増によるものである[3]．

　さらに，世界農産物貿易の増大や中国の輸入拡大は，ブラジルやアルゼンチンなどを農業大国として成長させた．世界市場へ大豆供給（輸出）できる国は，アメリカ，ブラジルなどの数カ国に限定されており，ブラジルとアメリカの2カ国だけで8割以上を占めている．中国の輸入拡大に伴う大豆貿易の増加は，アメリカの大豆輸出機会を増やす一方で，大豆輸出の競争相手としてブラジルやアルゼンチンが台頭する契機にもなった．

　このように，1990年代までの世界農産物貿易の主要プレーヤーは，アメリカ，EU，カナダやオーストラリアなどの一部の輸出国と日本を代表する一部の輸入国だったが，2000年以降は，中国，ブラジル，アルゼンチンや黒海沿岸諸国などの新たなプレーヤーが市場に参入している．これによって，バルク農産物市場のパイをめぐって競争が激化し，市場の再編が進んでいる．2000年以降のバルク農産物価格の乱高下は，複雑化した農産物需給関係の反映と見なすこともできるだろう．

3）農産物貿易の地域別特徴については，藤本（2021）を参照．

表4-1 トウモロコシおよび大豆市場における主要輸出国シェア（1991～2021年）

トウモロコシ市場（％）

1991年		2001年		2011年		2017～21年平均	
アメリカ	65.0	アメリカ	66.2	アメリカ	51.3	アメリカ	33.7
中国	15.9	アルゼンチン	12.5	アルゼンチン	18.2	アルゼンチン	19.0
アルゼンチン	9.4	中国	8.8	ブラジル	8.5	ブラジル	18.7
その他	9.7	その他	12.5	その他	22.0	その他	28.6

大豆市場（％）

1991		2001		2011		2017～21年平均	
アメリカ	66.0	アメリカ	49.0	アメリカ	37.7	ブラジル	51.9
ブラジル	13.7	ブラジル	29.2	ブラジル	36.2	アメリカ	33.5
アルゼンチン	11.3	アルゼンチン	13.1	アルゼンチン	11.9	その他	14.5
その他	9.0	その他	8.7	その他	14.2		

（出所）USDA,World Markets and Tradeより作成.

世界市場におけるアメリカ農業の位置

　バルク農産物市場の再編が進む中で，アメリカ農業の立ち位置も変化している（表4-1）．トウモロコシ市場の輸出シェア推移を見ると，2001年のアメリカのシェアは66.2％だったが，近年（2017～21年平均）では33.7％となっており，シェアは半減した．また，アメリカとは対照的に，アルゼンチン，ブラジルやその他（ウクライナやルーマニアなど）のシェアが上昇しており，特に2011年以降，ブラジルの成長が目立っている．トウモロコシの輸出市場は1990年代まで，高い農業生産力を有するアメリカの一強時代だったが，輸出シェアの推移を見るかぎり，アメリカのポジションは下がっているように見える．

　大豆市場でも，アメリカの輸出シェアは低下している．2001年のアメリカのシェアは49.0％だったが，近年（2017～21年平均）では33.5％となり，ブラジル（51.9％）にトップの座を明け渡している．ブラジルは1990年代以降，IMFの構造調整政策に応じる形で国内市場を開放し，資本市場改革や直接投資の奨励政策を推し進め，農業・食料部門を改革してきた．対ドル・レートの切り下げや大豆価格の上昇を誘引とした生産拡大もブラジル農業を伸長させた要因だが，特に，穀物メジャーをはじめとする多国籍アグリビジネスの進出に伴う農業生産力の上昇を忘れてはならない．

　よく知られているように，穀物メジャーは，「パッケージ融資」を用いてブラジルの大豆生産を拡大・掌握しつつ，ブラジルの大豆輸出の仲介役も担っている[4]．パッケージ融資とは，未作付けの生産物を担保にして収穫後に返済する

という先物取引の手法を取った融資の仕組みであり，この手法を通して，穀物メジャーはブラジルの農業生産に入り込み，流通や貿易にも深く関与するようになった．2010年にはすでに，ブラジル大豆輸出量の約58％をバンギ，アーチャー・ダニエルズ・ミッドランド（ADM），カーギルといった穀物メジャー等が占有していた．現在では，中国への大豆輸出増加に伴って，中糧集団（COFCO）[5]や華人資本ウィルマーもブラジルに進出している[6]．

　このようにブラジルは，多国籍アグリビジネスの進出，広大な土地，安い地価や労賃，レアル安などを背景に，アメリカとの生産性格差を縮めてきた．たとえば，トウモロコシの生産コスト（1ブッシェル当たり）では，アメリカ3.8ドルに対して，ブラジルは4.74ドルとなっており，差が徐々に縮小している[7]．大豆の生産コスト（1ブッシェル当たり）では，ブラジル（7.47ドル）は，アメリカ（8.16ドル）やアルゼンチン（8.81ドル）よりも低くなっている．2000年代初頭，USDAは「ブラジルの農業潜在能力は低位に見積もられているが，米国に匹敵，または超過する強大なものである[8]」という警鐘を鳴らしていたが，その指摘は現実のものとなった．今後，アジア・アフリカ地域の人口増や経済成長に伴う農産物貿易の拡大が見込まれるため，その市場をねらった輸出国間の競争が激しくなるだろう．

2．アメリカ・バルク農産物輸出動向の特徴

大豆とアジア・中国市場への傾斜

　2000年以降，アメリカ・バルク農産物輸出動向にも変化が生じている（図4-2）．まず，2000年代を通して，輸出額が大きく増えている．2000年の輸出額は184億ドルだったが，2020年には527億ドルまで増加した．特に2006年頃からバルク農産物価格の上昇（図4-1）と連動するように輸出額が急増している．しかし，この20年間のスパンで見ると，輸出額は増加しているが，2012

4）ブラジル農業生産の拡大については，阮（2012）を参照．
5）中国の穀物取引を一手に担う最大手の国有食品総合商社．
6）ブラジルでのアグリビジネス活動については，佐野（2016）や平賀（2021）を参照．
7）USDA（2016）．
8）USDA（2001）．

図4-2　アメリカ・バルク農産物輸出額の推移（品目別）

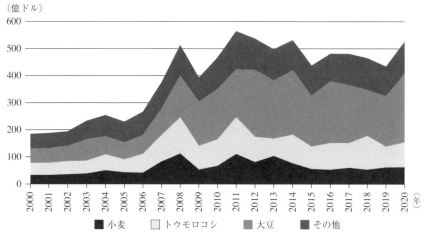

（出所）USDA, FAS, Global Agricultural Trade System より作成.

年以降は停滞・減少傾向にあった．2011年に史上最高の農産物輸出額（564億ドル）を記録して以降，輸出額は2019年には434億ドルまで減少しており，この減少が，2010年代後半の農業不況の原因となったと考えられる．

　また，バルク農産物の中でも，大豆輸出の割合が急上昇している．2000年と2020年の品目別輸出内訳を比較すると，米やトウモロコシ，小麦などの輸出額の増加は2倍程度にとどまっているのに対して，大豆は約5倍にまで増えている．その結果，バルク農産物輸出構成の5割程度を大豆が占めるようになり，大豆の輸出依存度も上昇した．2000/01年度の輸出依存度は36.4％だったが，近年では49.3％まで高まっており，アメリカの大豆生産量の半分は海外市場に向けられるようになっている．

　さらに，アジア地域，特に中国市場への輸出割合も高まっている（図4-3）．アジア地域へのバルク農産物輸出額割合は，2000年に45.2％だったが，2020年には63.9％に達しており，それを牽引しているのが中国である．対中輸出割合のトレンドと対アジア輸出割合のトレンドはおおむね一致していることから，アメリカのアジアへの輸出動向は中国の動きに規定されているともいえる．中国向けの農産物輸出額は現在，2000年代初頭の約6倍にまで増加している．

　それに対して，日本や韓国への輸出割合は徐々に低下している．もともとア

図4-3　アメリカ・バルク農産物輸出額に占めるアジア・中国の割合

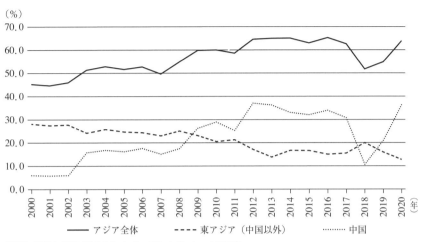

（出所）USDA, FAS, Global Agricultural Trade System より作成.

ジアにおける最大の受け入れ先であった日本への輸出は，それほど増えていない．2000年に32億ドルだったバルク農産物輸出額は，2020年には40億ドルとなったが，中国と比べると軽微な増加にとどまっている．韓国への輸出についても，米韓FTA（2008年）締結後，輸出額は増加したものの，現在ではFTA締結前の水準に戻っている．日米FTA（2020年）や改定米韓FTA（2019年）を経て，今後の農産物輸出動向がどうなっていくのか，注視する必要があるだろう．

　以上のように，2000年以降のアメリカのバルク農産物輸出は，輸出額を増加させつつも，大豆とアジア・中国市場への傾斜を強めながら展開している．中国への輸出が増えればアジアへの輸出も増え，中国への輸出が減ればアジアへの輸出も減るという関係になっており，中国と大豆の動向がアメリカのバルク農産物輸出に影響を与えている．

トウモロコシ輸出の位置づけの変化

　アメリカのバルク農産物輸出品目の中で，大豆に次いで輸出額の大きかったトウモロコシの動向にも変化が現れている．トウモロコシの輸出シェアは20年間で半減しただけでなく，国内の輸出依存度も，2000年の19.8％から2018年には15.6％まで低下している．また，トウモロコシ輸出額は，2020年には

表4-2　アメリカのトウモロコシ生産量，各需要内訳，期末在庫率の推移

年度	2001/2002	2003/2004	2005/2006	2007/2008
生産量	11,412	11,188	13,235	14,362
国内消費量	7,910	8,330	9,134	10,300
うちエタノール用	707	1,168	1,603	3,049
構成比（％）	8.9	14.0	17.5	23.9
うちエタノール用以外	7,203	7,162	7,531	7,251
構成比（％）	91.1	86.0	82.5	70.4
輸出量	1,905	1,900	2,134	2,437
総需要に占める輸出の割合（％）	19.4	18.6	18.9	19.1
総需要に占めるエタノール用の割合（％）	7.2	11.4	14.2	23.9
国内期末在庫率（％）	16.3	9.4	17.5	12.8

（註1）国内消費量＝エタノール用需要＋それ以外の需要（食用・産業用，飼料，その他）．輸出は含まない．
（註2）総需要＝国内消費量＋輸出量．
（出所）USDA, U.S. Bioenergy Statisticsより作成．

92.1億ドルとなっており，2000年時点から約2倍増加したが，大豆ほどの伸び
は見られなかった．

　しかし，アメリカは現在でも世界生産の約40％を占める世界最大のトウモ
ロコシ生産国であり，ブラジルに生産性や生産量の面で後れをとった大豆とは
状況が異なっている．アメリカは国内で生産したトウモロコシを輸出だけでな
く，バイオ燃料（トウモロコシ由来のバイオ・エタノール）用原料として工業的
に利用している．2000年以降，ガソリン供給におけるバイオ・エタノール燃
料の一定量の使用を義務づける再生可能燃料基準（RFS：Renewable Fuels
Standard）やその他の手厚い助成をおこない，エタノール生産の拡大を促進す
ることによって，国内のトウモロコシ需要を創出してきた．その結果，
2001/02年度に約7億ブッシェルだったトウモロコシ消費は，2020/21年度に
約50億ブッシェルにまで急増し，エタノール用トウモロコシ消費の割合は，
42％程度まで上昇した（表4-2）．

　また，このエタノール用のトウモロコシ需要が，アメリカのトウモロコシ輸
出にも影響を与えている．今では，エタノール用需要が減少すればアメリカの
輸出は増加し，エタノール用需要が増加すればアメリカの輸出は減少する関係
となっており，トウモロコシ輸出量の年度ごとの変動は，国内エタノール用需
要の動向によって左右されるような状況が生まれている．

　ところで，こうしたアメリカのバイオ燃料生産を牽引してきたのが，ADM

（単位：百万ブッシェル）

2009/2010	2011/2012	2013/2014	2015/2016	2017/2018	2019/2020	2020/2021
14,748	13,471	14,688	15,401	16,939	15,883	16,055
11,061	10,943	11,535	11,765	12,341	12,187	12,066
4,591	5,000	5,124	5,224	5,605	4,857	5,032
41.5	45.7	44.4	44.4	45.4	39.9	41.7
6,470	5,943	6,411	6,541	6,736	7,330	7,034
58.5	54.3	55.6	55.6	54.6	60.1	58.3
1,980	1,539	1,921	1,899	2,437	1,777	2,753
15.2	12.3	14.3	13.9	16.5	12.7	18.6
35.2	40.1	38.1	38.2	37.9	34.8	34.0
13.1	7.9	10.7	12.7	14.6	13.7	8.3

をはじめとする穀物メジャーや中西部の農家資本だった．穀物メジャーは穀物生産や流通だけでなく，飼料，搾油，食品加工に至る垂直的・水平的な事業展開（インテグレーション）をおこなっており，エタノール事業そのものがトウモロコシ化工（wet corn milling）の一貫となっている．穀物流通部門や他の関連ビジネスのリスク・ヘッジにつながることから，ADMの他，カーギルやバンギ等の穀物メジャーもエタノール生産に携わっている．

　また，中西部の農家資本は，1980年代のドル高・高金利政策等に起因した農業不況，90年代以降の新興農業国（NACs）との国際競争の激化，WTO体制下での国内支持削減や国内の農業予算削減要求など，アメリカ農業を取り巻く状況が厳しくなる中で，自己防衛策の一つとしてエタノール生産に参入した．しかし，2000年代になると，バイオ燃料が利益を生む状況（「Fuels Gold」）になったことから，ファンドやビッグビジネスによる投資が積極的におこなわれており，業界の再編が進んでいる[9]．現在では，生産能力の3分の1程度を，ADM，ポエット，バレロ，フリントヒルズ・リソースなどの大手資本で占めている[10]．

　このように，国内のバイオ燃料生産とそのトウモロコシ需要動向によって，輸出も影響されるようになっている．したがって，トウモロコシ市場での輸出シェア低下は大豆の場合とは異なり，アメリカ国内のトウモロコシ消費の変化

9）アメリカのバイオ燃料ブームについては，坂内・大江編（2008）を参照．
10）『農業協同組合新聞』（https://www.jacom.or.jp/，2022年9月20日閲覧）参照．

から生じる問題として捉える必要があるだろう.

余剰農産物処理策としての輸出と工業的利用

　周知のように，戦後アメリカ農業の問題は，広大な大地とそれを利用した資本集約的農業，高い生産力，保護主義的な政策などから発生する過剰な余剰農産物の常態化にあった．この状態は，一方ではアメリカをバルク農産物市場の調整者・供給者（「世界のパン籠」）として存在させる基礎となっていたが，他方では余剰在庫リスクや財政的リスクの条件ともなっていた．

　そのような中で，冷戦崩壊を契機とするグローバリゼーションの拡大やWTO体制の成立などの外部環境の変化によって，アメリカ農業を取り巻く環境は一変し，その構造の存続が足枷になっていった．輸出補助金による余剰農産物の処理は，国内支持削減や農業予算削減を求めるアメリカ国民経済の重石となり，さらに1990年以降の穀物メジャーをはじめとする多国籍アグリビジネスの事業戦略や国際化に併せて，アメリカ国民経済の利害と多国籍アグリビジネスの利害の不一致が生まれ，国内政策が大きな変更を迫られるようになっていった[11].

　他方で，利潤極大化をめざす多国籍アグリビジネスの進出や2000年以降の世界農産物市場の再編とともに，南米地域や黒海沿岸地域などの新興農業国（NACs）が輸出拠点として台頭した[12]．中国やブラジルなどの新興国の成長は世界の農産物貿易量を拡大させ，各国の農業生産構造の改変にもつながった．こうした状況下で，「農業の工業化」[13]，バイオテクノロジー（生命科学），スマート農業やフードテック（Food Tech）などによる農業生産力の優位性を保ちながら，余剰農産物をいかに処理するのかということが，アメリカ農業の現代的な課題となっている．

　バイオ・エタノールに代表されるトウモロコシの工業的利用は，輸出以外の

---

11) 1990年代以降の多国籍アグリビジネスの展開については，中野・岡田編（2007）を参照.

12) 「穀物　南米・旧ソ連圏に重み　米カーギルのシェア低下」『日本経済新聞』2016年3月26日付.

13) 農業への資本と技術の適用レベルが高度化する中で生産過程が再編成され，生産と流通の各段階が工業的に食料システムに統合されること．大塚・松原編（2004）参照.

余剰農産物処理の典型例であり，中西部地域の農業・農村活性化策にとどまらない国家的規模での需要創出策である．バイデン政権においても，エタノール生産支援は主要施策の一つとして位置づけられているが，これには，アメリカ最大の農業団体であるファーム・ビューロー，家族農業者の団体であるファーマーズ・ユニオンやエタノール生産団体であるグロースエナジーなどもこぞって賛同している．輸出量をはるかに凌駕する国内市場が誕生した意義は，業界団体とアメリカ国家の双方にとってきわめて大きいといえるだろう．

　また，トウモロコシ以外のバルク農産物にとっては，輸出の重要性が高まっている．2000年代以降のアメリカの輸出依存度を見ると[14]，コメ（2000/01年度：43.8％→2017/18年度46.0％）や大豆（2000/01年度：36.4％→2017/18年度49.3％）の輸出依存度は上昇傾向にあるからである．小麦の輸出依存度についても，高い水準（2000/01年度：51.5％→2017/18年度50.8％）を保っており，余剰農産物の捌け口としての輸出や海外市場の開拓は必須となっている．

　近年では，WTO交渉の停滞やアメリカ以外の主要輸出国（EU，中国，ブラジル等）のFTA交渉の活発化を受けて，アメリカも積極的に二国間交渉を展開している．2000年代初めには，アメリカがFTAを交わしているのはNAFTA（現USMCA），イスラエルやヨルダンのみだったが，今では環太平洋諸国を中心に20カ国との間で14のFTAを締結している．アメリカのバルク農産物貿易構造の特徴から見ても，アジア市場を念頭に置いた輸出戦略が展開されていくと見て間違いないだろう．

3．米中貿易摩擦とアメリカ農産物輸出

中国・大豆市場をめぐる競争と中国の「アメリカ離れ」

　世界の大豆貿易は，1990年には約2500万トンだったが，2021年には約1億7000万トンにまで拡大している．しかし，世界市場に大豆を供給できるのはアメリカ，ブラジルやアルゼンチンなどに限定されるため，これらの国々は生産を拡大し，競争を激化させている．その舞台が，世界貿易の6割以上を占める中国市場である．中国政府は米，小麦，トウモロコシの3大穀物は基本的に

14）National Agricultural Statistics Service（USDA）より算出．

図4-4　中国の大豆輸入相手国シェアの推移

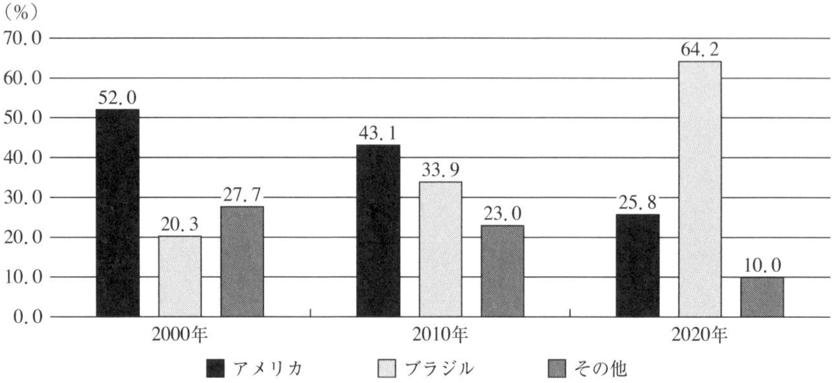

（%）

（出所）USDA, FAS, Global Agricultural Trade System より作成.

　自給する方針だが，大豆は収益性が劣ることから輸入に頼らざるをえない現状
であり，巨大な中国市場をめぐって輸出国間の競争がくり広げられている.
　もともと，中国の大豆輸入の主な相手国はアメリカであり，2000年頃のア
メリカの対中シェアは5割を超えていたが，2020年時点のシェアは25.8％まで
低下した（図4-4）.　アメリカとは対照的に，中国への大豆輸出シェアを伸ばし
ているのがブラジルであり，2000年のシェアは20.3％だったが，2020年には
64.2％まで高めている.　ブラジルの大豆輸出の約8割は中国向けであり，大豆
貿易においてブラジルは中国の最も重要な貿易相手国となった.　特に2010年
以降，中国は大豆の輸入先をアメリカからブラジルにシフトする動きを加速さ
せており，農産物輸入での「アメリカ離れ」が進んでいる[15].
　中国の「アメリカ離れ」は農産物輸入の多元化戦略の一環である.　中国は，
それまで主力だったアメリカからの輸入を減少させながら，中糧集団やその他
の国内資本を通じてブラジル農業への投資をおこない，ブラジルでの生産と貿
易を急拡大している.　中糧集団のブラジルでの大豆輸出シェア（10.4％）は，
バンギ（13.1％）や日本の丸紅（12.2％）に匹敵するまで高まっており，ブラ
ジルと中国の大豆貿易を仲介している.　ブラジル以外にも，中国はアルゼンチ
ン，ウルグアイ，チリなどと農業協力の拡大に関する協定を調印するなどして，

15)　中国の「アメリカ離れ」については，千葉・渡邉（2022）を参照.

南米諸国との関係構築にも積極的に取り組んできた[16].

　さらに，南米地域への農業投資だけでなく，「一帯一路」構想（中国と中央アジア・中東・ヨーロッパ・アフリカにかけての広域経済圏構想）の下，中国はウクライナをはじめとする黒海沿岸諸国への投資や現地での生産も加速させている．小麦，トウモロコシや大豆などのバルク農産物市場で，ロシアやウクライナなどの世界市場でのプレゼンスが徐々に高まっているのは，多元化戦略や中国資本の現地進出と無関係ではない．たとえば，ウクライナの肥料工場や農業関連インフラの整備に中国の政府系金融機関が資金を拠出し，ウクライナは中国へトウモロコシを輸出している[17]．また，「穀物大国」の地位確立をねらうプーチン政権と輸入先を確保したい中国との思惑が一致し，ロシアの輸出が増えている．

　そして，中国自身も大豆輸入における他国依存を低減するため，国内増産計画を打ち出すようになっている．中国は大豆のほとんどをブラジルとアメリカから輸入しているため，アメリカとの関係悪化を受けて，大豆の自給率を向上させる方針に転換した[18]．2025年末までに，現在の水準から40％程度増産する目標を立てることによって，アメリカとの緊張関係の長期化リスクや新型コロナウイルス感染症（COVID-19）・パンデミックによる農産物サプライチェーンの混乱リスクを回避するねらいがあるといわれている．

中国に翻弄されるアメリカ農産物輸出

　中国市場をめぐる競争が過熱する中で，2018年から始まった米中貿易摩擦はアメリカ国内農業に深刻な打撃を与えた．バルク農産物の主力である大豆の中国向け輸出が大幅に減少したからである．トランプ政権が2018年に知的財産権の侵害などを理由に，中国に制裁関税を発動したのを受けて，中国も対抗し，大豆，牛肉，水産物，ウイスキーやたばこ等に25％の関税を賦課したこ

16）「中国穀物企業　南米に拠点　米国依存の引き下げ狙う」『日本経済新聞』2012年7月25日付.

17）「誰が中国を養うのか　揺れる穀物相場　新たな波乱も」『日経産業新聞』2022年7月12日付.

18）「中国　大豆の自給率上げ　輸入依存減へ転作促進　国際価格押し下げも」『日本経済新聞』2017年3月30日付.

とにより，米中対立が激化した．これによって，アメリカの対中大豆輸出額
（2018年）は前年比で約90億ドルも減少した．

　この米中摩擦をきっかけに，中国は大豆輸入先をアメリカからブラジルに大
きくシフトしたため，ブラジルのシェアは一気に75％まで上昇した．一方，
アメリカのシェアは19％まで落ち込み，中国向けのアメリカ産大豆が大量に
余ったことによって，大豆の国際価格が下落したため（図4-1），アメリカ国内
農家は大きなダメージを受けた．その後，2020年1月に米中間で「第1段階の
合意」が交わされ，2年間かけてアメリカからの農畜産品の輸入（320億ドル）
をすることになり，中国は2020年後半からアメリカ産大豆の輸入を大幅に拡
大した．

　また，米中合意を受けて，大豆価格は下落基調から反転して上昇した結果，
31億ドルまで落ち込んでいた中国への大豆輸出額（2018年）が，2020年には
140億ドルまで回復した．アメリカの大豆輸出の増加によって，2020年時点の
ブラジルのシェアは64％まで低下し，19％まで落ち込んでいたアメリカのシ
ェアは26％まで上昇した．このように，米中貿易摩擦を契機にして，大豆の
国際価格やアメリカおよびブラジルの輸出動向が目まぐるしく変化し，国内農
業に影響を与えるようになっている．

　今のところ，アメリカからの大豆輸入分全てをブラジルからの輸入や自国の
増産で賄うことに切り替えることはできないため，中国はアメリカから一定量
の大豆を調達せざるをえない現状である．しかし，多元化戦略や自給化政策の
状況次第では，アメリカからのバルク農産物輸出が今後も減少する事態が想定
される．アメリカとしても，中国市場での巻き返しが求められるため，今後，
中国にどのように対峙していくのか，注視する必要がある．

おわりに

　2000年代以降の世界バルク農産物市場は，中国やブラジルをはじめとする
新興国の台頭によって，1990年代までの構造とは様変わりした．その中で，
アメリカのポジションも変化しつつあり，新しい競争関係の中で対応を迫られ
ている．2000年代のアメリカの輸出動向を見ると，大豆や中国市場への依存
が強まっており，その状況いかんで国内農業の趨勢も規定されるようになって

いる．国際価格の乱高下や米中貿易摩擦による農産物輸出の混乱はあくまで一時的な現象にすぎず，その背後にあるアメリカと新興国との競争関係やアジア・中国市場に傾斜した輸出構造の問題から，アメリカ農業の状況を捉える必要があるだろう．

参考文献

磯田宏（2021）「日本におけるメガ FTA/EPA 路線と『世界農業』化農政の矛盾と転換方途」『立命館食科学研究』第3号．

薄井寛（2020）『アメリカ農業と農村の苦悩――「トランプ劇場」に観たその実像と日本への警鐘』農山漁村文化協会．

―――（2021）「バイデン新政権の農業・地方活性化政策の展開方向について」『農業・農協問題研究』第74号．

NHK食料危機取材班（2010）『ランドラッシュ――激化する世界農地争奪戦』新潮社．

大塚茂，松原豊彦編（2004）『現代の食とアグリビジネス』有斐閣．

佐野聖香（2016）「ブラジルにおける多国籍アグリビジネスの展開と農業構造の変化」北原克宣，安藤光義編『多国籍アグリビジネスと農業・食料支配』明石書店．

立川雅司（2016）「農業・食料の『金融化』と対抗軸構築上の課題」北原克宣，安藤光義編『多国籍アグリビジネスと農業・食料支配』明石書店．

千葉典，渡邉英俊（2022）「大国の食料貿易――食料安全保障と世界的なインパクト」中本悟，松村博行編『米中経済摩擦の政治経済学――大国間の対立と国際秩序』晃洋書房．

中野一新，岡田知弘編（2007）『グローバリゼーションと世界の農業』大月書店．

「農業と経済」編集委員会監修（2017）『キーワードで読みとく現代農業と食料・環境（新版）』昭和堂．

坂内久，大江徹男編（2008）『燃料か食料か――バイオエタノールの真実』日本経済評論社．

平賀緑（2021）「植物油ビジネス――油脂を食生活に浸透させた政治経済動向」冬木ほか編（2021）．

藤本晴久（2021）「農産物市場の不安定化と国際食料消費構造の変貌」冬木ほか編（2021）．

冬木勝仁，岩佐和幸，関根佳恵編（2021）『アグリビジネスと現代社会』筑波書房．

阮蔚（2012）「拡大するブラジルの農業投資――中国の輸入増がもたらす世界食糧供給構造の変化」『農林金融』第65巻第8号．

Bonanno, Alessandro, and Steven A. Wolf (2017) *Resistance to the Neoliberal Agri-Food Regime : A Critical Analysis*, Routledge.

Burch, David, and Geoffrey Lawrence (2009) "Towards a Third Food Regime: Behind the Transformation," *Agriculture and Human Values*, 26(4).

Dale, Colyer, and P. Lynn Kennedy (2000) *Competition in Agriculture: The United States in the World Market*, Food Products Press.

Friedmann, Harriet (1993) "The Political Economy of Food: A Global Crisis", *New Left Review* no. 197.（渡辺雅男，記田路子訳『フード・レジーム──食料の政治経済学』こぶし書房，2006年.）

McMichael, Philip (2020) "Does China's 'going out' strategy prefigure a new food regime?," *The Journal of Peasant Studies*, 47(1).

Renewable Fuels Association (2021) *2021 Ethanol Industry Outlook*, RFA.

U.S. Department of Agriculture: USDA (2001) *Agriculture in Brazil and Argentina: Developments and Prospects For Major Field Crops*.

──── (2016) *Corn and Soybean Production Costs and Export Competitiveness in Argentina, Brazil, and the United States*.

第 5 章
軍事産業基盤の再構築と経済安全保障

山崎文徳

はじめに

第二次世界大戦後のアメリカ資本主義の発展は，軍事力に基づいた．アメリカ政府は，経済界の意思を反映する形でアメリカ資本の資本蓄積を媒介し，世界規模での経済的利益の確保と拡大を「国益」と見なして後押しし，それが平和的に果たされない場合はしばしば軍事的手段を用いてきた．冷戦終結後も米軍は，1991年の湾岸戦争では国連の多国籍軍として，1999年のユーゴ空爆では北大西洋条約機構（NATO）軍の一員として軍事力を行使し，2001年の9.11同時多発テロの後はアフガン（2001年）とイラク（2003）に対して単独行動主義の下で軍事攻撃をおこない，日本やイギリスを有志連合に組み込んだ．

アメリカの「国益」を軍事的に追求するのが軍事戦略とすれば，その物質的基礎である軍事技術を供給する軍事産業基盤（defense industrial base）は，兵器や軍需品を設計・開発，製造，維持・保守するための主契約企業，サブ契約企業，部品や原材料のサプライヤーなどから構成される（U.S. GAO 1993: 1）．

本章では，アメリカ軍事産業基盤が，グローバリゼーションとともに，生産においてはサプライチェーンがグローバルに拡張され，研究開発においては革新的な技術の発見・取得がますますグローバルに展開されるようになったこと，2010年代後半には米中対立が深まり，アメリカ政府は同盟国・地域とともに中核的な電子技術や通信技術を囲い込もうとしていることを明らかにする．

図5-1　アメリカの軍事費（国防総省支出）（1951〜2020年，2012年物価基準）

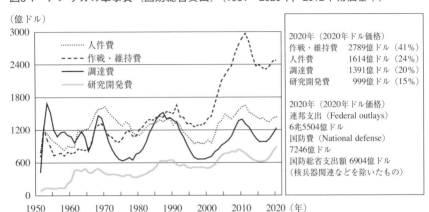

（億ドル）

凡例：
...... 人件費
----- 作戦・維持費
―― 調達費
―― 研究開発費

2020年（2020年ドル価格）
作戦・維持費　2789億ドル（41％）
人件費　　　　1614億ドル（24％）
調達費　　　　1391億ドル（20％）
研究開発費　　999億ドル（15％）

2020年（2020年ドル価格）
連邦支出（Federal outlays）
6兆5504億ドル
国防費（National defense）
7246億ドル
国防総省支出額 6904億ドル
（核兵器関連などを除いたもの）

（出所）1951〜61年は"Statistical Abstract of the United States"の1957〜62年度版，1962〜2022年はGovInfoのウェブサイト（https://www.govinfo.gov/about，2022年8月18日閲覧）のTable3.1と3.2より筆者作成.

1．軍事費を経由した軍事産業基盤の構造

研究開発資金と需要の提供者としてのアメリカ政府

　アメリカ軍事産業基盤は軍事費を媒介して形成されてきた（図5-1）.

　第一に，軍事研究開発費に着目すると，アメリカ政府は研究開発資金の提供者として軍事産業基盤を形成してきた（図5-2）.国防総省の研究開発費は，常に連邦政府の研究開発費の40〜60％程度を占めてきた.航空宇宙局（NASA）の研究開発費は，1960年代のアポロ計画などの宇宙開発で急増し，その後は半減したものの一定の規模を維持している.NASAは基本的には非軍事目的に特化するが，宇宙船や衛星の打ち上げに弾道ミサイルを改良したロケットを用いることで航空宇宙産業に市場を提供するなど，軍事と安全保障に深く関わってきた.エネルギー省の研究開発費は，石油危機後の代替エネルギー開発で急増したものの，核兵器用の核分裂性物質を管理する原子力委員会が前身であり，研究開発の重点は原子力開発にあることから軍事との関係が密接である.国防総省，NASA，エネルギー省の研究開発費の合計は，冷戦終結後も政府の研究開発費の60〜70％程度を占めた.連邦政府の研究開発の資金源は，戦後一貫して軍事や安全保障関連の省庁が中心なのである.研究開発の主な実施者であ

図5-2　アメリカ連邦政府の研究開発費（1951〜2020年，2012年物価基準）

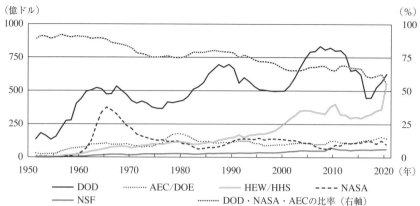

（註）2020年は推計値．DoDには国防総省（Department of Defense），退役軍人局（Department of Veterans Affairs），2003年からの国土安全保障省（Department of Homeland Security）を含む．HEW（Department of Health Education and Welfare：保健教育福祉省）は，1979年からはHHS（Department of Health & Human Services：保健福祉省）に改組された．AECは原子力委員会（Atomic Energy Commission）であり，エネルギー研究開発庁（1974〜76年）を経て77年にDOE（Department of Energy：エネルギー省）になった．NASAは航空宇宙局（National Aeronautics and Space Administration），NSFは全米科学財団（National Science Foundation）である．データはR&DとR&D plantの合計額であり，Federal obligationsのデータを用いた．
（出所）Federal Funds for Research and Development: Detailed Historical Tables: Fiscal Years 1951-2001（https://wayback.archive-it.org/5902/20150628162050/http://www.nsf.gov/statistics/nsf01334/htmstart.htm，2019年4月4日閲覧）および，NSFのSurvey of Federal Funds for Research and Development Fiscal Years 2018-19および2019-20（https://ncsesdata.nsf.gov/fedfunds/2018/およびhttps://ncses.nsf.gov/pubs/nsf22323，2022年8月23日閲覧）より筆者作成．

る産業界，大学や研究機関は，出資者の影響を少なからず受け，研究内容が誘導されることもある．

　第二に，軍事調達費に着目すると，アメリカ政府は最大のユーザーとして需要を提供し，軍事産業基盤を形成してきた．軍事調達は，一貫して最大の割合を占めてきた軍用機の他に，ミサイルや電子・通信機器，艦船が多い．これは，航空宇宙産業や電子・情報通信産業，造船業に対して軍需を提供し，需要を形成してきたことを意味する．

軍事産業基盤の構造と独占の進展

　アメリカ軍事産業基盤は，主に核弾頭産業，航空宇宙産業，造船業や電子・通信機器産業と，素材産業や機械工業など広範な裾野産業から構成される．

　兵器級プルトニウムや核弾頭を生産する原子力産業は，原子力委員会（後の

エネルギー省）の管理下にあった．軍用機やミサイル，ロケット，衛星を生産
する航空宇宙産業では，ボーイングやロッキード・マーチン，ジェネラル・ダ
イナミクス，ノースロップ・グラマン，航空母艦やイージス艦，原子力潜水艦
を生産する造船業では，ジェネラル・ダイナミクスとノースロップ・グラマン
が主な企業である．これらにレーダーやミサイル，指揮管制システムを生産す
る軍用電子企業のレイセオン・テクノロジーズ（航空機エンジンや宇宙機器など
のUTCと2020年に経営統合）を加えると五大軍事企業になる．世界の上位100社
の軍事企業の生産額に占める五大企業の割合は，冷戦終結後の産業再編を通じ
て1989年の21％（360億ドル）から2020年には35％（1834億ドル）に増大して
おり，市場の独占が進んでいる（表5-1）．

　軍事産業は，アメリカ北東部から東海岸をワシントンDCからフロリダに南
下し，南部のアトランタやテキサスなど軍需拠点都市が点在し，西海岸をロサ
ンゼルスからシアトルまで北上するガンベルト（Gunbelt）と称する地帯に形
成された．ソ連と比べて推進力が小さい小型のロケットに電子機器の小型化が
求められたため，電子・通信機器産業は，既存の航空宇宙産業の周辺地域で発
達した．カリフォルニア州のシリコンバレーは，半導体産業の一大集積地とな
った（Markusen 1991: 3, 藤岡 1996 : 20, 24-25）．

　2020年度のアメリカ政府による軍事調達費1391億ドルと軍事研究開発費999
億ドルに，他国の軍隊等への販売である2020年の兵器輸出額596億ドルと対外
有償軍事援助（FMS）508億ドルを加えると合計3494億ドルになり，これをア
メリカ軍事産業の生産活動の概算値と見ることもできる．SIPRI（Stockholm
International Peace Research Institute）が集計した2020年の世界の軍事企業上位
100社の兵器販売額に占めるアメリカ企業41社の販売額は2850億ドルであり，
ランキング外の企業の販売額は除かれており，概算値としては近似していると
考えられる[1]．

２．グローバル化の下でのアメリカ軍事産業基盤の再構築

国際競争力の低下と競争力政策

　1980年代のアメリカ企業は，軍事に偏重した研究開発と産業構造や，レー
ガン政権の経済政策の下で国際競争力の低下に直面した（山崎 2008 : 51-52,

表5-1　アメリカの五大軍事企業

（単位：億ドル）

順位の変遷				企業名	2020 兵器販売額	2020 軍事依存度(%)	2020 総販売額	2010 兵器販売額	2010 軍事依存度(%)	2005 兵器販売額	2005 軍事依存度(%)	1989 兵器販売額	1989 軍事依存度(%)
20	10	05	89										
1	1	2	-	Lockheed Martin Corp.	582	88	654	357	78	262	70		
-	-	-	3	Lockheed								74	74
-	-	-	11	Martin Marietta								44	75
				※Unisys/IBM/Ford Motor/Loral/Sandia/Sikorsky (2015年以降) も1989年以降に子会社化された									
2	-	-	-	Raytheon Technologies	368	87	566						
-	6	6	7	Raytheon				230	91	161	74	53	61
-	10	11	14	United Technologies Corp.				114	21	68	16	41	21
-	S	S	S	Pratt & Whitney				41	32	33	35	25	36
				※Texas Instruments/E-systems/Sikorsky (2015年まで) も1989年以降に子会社化された									
3	3	1	8	Boeing（Bell-Boeingを含む）	321	29	582	314	49	296	54	48	24
-	-	-	1	McDonnell Douglas								85	58
-	-	-	10	Rockwell International								45	36
4	4	3	-	Northrop Grumman Corp.	304	87	368	282	81	233	76		
-	-	-	9	Northrop								47	90
-	-	-	19	Grumman								29	80
				※TRW/Litton/Ingals Shipbuilding/Tenneco/Newport News/Avondale も1989年以降に子会社化された									
5	5	5	2	General Dynamics Corp.	258	61	379	239	74	166	78	84	84
				※General Motors/Hughes Electronics/Santa Barbara Sistemas も1989年以降に子会社化された									
				アメリカ企業	2850	54%（割合）		2510	60%	1847	63%	1062	63%
				アメリカ企業（上位5社）	1834	35%（割合）		1395	33%	1118	38%	360	21%
				世界の100社合計	5305			4204		2933		1686	

（注）「S」は子会社を意味しており、その金額は親会社の金額に含められている。アメリカ企業の「割合」は、100社全体に対する割合である。なお、冷戦終結後にロシア企業、2015年からは中国企業が統計に加えられた。
（出所）SIPRI (1991: 310-16) およびSIPRIのウェブサイト（https://sipri.org/databases/armsindustry、2022年8月17日閲覧）。

平野 2013：48）．1990年代にはグローバル化が進展し，アメリカ製造業は，事業のリストラクチャリングと情報化投資に基づくリエンジニアリングによって高付加価値業務に特化し，不得手であったり低付加価値の業務を海外の外部企業にオフショア・アウトソーシングした（平野 2013：49-52, 井上 2008）．こうして，アメリカで設計・販売し，アジアで製造するというビジネスモデルが水平分業型（垂直分裂型）の専業企業によってもたらされ，2000年代以降は日本企業から市場を奪い，GAFAや中国，台湾の新興企業が台頭した（小川 2015, 森原 2019）．

　研究開発資金の面では，冷戦終結後のアメリカ企業は，非軍事目的の事業であっても巨額の資金を調達できるようになった．アメリカの研究開発費の主な資金源は連邦政府と産業界であり，冷戦期は連邦政府の安全保障関連の支出が多くを占めたが，1980年に連邦政府と産業界の出資割合が逆転した（図5-3）．冷戦終結後は，政府出資額が1000億ドル前後を推移するのに対して，産業界の出資額は2020年までの30年で3倍以上に増えた．冷戦期に新技術が軍事技術開発から生まれた理由は，多額の資金がリスクなしに投下されたからであり，「軍事目的以外には大量に科学的資源を動員できない，という社会の欠陥」（パーロ 1967：58）を示していたが，冷戦終結後はこうした研究開発面の軍事のメリットすら失われたのである．政府支出においても，安全保障関連が相対的に減少する一方で，医療・バイオに関係する保健福祉省（HHS）向けの支出が増大している．

　政策のレベルでは，国際競争力問題に端を発して，国家が特定産業の育成のために積極介入する必要性が認識され，政府や民間企業同士の共同研究開発・共同生産が認められた（中本 1993, 宮田 2001）．その後，2004年に発表された

---

1 ）兵器輸出額はSIPRI（2022），FMSの金額はDefense Security Cooperation Agencyのウェブサイト（https://www.dsca.mil/resources/dsca-historical-sales-book）の"Historical Sales Book: Fiscal Years 1950 - 2021"（https://www.dsca.mil/sites/default/files/dsca_historical_sales_book_FY21.pdf, 2022年9月3日閲覧）．なお，ここで示す兵器輸出やFMSの金額は，相手国政府と当該国の企業や政府による合意（agreement）の段階のものであり，実際の契約（contract）や契約後に実際に取引される金額とは必ずしも同じではない．兵器販売に関する交渉・合意・契約のプロセスは複雑であり，根拠となる資料も一貫しておらず，ここでは概算の提示にとどめ，より深い分析は別稿でおこなう．

図5-3　アメリカにおける研究開発費の資金源（2012年物価基準, 1953〜2020年）

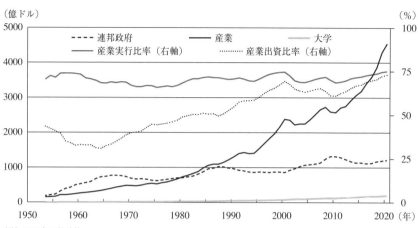

（註）2020年は推計値.
（出所）National Patterns of R&D Resources: 2019-20 Data Update（https://ncses.nsf.gov/pubs/nsf22320, 2022年8月24日閲覧）, Table 2およびTable6から筆者作成.

パルミサーノ・レポート（*Innovate America*）に見られるように, 競争力政策では, 1980年代のように既存の特定産業や技術が対象になるのではなく, 人材, 投資, インフラの3分野で目標が設定され, イノベーションを活性化することが重視された. アメリカの個別の独占的な大企業が, 国内に高付加価値部門を集中して自らに有利な国際分業構造を形成する一方で, 国内に新たな収益基盤を保持するために絶えざる技術革新が必要になったのである（田村 2008）.

「デュアルユース技術」戦略と民生技術の軍事利用

　国際競争力問題は, 軍事との関係では技術の対外「依存」として問題にされた. 戦後のアメリカでは, 兵器の素材や部品の多くが国内企業から調達されたが, 西ドイツや日本の産業発展を背景に重要な素材や部品の国外調達が増えたのである. 軍事以外の目的で開発された製品であっても, その用途が適合的であれば軍事技術に取り入れられたのであり, それはいつの時代でも同じである. アメリカ政府によって問題視されたのは, 国外の民生技術への「依存」であり, 「二流の産業基盤で一流の軍事国としての地位を維持しようと考えるのは矛盾である」として, 緊急時の戦略的即応性の欠如が問題にされた（Defense

Industrial Base Panel 1980: 12, 16).

　しかし，軍事技術の優位を維持するために，裾野産業を含めたアメリカ国内産業を強化し，全ての技術分野における優位を取り戻すことは非現実的である．さらに，1990年代には軍事費が大幅に削減され，軍事産業基盤の経済的な非効率性の改善という課題も生じた．

　これらアメリカ軍事産業基盤の課題は，統一的に「克服」された．第一に，レーガン軍拡により温存されていた経済的な非効率性は，1990年代の軍事費削減を受けて軍事産業の再編成をもたらし，過剰資本の処理と人員削減によって，より少数の独占的な軍事企業が生まれた．また，高品質で安価な国内外の民生品を調達しやすいように調達制度が改革され，調達コストの削減が試みられた．

　第二に，技術の対外「依存」問題とは，軍事産業基盤の下層に位置するサプライヤーが，電子部品などを外国企業から調達し，緊急の増産や調達に支障をきたすという問題であった．1990年代には，軍事産業基盤の商業的，国際的な拡張が意識的・必然的に意思決定され，グローバリゼーションへの「適応」という現実的判断を迫られた（Defense Science Board 1999: i, 7-8）．

　対外「依存」問題は，適切な外国企業への「依存」を固定化・安定化させて「依存」しつづけられることで「克服」された．日米は政治的に特殊な二国間関係を有しており，1990年代以降は，従属と表現できるまでに関係が深まっている．不安定な「依存」は脆弱性を示すが，対外「依存」の制度化により，逆にアメリカの技術競争力は強化されたのである．

　1990年代のクリントン政権では，冷戦終結後の軍事費削減を受けて，当初は「軍民転換（Defense Conversion）」と称して軍事部門から非軍事部門への資源の転換がめざされたが，1994年からは軍民統合が重視された．国防総省は，民間企業や大学・研究機関の「デュアルユース技術（dual-use technology）」の吸収を目論んだのである．デュアルユース技術とは，アメリカ政府が軍事に取り込みたいと考える技術の総称であり，技術的な概念というよりは，政治的な概念であった（National Economic Council 1995: 1）．軍事産業基盤は，重要な中核技術を扱う軍事産業が国内的に再編成される一方で，軍事から見れば周辺技術に当たる部品や素材を扱う3次以下のサプライヤーはグローバルに再構築され，軍事における技術競争力を支えているのである．

3．革新的な技術の取得と経済安全保障

革新的な技術の調査・発見と取得

　軍事生産のサプライチェーンを国外へ選択的に拡張する一方で，研究開発の面では，国内外で革新的な技術を調査・発見・取得することは従来から取り組まれてきたが，その重要性はますます増しており，グローバルネットワークの中で研究開発がおこなわれている．

　第二次世界大戦後，アメリカ政府は，科学・技術を発見・生成・評価・支援するために，技術評価局（OTA）や国防科学委員会，DARPA（Defense Advanced Research Projects Agency），科学研究局を設立した．軍事的革新を支援するために，陸海空軍はそれぞれ外国の科学・技術に特化した組織や海外のオフィスを設立した（Hagelin 2004: 285-304）．

　特にDARPAは，国家安全保障に関わる技術に投資して，国家安全保障を脅かす「技術的サプライズ」を防止することで米軍の永続的な技術優位性を維持することを目的とし，2020年は37億ドルの研究開発費を得た．DARPAは，研究機関というよりは，大学等の基礎研究と陸海空軍の実用化研究の橋渡し役であり，資金上の決定権限と公募採択における裁量権を持つ約100名のプログラム・マネージャーが約250の研究開発プログラムを監督，主導する[2]．いわば，軍事におけるオープン・イノベーションである．

　冷戦終結後，米軍は，戦場を情報ネットワークで結んだデジタル化戦場に変える「軍事における革命（Revolution in Military Affairs：RMA）」に取り組んだ．同時に重視されたのはデュアルユース技術，つまり軍事的に利用価値のある民生技術の情報を迅速に入手し，直接的に関与して軍事利用する，科学技術依存型の軍事的革新（Science- and technology-based military innovation）であった（Hagelin 2004: 285-304）．国外の，たとえば日本の大学・研究機関にも米軍から直接・間接に資金提供がなされた．2015年に始まった日本の安全保障技術研究推進制度も，日米関係をふまえれば，防衛省を経由して日本の大学と研究

2）DARPAのウェブサイト（https://www.darpa.mil/about-us/about-darpaおよび
　　https://www.darpa.mil/about-us/budget，2022年9月3日閲覧）．なお，DARPAの設立
　　当初の名称はARPAである．

機関の技術情報が米軍に把握されることにつながりうる（山崎 2019: 67）．

　アメリカの軍事費は，同時多発テロ後に冷戦期のピークを上回ったが，対テロ「戦争」が泥沼化して米軍は中東からアジアへシフトし，2010年代には軍事費を抑制して日本など同盟国に負担の増大を求めた．軍事力や資金源だけでなく，軍事産業基盤の裾野という意味でも，また研究開発の源という意味でも，アメリカはますます他国を自国の利害に組み込もうとしている．それは重要技術の取得という意味でも同様である．

技術の囲い込みとしての経済安全保障

　2008年の金融危機（リーマン・ショック）後，アメリカでは住宅・金融バブルに頼った成長から再び製造業に回帰し，オバマ政権は国内経済回復と雇用創出，環境エネルギー政策や製造業を重視した（山縣 2021: 63）．ただし，アメリカ製造業は中国などアジアの新興企業と水平的な国際分業を構築して市場を獲得するようになった．たとえばアップルは2007年にiPhoneを発売し，スマートフォン市場の拡大とともに収益を伸ばしたが，組立はホンハイ（鴻海科技集団，本社は台湾のフォックスコン）が担った（韋 2021：42-44）．

　ところが，習近平が中国共産党の最高指導者となる2012年頃から，中国政府は南シナ海に進出し，2013年には一帯一路構想など積極的な対外進出の姿勢を見せた．そして，基礎研究や応用研究の段階にある新興技術（Emerging Technologies）を企業買収や人的交流を通じて中国が取得し，軍事力の近代化を図ると判断したことで，アメリカ政府は対抗措置をとるようになった（松村 2022：147-48）．

　2017年からトランプ政権となると，アメリカの対中政策は，経済的相互依存関係を安定的に管理する関与政策から，覇権国の地位を争う競争政策に転じ（藤木 2021），「経済的な手段を用いて自らの政治的意思を強制し，国家戦略上の目標を実現する」エコノミック・ステイトクラフトという政策手段が論じられている（鈴木 2021：11）．

　トランプ政権の保護主義的通商政策は，半導体技術や通信技術をめぐる競争に現れ，スマートフォンや通信サービス，サーバー，ルーター，ビデオ監視サービスなどの5G関連の中国企業を排除した（山縣 2021：64，夏目 2020：95）．2018年8月に成立した国防権限法では，アメリカ政府が，ファーウェイ（華為

技術有限公司）など中国企業5社の機器やシステム，サービスを購入・取得・利用すること，それらを使用する企業・拠点と契約することを禁じ，日本など他国にも同じ対応を求めた．2020年8月からはアメリカ政府が購入する製品用のシステムや部品を納める2次・3次サプライヤーにも同じ措置が取られた（國分2021：246，CISTEC事務局 2018）．一方で，アメリカ商務省は，2019年5月にファーウェイに対するアメリカ企業の輸出禁止措置を発表し，アメリカ由来の技術を利用する国外企業にも同じ対応を求めた．ファーウェイは，販売先（マーケット）と調達先（サプライチェーン）の両方で，アメリカとそれに同調する国の市場や企業を失いつつあるのである．

　制裁のターゲットの一つが，スマートフォンの中核部品であるSoC（System-on-a-chip），つまりチップセットである．チップセットとは，PCにおけるCPUに相当して情報処理機能を担うAP（Application Processor）と，PCにおけるデータ通信用ルーターに相当して通話通信機能を担うBP（Baseband Processor）をまとめたものである．チップセットの主な設計企業には，アメリカのクアルコム，アップル，インテル（2016年に撤退），韓国のサムスン，台湾のメディアテック，中国のUNISOCやファーウェイ傘下のハイシリコンがある．

　インテルが垂直統合的に生産するのに対して，他のメーカーは水平分業的に開発・製造している．開発段階で欠かせないのは，イギリスのアームがライセンス提供する，ソフトウェアとハードウェアのやり取りの規則を取り決めたArmアーキテクチャである[3]（韋 2021：45，49）．ファーウェイに対するアメリカ政府の制裁について，アームはイギリスの技術による開発だとして中立的立場を保ち，ファーウェイと取引を継続している．しかし，アームを保有する日本のソフトバンクは，2020年にアメリカの半導体メーカーであるエヌビディアにアームの売却で合意（2022年に売却断念）するなど，ファーウェイにとって契約を継続できるか否か不透明な状況にある．

　製造段階では，インテルやサムスンは垂直統合的に自社で開発した半導体を製造するが，アップルやファーウェイ，クアルコムなど設計に特化するファブレス企業に対して，それらの製造は台湾のTSMCがファウンドリ（生産受託）企業として世界最大のシェアを持つ．さらに半導体製造では，電子回路の集積

3）DARPAのウェブサイト（https://www.arm.com/ja/architecture，2022年9月3日閲覧）.

度を高める微細加工技術が重要であり，集積回路の線幅を10nm以下で製造できるのはTSMC，サムスン，インテルに限られる（『日本経済新聞』2021年1月28日付）．TSMCは，2019年5月のアメリカ政府の輸出規制の強化に応じて，アメリカ企業の製造装置を使うという理由でファーウェイの新規受注を停止した．ファーウェイは，SMIC（中国半導体受諾生産）との連携を模索しているが，微細加工技術の要になる次世代のEUV（極紫外線）露光装置では，唯一の供給メーカーであるオランダのASLMがSMICへの納入を見合わせている（近藤2022：123，129）．

　アメリカ政府は，中国企業に対する制裁措置を取りながら，日本，韓国，台湾，イギリス，オランダなどとの連携を深め，半導体生産のサプライチェーンをデカップリング（分断）して中国を排除し，中国企業の競争力を減退させようとしているのである．

おわりに

　本章では，アメリカ軍事産業基盤の構造をふまえ，冷戦終結後の変容を明らかにした．一国完結的に形成されたアメリカ軍事産業基盤は，グローバリゼーションとともに生産においてはサプライチェーンがグローバルに拡張され，研究開発においては革新的な技術の発見・取得がますますグローバルに展開されるようになった．2010年代後半には米中対立が深まり，アメリカ政府は同盟国・地域とともに中核的な電子技術や通信技術を囲い込もうとしている．

　アメリカ軍事産業基盤にとって，日米経済摩擦と米中対立で問題になったのは，軍事技術が民生技術に依存していることではない．軍事技術といえども一般生産力や民生技術に依拠しなければ生産できないことは歴史が証明している．問題視されたのは，アメリカの軍事技術が，重要な部品や素材において，外国の技術を利用していることであった．つまり，1980年代は日本や西ドイツ，2010年代は中国が著しく経済成長し，グローバリゼーションの中で国際分業が一般的になり，軍事生産のサプライチェーンに国外企業が組み込まれたのである．

　組み込まれるのが日本企業の場合は，日米の特殊な政治関係のもとで部材の安定的調達にもつながったが，米中は互いに独立して覇権を争う国同士である

ため，中国企業を軍事生産のサプライチェーンに組み込むことはアメリカ政府にとってリスクを伴う．そのため，安全保障という観点から，アメリカ政府はサプライチェーンのデカップリング（分断）を試みているのである．しかし，これはグローバリゼーションからは逆行しており，アメリカ政府の制裁が中国企業の開発力や調達力を高めることにつながると見ることもできる（近藤 2022：123，125，松村 2022：151）．

　1980年代に日本企業が技術競争力を獲得したのはメモリ半導体（DRAMなど記憶装置）であり，ロジック半導体（CPUなど演算装置）ではアメリカ企業（インテル）が市場で独占的な立場にあり，得意とする技術を日米で棲み分けたと見ることもできる．しかし，2010年代は，電子機器の中核技術であるチップセットをめぐる米中の対立であり，アメリカ製造業にとってきわめて重要な技術をめぐる争いである．その意味では，サプライチェーンのデカップリング（分断）を，安全保障の文脈からのみ評価することはできない．

参考文献

韋雪琴（2021）「中国新興スマートフォンメーカーの低価格・高性能戦略とグローバル・サプライチェーン」『技術史』第18号.

井上博（2008）「アメリカ経済とアフター・ニュー・エコノミー」井上・磯谷編（2008）.

井上博，磯谷玲編（2008）『アメリカ経済の新展開——アフター・ニュー・エコノミー』同文舘出版.

小川紘一（2015）『オープン&クローズ戦略——日本企業再興の条件　増補改訂版』翔泳社.

河﨑信樹，河音琢郎，藤木剛康編（2021）『現代アメリカ政治経済入門』ミネルヴァ書房.

國分俊史（2021）『経営戦略と経済安保リスク』日経BPマーケティング.

近藤信一（2022）「中国のハイテク産業と技術の現状」中本・松村編（2022）.

CISTEC事務局（2018）「米国国防権限法2019の概要」https://www.cistec.or.jp/service/uschina/5-ndaa2019_gaiyou.pdf（2022年9月3日閲覧）

鈴木一人（2021）「エコノミック・ステイトクラフトと国際社会」村山裕三編『米中の経済安全保障戦略——新興技術をめぐる新たな競争』芙蓉書房出版.

田村孝司（2008）「グローバリゼーションと競争力問題の再来」井上・磯谷編

（2008）.

中本悟（1993）「『アメリカ再生』と対米直接投資論争」『経済』第347号.

中本悟，松村博行編（2022）『米中経済摩擦の政治経済学——大国間の対立と国際秩
　　序』晃洋書房.

夏目啓二（2020）「コロナ禍と米中デジタル技術覇権競争」『経済』第303号.

パーロ（清水嘉治，太田譲訳）（1967）『軍国主義と産業——ミサイル時代の軍需利
　　潤』新評論.

平野健（2013）「産業構造の再編とその現段階」中本悟，宮﨑礼二編『現代アメリカ
　　経済分析——理念・歴史・政策』日本評論社.

藤岡惇（1996）「核冷戦は米国地域経済をどう変えたか」『立命館経済学』第45巻第5
　　号.

藤木剛康（2021）「トランプ政権の外交・安全保障政策」河﨑ほか編（2021）.

松村博行（2022）「科学技術領域にみる米中対立の構図」中本・松村編（2022）.

宮田由紀夫（2001）『アメリカの産業政策——論争と実践』八千代出版.

森原康仁（2019）「垂直分裂と垂直再統合——IT/エレクトロニクス産業における現
　　代大量生産体制の課題」『経済論叢』第193巻第2号.

山縣宏之（2016）「産業構造と産業政策」河音琢郎，藤木剛康編『オバマ政権の経済
　　政策——リベラリズムとアメリカ再生のゆくえ』ミネルヴァ書房.

———（2021）「産業構造の変化」河﨑ほか編（2021）.

山崎文徳（2008）「アメリカ軍事産業基盤のグローバルな再構築——技術の対外『依
　　存』と経済的な非効率性の『克服』」『経営研究』第59巻第2号.

———（2009）「米国の軍事戦略と軍事産業基盤」『日本の科学者』第44巻第12号.

———（2016）「アメリカにおける軍産学連携の展開と変容」『平和運動』第546号.

———（2019）「アメリカの軍事技術開発と『デュアルユース技術』の軍事利用」
　　『歴史評論』第832号.

Defense Industrial Base Panel of the Committee on Armed Services, House of
　　Representatives (1980) *The Ailing Defense Industrial Base: Unready for Crisis*,
　　U.S. Government Printing Office.（『防衛生産委員会特報』第187号，第188号.）

Defense Science Board (1999) *Final Report of the Defense Science Board Task Force
　　on Globalization and Security*., Office of the Under Secretary of Defense for
　　Acquisition and Technology Washington, DC 20301-3140.

National Economic Council (1995) *Second to None: Preserving America's Military
　　Advantage Through Dual-Use Technology*," National Economic Council: National
　　Security Council, Office of Science and Technology.

Markusen, Ann (1991) *The Rise of the Gunbelt : the Military Remapping of Industrial America*, : Oxford University Press.

Rotolo, Daniele, Diana Hicks, and Ben R. Martin (2015) "What Is an Emerging Technology?," *Research Policy*, 44.

Hagelin, Björn (2004) "Science- and Technology- Based Military Innovation," *SIPRI Yearbook*, Almqvist & Wiksell.

SIPRI, Stockholm International Peace Research Institute (1991) *SIPRI Yearbook : World Armaments and Disarmament*, Almqvist & Wiksell.

────── (2022) *SIPRI Yearbook: World Armaments and Disarmament*, Almqvist & Wiksell.

The Bureau of the Census (2006) *Statistical Abstract of the United States*, U.S. Government Printing Office.（鳥居泰彦監訳『現代アメリカデータ総覧』原書房）の各年度版を使用.

U.S. GAO (1993) *Defense Industrial Base: An Overview of an Emerging Issue*, GAO/ NSIAD-93-68.

第　3　篇

金融とバブル

第 6 章
住宅の金融化とアメリカ経済

豊福裕二

はじめに

　金融経済の規模とその影響力の拡大は「金融化」現象と呼ばれるが，その契機としての住宅の役割に注目する議論として「住宅の金融化」論がある．資本の吸収部面および資産効果の源泉としての住宅の役割の増大は，2000年代のアメリカ経済の金融化の決定的契機となったが，それは住宅バブルの崩壊と世界金融危機をもたらした．果たして，金融危機を経て，金融化の契機としての住宅の役割はどう変化したのか．最近の住宅価格の高騰はかつてのバブルの再燃を意味するのか．住宅および住宅ローン市場の分析をもとに検証することにしたい．

1．現代資本主義と「住宅の金融化」

「金融化」とは

　現代の資本主義経済，とりわけ先進国経済を特徴づける現象として，「金融化」の進展が挙げられる．「金融化」とは，一般的には，財やサービスの生産と消費に基づく実体経済に比して，金融的取引とその利得に基づく金融経済の規模が相対的にも絶対的にも拡大していること，また，企業，家計，政府といった経済主体の行動に対して，金融部門の影響力が増していることを表す用語である．

　こうした現象は，1980年代以降の金融自由化の進展とともに顕著になってきたものであるが，近年の金融経済の規模とその影響力の拡大を背景として，特に2000年頃から，欧米の政治経済学者を中心に，「金融化」を資本主義の新

しい蓄積様式，あるいは構造的変化として位置づけ，その理論的・実証的な把握を試みる研究が目立つようになってきた．小倉将志郎は，これら一連の研究を「金融化アプローチ」として総括しつつ，その研究領域を①「企業の金融化」（非金融企業における金融的利得への依存度の増大，企業統治における機関投資家の影響力の拡大），②「家計の金融化」（家計における金融資産・負債の拡大），③「政府の金融化」（政府の資金調達や政策決定における金融部門の影響力の拡大），④「金融の深化」（金融技術・手法・業務などの多様化・高度化・複雑化）の4つに区分している（小倉 2016）．

　金融化アプローチはその対象も幅広く，論者によって強調点も異なっているが，このうち，金融化現象の進展における住宅の役割に注目し，独自の論点を提示しているのが「住宅の金融化」論である．その代表的論者であるマニュエル・アールバースは，サブプライムローンという住宅ローンの膨張を起点に生じた2008年の世界金融危機や，金融危機以前に欧州各国に共通して生じた住宅価格の高騰や住宅ローン市場の拡大を念頭に置きつつ，金融化現象における決定的な契機として住宅を位置づける議論を展開している（Aalbers 2016）．

住宅の金融化

　金融化の契機としての住宅の役割として，アールバースが注目するのは以下のような点である．

　第一に，資本の吸収部面，投下部面としての住宅および住宅ローン市場の役割である．詳しくは後述するが，アメリカでは，住宅ローン（モーゲージ）の大半は証券化され，その債権（元利請求権）は金融機関が保有するのではなく，金融商品として事実上投資家が保有するところとなっている．また，住宅および住宅ローン市場はその後も様々な証券化の技術・商品が開発される拠点となり，金融市場に新たな利得機会を生み出してきた．金融市場がその内部において新たな金融商品を生み出す状況を，アールバースは「金融の金融化」と呼んでいる（Aalbers 2016: 47）．

　第二に，住宅価格の上昇が，その資産価値の増加分を活用することで消費を促す，いわゆる資産効果である．アールバースはこの資産効果を，労働者の実質所得の伸びが鈍化するもとで，住宅市場がそれを埋め合わせる有効需要を生み出す役割を果たすという意味で，社会学者コリン・クラウチの言葉を引用し

図6-1　アメリカの家計資産（住宅・株式）と貯蓄率の推移

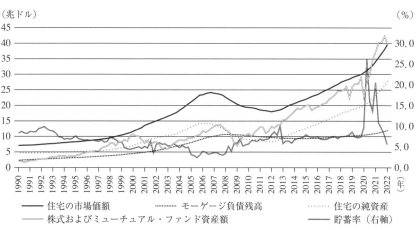

（出所）FRB, Financial Accounts of the United States, B101. 貯蓄率は，BEA, Disposable Personal Income and Its Disposition.

つつ「民営化されたケインズ主義」と表現している（Aalbers 2016: 76）．先の小倉の区分に従えば，この資産効果は「家計の金融化」であるとともに「政府の金融化」ともいえるだろう．

　以上のように，住宅の金融化とは，住宅の金融資産としての側面が強まり，それが貨幣資本の投下部面として，また資産効果を通じて実体経済を刺激する要因として，ますます資本蓄積の重要な契機として組み込まれるようになっていることを指す．この意味で，アメリカは住宅の金融化の先進国である．

　ここでまず，アメリカにおける1990年代以降の家計資産の推移を見ておきたい（図6-1）．住宅の資産価額からモーゲージ負債額を引いた住宅の純資産が，2000年代前半に大幅に増加し，株式等の資産額を上回ったこと，その一方で貯蓄率が顕著に低下していることがわかる．このことは，住宅の資産価値とそれを担保とする信用の拡大により，この時期，アメリカの家計が所得を上回る消費を続けたことを示唆している．一方で，同じ図が示しているのは，世界金融危機によって住宅の純資産は2013年まで縮小を続け，その後上昇に転じ，現在では2000年代半ばの価格を大幅に上回っていることである．その背後でどのような事態が進行していたのか，以下，資本の吸収部面および資産効果の源泉としての住宅の役割に注目しつつ，検証することにしたい．

2．アメリカにおける住宅の金融化と世界金融危機

住宅バブルと住宅の資産効果

　今日では「住宅バブル」とされる2000年代前半におけるアメリカの住宅価格の高騰は，サブプライムローンの急拡大とセットで理解されることが多い．しかし，2000年代当初から，サブプライムローンが住宅バブルを牽引したわけではない．当時，住宅投資の拡大と価格上昇をもたらしたのは，FRBによる低金利政策と，それに伴う住宅ローン金利の全般的な低下であった．2000年における「ITバブル」崩壊による株価急落と，2001年9月の同時多発テロ事件の衝撃でアメリカの景気が減速するもとで，FRBは政策金利の誘導目標の連続的な引き下げをおこなった．その結果，住宅ローン金利も大幅に低下し，株価の低迷で投資機会を逸していた資金が住宅市場へと流入する状況が生まれた．

　住宅投資の過熱をもたらしたのは，低金利だけではない．新種の住宅ローン商品の普及もまた，富裕層や投資家を住宅市場へと引きつけた．それまでのアメリカにおける住宅ローンの中心は借入期間30年の固定金利型のローンであったが，この時期には，ハイブリッド型変動金利ローン，利子オンリー・ローンといった多様な住宅ローンが登場した．これらに共通するのは，当初2～3年間は固定金利に基づく低い返済額や利子のみを支払えばよく，数年後に変動金利に基づくより高い返済額に切り替わる点である．これらを利用すれば，投資家は低い負担で住宅を短期間保有し，その売却益で融資を返済するとともに住宅の値上がり益を享受することができた（豊福 2021：21-22）．図6-2は利用目的別に見た住宅ローンの組成（新規融資）件数の推移を示したものである．この時期，初回購入者向けよりもリピート購入者向け，すなわち二次住宅取得や買い替え，転売目的の住宅ローンの利用が顕著に増加したことが見てとれる．

　一方で，図6-2においてより目立っているのが，利用目的としての借り換え（refinance）の急増である．借り換えとは，一般的には，当初の借入金利よりも金利が低下した際に，その金利で新たな借り入れをおこなって既存のローンを返済し，返済負担を減らす行為である．しかし，この時期には通常の借り換えに加えて，キャッシュアウト・リファイナンスと呼ばれる借り換えが増加し

図6-2　利用目的別の住宅ローンの組成（新規融資）件数の推移

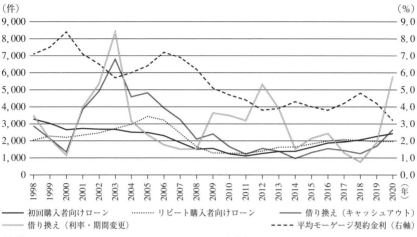

（出所）FHFA, National Mortgage Database Aggregate dataより作成.

た．これは，住宅価格の上昇によってその純資産（資産額マイナス負債額）が
増加した場合，それを担保として借り換え時に既存の負債額を上回る追加的な
借り入れをおこない，他の債務の返済や消費に充当するものである．

　また，この時期には，同じく住宅の純資産を担保に第二抵当で貸し付けるホ
ームエクイティ・ローンと呼ばれるローンも増加し，総じて住宅資産の現金化
が進んだ．ある推計によれば，①住宅の売買差益，②キャッシュアウト・リフ
ァイナンス，③ホームエクイティ・ローンの3つを合わせた住宅資産の現金化
総額は，2005年には総額1兆4290億ドル，可処分所得（個人所得－租税）に対
する割合で15.4％に達したとされている（Greenspan and Kennedy 2007）．先の
図6-1で示したように，住宅の資産効果は，株価急落による資産効果の減少を
補い，アメリカの個人消費を支える役割を果たしたといえる．

サブプライムローンと証券化市場の拡大
　それでは，このような住宅ブームに対し，サブプライムローンはどのような
役割を果たしたのだろうか．
　サブプライムローンとは，所得や過去の返済履歴等に問題があり，プライム
すなわち最優遇の金利で借りることのできない，信用度の低い個人向けの住宅

ローンを指す．アメリカでそれが目立ちはじめるのは1990年代の後半であるが，当初，その利用目的の大半は上記のキャッシュアウト・リファイナンスであった．つまり，他のクレジットカード・ローン等の返済に行きづまり，プライムでの借り入れが困難になった人々が，住宅の純資産を担保にサブプライムローンで借り換えをおこない，追加的な借り入れ分を既存債務の返済に充当したわけである．

　しかし，2004年から2006年にかけて，借り換えではなく住宅購入目的でのサブプライムローンが急増することになる．景気の過熱とインフレへの懸念から，2004年6月にFRBが利上げに転じると，富裕層や投資家による住宅ローン需要は減退した．そこで，金融機関は新たな需要先としてサブプライム層に目を付けた．新型ローンの特徴を利用すれば，当初2〜3年間は返済額を低く抑え，その時点で住宅の資産価値が上昇していれば，それを担保に再び同種のローンへの借り換えをくり返すことで，返済額を最小限に抑えることが可能となる．金融機関は，通常のプライムローンを利用できないサブプライム層に対し，低負担で住宅取得を可能にする商品として新型ローンを積極的に売り込んだ．

　とはいえ，サブプライム層に対する貸付は，貸し手にとってもリスクが高い．このリスクを分散し，サブプライムローンへの投資を促進したのが，証券化という手法である．証券化とは，多数のローン債権を束（プール）にし，それを担保に証券（債券）を発行して投資家に販売する仕組みであり，これにより，貸し手は債権をすばやく現金化し，手数料収入を得たうえで，貸し倒れ等のリスクの大半を投資家に転嫁することが可能となる．アメリカにおけるその歴史は古く，すでに1970年代には連邦抵当金庫（FNMA），連邦住宅抵当貸付公社（FHLMC）といった政府関連企業体（GSE）が債権を買い取り，それを担保とする証券（MBS）を発行する仕組みが確立していた．しかし，連邦政府の支援・監督下にあるGSEには，リスクの高いサブプライムローンの買い取りは難しい．そこで当時積極的に活用されたのが，優先劣後構造という仕組みである．これは，同一の債権プールを担保に，優先（シニア）・中間（メザニン）・劣後（エクイティ）といった配当の優先順位と格付けの異なる複数の債券を発行するもので，劣後部分がリスクを引き受けることにより，サブプライムローンのような高リスク債権を担保としながら，優先部分ではリスクの低い，財務省証券と同等のトリプルA格の債券の発行を可能とするものである．この手法

の活用により，住宅購入目的でのサブプライムローンの貸付が増加し，住宅ブームが持続する一方で，投資家のニーズに応じた各種のタイプの証券が生み出されることになった．

サブプライムローンの貸付と証券化を中心的に手がけたのは，預金を扱わないノンバンクの金融会社であったが，投資銀行や欧米の商業銀行もまた，金融会社から債権を買い取ってMBSを発行したほか，金融会社を買収したり，子会社を設立したりするなどして直接貸付業務に進出した．また，この時期には，売れ残ったMBSを集めて担保とし，再び優先劣後構造で証券化した債務担保証券（CDO）と呼ばれる証券の発行も増加し，さらにはCDOを担保に再々証券化した証券まで登場した．こうした度重なる証券化により，原債権であるサブプライムローンと証券との関係は次第に不透明になっていった（豊福 2021）．

証券化と短期金融市場

投資銀行や商業銀行は，サブプライムローンの組成や証券化のみならず，自らサブプライムMBSやCDOに積極的に投資した．ただし，商業銀行の場合，1988年のバーゼル合意に基づくBIS規制（自己資本比率規制）により，銀行本体でのリスク資産への投資は制限されていた．このため，彼らはストラクチャード・インベストメント・ビークル（SIV）と呼ばれる特別会社を設立し，そこに資産を譲渡することで規制を回避した．

一方で，MBSやCDOなどの資産は，その保有主体にとって資金調達の手段としても活用された．SIVは，保有するMBSやCDO，その他債権を担保に短期の資産担保コマーシャルペーパー（ABCP）を発行し，その調達資金を新たな投資の原資とした．通常のコマーシャルペーパー（CP）は無担保の短期債務証書であり，信用力のある優良企業しか発行できない．しかし，資産を裏づけとしたABCPであればSIVのような企業でも発行可能であった．図6-3はサブプライムMBSの発行額とABCPの発行残高の推移を示したものである．2004年から2006年にかけて両者が急増し，MBS全体に占めるサブプライムの比率が35%，CP全体に占めるABCPの比率が57%に達したことが確認できる．

また，商業銀行や投資銀行は，保有するMBSやCDOを，当時市場が拡大したレポ取引の担保として活用した．レポ取引とは，資金の借り手（証券の保有者）が短期での買い戻しを前提に資金の出し手に証券を売却する取引であり，

図6-3　サブプライムMBS発行額およびABCP残高の推移

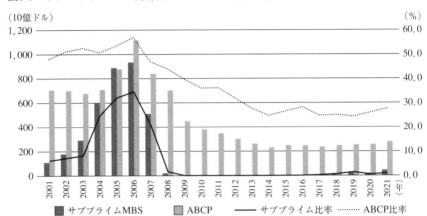

（註）MBSは新規発行額，ABCPは発行残高.
（出所）SIMFA, US Mortgage Backed Secirities Statistics, およびUS Money Market Instruments Statisticsより
作成.

当初の売却額と買い戻し額との差額が利息となる，一種の証券担保貸付である.
とりわけ預金という調達手段を持たない投資銀行にとって，レポ取引は有力な
短期資金の調達方法であった.

　他方，これらABCPやレポ取引で買い手，すなわち資金の出し手となったの
は，アメリカの年金基金やMMMF（短期金融資産投資信託）などの機関投資家
であった. MMMFは低金利下，財務省証券に代わる安全で比較的高利回りの
投資対象を求めており，ABCPやレポ取引はそのニーズに合致した（小倉
2016：トゥーズ 2020）.

住宅の金融化と世界金融危機

　以上のように，サブプライムローンは短期の資金調達手段としても，また長
期の運用対象としても組み込まれ，その需要が急増した. 投資銀行や商業銀行
が自らサブプライムローンの組成まで手がけたのはこのためであり，こうした
旺盛な投資家の需要と，優先劣後構造によるリスク分散の仕組みは，借り手の
返済能力を顧みない高リスクの貸付を大量に生み出す背景となった. 2000年
代におけるアメリカ経済，ひいては世界経済の「金融化」は，紛れもなく「住
宅の金融化」を決定的な契機とするものであったといえる.

　しかしながら，周知の通り，住宅を起点として膨脹した金融経済は，一転して急激な収縮を余儀なくされる．その最初の契機は，2006年頃からの住宅ローン金利の上昇であった．住宅価格が頭打ちないし下落に転じた結果，資産価値の上昇を前提としたサブプライムローンの借り換えが困難となり，返済に行きづまる借り手が続出した．貸し倒れの増加の影響は，その貸付を専門的に手がけていた金融会社の破綻に続いて，MBSのうち比較的高リスク債券に投資していたヘッジ・ファンドの損失拡大による凍結，さらには高格付け債券を担保としていたはずの短期金融市場の収縮へと波及した．サブプライム関連証券の格下げにより，それらを裏づけとするABCP市場は閉鎖に追い込まれ，さらに影響はレポ取引市場に及んだ．レポ取引に依存していた投資銀行の資金繰りは急速に悪化し，その典型であるリーマン・ブラザーズの破綻は，短期金融市場の機能不全を露呈させ，金融システム全体の危機，すなわち世界金融危機へと発展した（トゥーズ 2020）．

3．金融危機後の住宅市場と住宅の金融化のゆくえ

アメリカの危機対応と住宅市場対策

　金融危機の広がりに対し，連邦政府およびFRBがおこなった対策は，大きく2つに分けられる．一つは毀損した金融市場および住宅市場の安定化であり，いま一つは金融危機の再発防止のための制度改革である．ここでは住宅の金融化に関わる内容に限定して見ていくことにしたい．

　まず市場の安定化については，GSEの事実上の国有化と，それを通じた証券化市場の下支えが挙げられる．上述の通り，GSEはそれ自身がサブプライムローンの証券化を担ったわけではないが，サブプライムMBSへの投資は積極的におこなっており，サブプライム危機と同時に損失が拡大した．このため，GSE2社は2008年に公的管理下に置かれ，財務省にはGSEの優先株とともに，GSEの発行するMBSを購入する権限が付与された．

　さらに，FRBは政策金利を実質的にゼロに据え置く一方で，2008年12月以降，一般にQE（量的緩和）と呼ばれる一連の政策を展開した．これはGSEが発行するMBSと長期国債をFRBが大規模に購入することで，金融市場と住宅市場に流動性を供給するとともに，長期金利の低下によって投資を促進すること

図6-4　FRBの保有資産とFFレートの推移

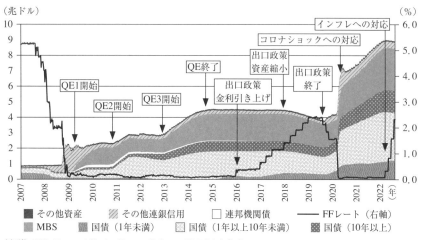

(出所) FRB, Factors Affecting Reserve Balances (H.4.1)より作成.

を意図したものである．QEはその後三度にわたっておこなわれ，FRBによる
MBSの保有額は急激に拡大した．2016年以降，FRBは臨時措置としてのQEか
らの「出口政策」に移行し，利上げと保有資産の縮小に乗り出したが，コロナ
禍によって再び大規模な資産購入に転じ，現在でもFRBは発行済みMBSの最
大の保有者となっている（図6-4）．

　第二の金融危機の再発防止については，2010年7月の「ドッド＝フランク・
ウォール街改革・消費者保護法（ドッド＝フランク法）」の成立と，それによる
「適格モーゲージ（QM）」ルールの策定が挙げられる．QMとは，サブプライ
ムローンにおいて借り手の返済能力を無視した貸付が横行したことへの反省か
ら，適正なローンの基準を定め，それを満たさないローンについては，借り手
が債務不履行に陥った際，貸し手の法的責任を問えるようにするものである
（豊福 2016：31-36）．同ルールは策定までに時間を要し，2014年1月に発効した.

　それでは，金融危機から15年余りが経過した現在，アメリカにおける住宅
の金融化はどのような状況にあるだろうか．

サブプライムローン市場の消失

　まず資本の吸収部面としての住宅であるが，住宅バブルを支えたサブプライ

図6-5　住宅ローンのタイプ別のクレジットスコアの推移

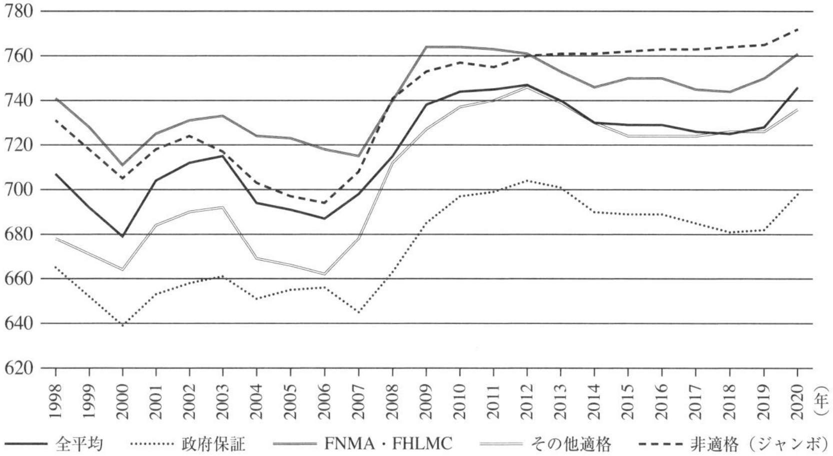

凡例：
—— 全平均　　……… 政府保証　　—— FNMA・FHLMC　　—— その他適格　　‑ ‑ ‑ ‑ 非適格（ジャンボ）

（出所）FHFA, National Mortgage Database Aggegate Data より作成.

ムローンに関しては，金融危機以降，最近までほぼ目立たない水準にある．図
6-5はタイプ別の住宅ローンのクレジットスコア（借り手の信用度を点数化した
もの）の推移を示したものである．図中で「その他適格」に区分されるローン
が，GSEの買い取り金額の上限内にあり（それを超えるものは「ジャンボ」に区
分される），かつGSEが買い取らなかったローン，すなわち，住宅バブル期に
その多くが優先劣後構造を通じて証券化されたローンを指す．一般にスコア
620未満がサブプライム，720以上がプライム，その中間はニアプライムとさ
れるが，低所得者向けの補助事業である「政府保証」の区分を除けば，金融危
機以降，全てのローンが平均してプライムで占められていることがわかる．
QMルールの発効以前に，住宅ローンは「適正化」されていたといえるが，図
6-3が示す通り，金融危機後にサブプライムMBSの市場がほぼ消失し，高リス
クローンの供給を支えていた証券化市場が収縮したことが，適正化の背景にあ
ると考えられる．結果として，サブプライムMBSを裏づけとするABCPの発
行残高も減少の一途をたどっており，投資対象としての住宅ローン市場の役割
は，今日ではきわめて限定的になっているといえる．

投資ファンドによる一戸建て賃貸住宅の証券化

　サブプライム市場が資本の吸収部面としての役割を減じる一方で，金融危機後には新たな形態での住宅市場への資本流入が生じた．すなわち，投資ファンドによる一戸建て賃貸住宅の証券化である．

　サブプライムローンの債務不履行の急増は，安値の差し押さえ物件が中古住宅市場に大量に流入する「差し押さえ危機」を生み出し，差し押さえが急増した西部や南部の諸州では，一時，住宅取引に占める差し押さえ物件の割合が6割超に達した．こうした中，安値の差し押さえ戸建て物件を大量に買い集め，改修を施して賃貸住宅に転換することで，その賃料収入を投資家に配当する投資ファンドが登場した．その先駆けが世界有数のプライベート・エクイティ・ファンドであるブラックストーン・グループである．同社は2012年にインビテーション・ホームズを設立すると，100億ドルを投じて約4万8000戸の住宅を購入し，2013年にはその賃料収入を担保とする5億ドルの証券を発行した．同社に続き，その後10以上のファンドが参入し，2016年末までに約20万戸の賃料を担保に，192億ドルの証券化がおこなわれたと推計されている（Abood 2018: 14）．住宅市場全体で見れば，これらファンドによる保有割合はごくわずかであるが，一戸建て賃貸住宅に限るとそのシェアは大きく，また特定の地域では，ファンドは最大の家主として地域の住宅価格や賃料の動向，コミュニティの形成に影響を及ぼしている．

　こうした投資ファンドの戸建て賃貸ビジネスに対しては，様々な批判がある．すなわち，従来の主流であった個人家主と比べたファンド物件の問題点として，不十分な改修，各種修繕費用の賃借人による負担，家賃の頻繁な改定による引き上げ，家賃滞納者の退去率の高さなどが指摘されているが，これは，投資ファンドが借家人よりも投資家の利益を重視しているためであるという批判である．また，資金調達面で有利なファンドが買い取り価格を引き上げる結果，個人の住宅取得機会が奪われることへの批判も根強い．さらに，ファンドが投資を集中する地域の大半が，差し押さえ危機の影響を最も受けた地域であり，また借家人の大半がマイノリティであることから，ファンドによる投資実態を分析したマヤ・アブードは，これらの地域や人々を再びウォール街による「金融化」の犠牲にするものであるとしている（Abood 2018: 27-30）．

資産効果とその格差

　次に，住宅の資産効果について見てみよう．図6-1が示す通り，アメリカの住宅価格は2013年から上昇に転じ，2016年後半にはかつてのバブルのピーク時を超えて上昇を続けている．その結果，アメリカの家計の住宅純資産も増加したが，その分配はきわめて不均等であった．2010年から2020年までの10年間について，全米の大都市圏における住宅価格の動向を所得階層別に分析した全米不動産業者協会（NAR）の報告書によると，10年間に住宅の資産額は8.2兆ドル増加したが，うち71％は高所得層（居住地域内の中間所得の200％超）の保有分であり，中所得層（同80〜200％）のそれは26％，低所得層（同80％以下）は4％にすぎない（NAR 2022）．

　また，こうした資産額の増加分は，住宅を売却するか，純資産を担保とする貸付を利用しなければ現金化することはできない．まず前者については，住み替えや二次住宅の売却が考えられるが，それが可能なのは，バブル以前に住宅を取得し，すでに負債額を大きく減らしている中高年層や富裕層である．実際，連邦住宅金融庁（FHFA）のデータによると，2010年から2013年にかけて，住宅ローン利用者の5割以上が45歳以上で占められ，また2013年以降は65歳以上だけで10％を超える状況が続いていることが確認できる．また，図6-2で住宅ローンの利用目的を見ると，2010年から2018年にかけて，住宅購入目的では初回購入者よりもリピート購入者向けが上回っており，やはり既存持家層が買い手の中心となっていることが見てとれる．

　一方，後者について見ると，図6-2が示す通り，金融危機後の住宅ローン金利の低下によって通常の借り換えが増加する一方で，キャッシュアウト・リファイナンスは2018年まで低調であった．その後，2019年から2020年にかけては顕著な増加が見られるが，これはコロナ禍での大幅な金融緩和によるところが大きく，2022年からの利上げに伴い，縮小する可能性が高い．次にホームエクイティ・ローンについては，その貸付額および信用供与枠（回転信用枠）の残高は，2009年の2兆293億ドルをピークに一貫して減少し，2021年には8886億ドルにとどまっている（Inside Mortgage Finance 2022）．総じて，住宅純資産を担保とする信用には，バブル期のような拡大傾向は見られない．これは，バブル期に住宅を担保とする信用を拡大した世帯の多くが，金融危機後，住宅価格の下落によって資産価値が負債額を下回る状態（アメリカでは水面下すなわ

ちunderwaterと呼ばれる）に陥り，そこからの回復に相当な時間を要したことと，金融機関による融資基準の厳格化が安易な信用の拡大を抑制しているためと考えられる．

住宅の金融化のゆくえ

　以上のように，金融危機の衝撃は，一度は市場に引き入れたサブプライム層を再び市場から追い出し，さらに証券化市場を半ば公的管理下に置くことによって，住宅ローン市場の「適正化」をもたらした．現在のところ，サブプライムローンを起点とした国際的な金融化が再現する可能性はきわめて低いといえる．

　しかし，アメリカ国内では，住宅ローン市場の「適正化」は，結果として，住宅を「持てる者」と「持たざる者」との格差を拡大させ，また，新たに生じた住宅の金融化がその格差を助長している．実際，金融危機後，アメリカの持家率は低下し，賃借人となる世帯が増加したが，家賃の高騰により，年収3万ドル未満の低所得層では，所得に占める住宅コストの割合が30％を超える世帯が7割強に達している（JCHS 2022）．また，住宅価格の高騰と厳しい住宅ローンの審査基準，さらには学費の高騰に伴う学資ローンの返済負担により，若年層の住宅取得は困難となり，持家における世代間格差が拡大している．

　コロナ禍からの回復とウクライナ・ショックに伴うインフレの高進により，2022年からFRBは利上げに転じ，住宅ローン金利も上昇傾向にある．それがアメリカの住宅市場と住宅の金融化，さらには住宅の格差構造にどのような影響をもたらすのか，今後の動向に注目したい．

参考文献

小倉将志郎（2016）『ファイナンシャリゼーション――金融化と金融機関行動』桜井書店．

トゥーズ，アダム（江口泰子，月沢李歌子訳）（2020）『暴落――金融危機は世界をどう変えたのか』みすず書房．

豊福裕二（2016）「金融危機後の住宅市場とアメリカ経済――住宅バブルは再燃するか」河音琢郎，藤木剛康編著『オバマ政権の経済政策――リベラリズムとアメリカ再生のゆくえ』ミネルヴァ書房．

――（2021）「国内経済情勢――アメリカ経済は復活したのか」河崎信樹，河音琢郎，藤木剛康編著『現代アメリカ政治経済入門』ミネルヴァ書房.

Aalbers, Manuel B. (2016) *The Financialization of Housing: A Political Economy Approach*, Routledge.

Abood, Maya (2018) *Wall Street Landlords Turn American Dream into a Nightmare*, ACCE Institute.

Greenspan, Alan, and James Kennedy (2007) "Sources and Uses of Equity Extracted from Homes," *FRB Finance and Economic Discussion Series*.

Inside Mortgage Finance (2022) *2022 Mortgage Market Statistical Annual*.

Joint Center for Housing Studies: JCHS (2022) *The State of the Nation's Housing 2022*.

National Association of Realtors: NAR (2022) *Housing Wealth Gains for the Rising Middle-Class Markets*.

第 7 章
商業銀行・銀行持株会社

磯谷 玲

はじめに

　金融はしばしば経済活動における「血液」や「血管」に例えられ，その重要な一翼を担うものである．本章の目的は，このような金融の重要な部分である商業銀行・銀行持株会社について，その制度上の特徴や構造変化，および直近の状況について検討することにある．

1．制度の特徴 [1]

歴史的経緯

　アメリカは，植民地経営から出発したこと，また建国に際し州の連合体から出発し今日においても二元国家（連邦国家）という形式をとっていること，さらに政府や規制に対する不信感や金融家への忌避感が強いこと，などの事情から分散的な銀行制度を志向してきた．人種問題の存在も金融へのアクセスにおける差別と対応という点からこのことと関係している．

　これらの事情は具体的には，二元銀行制度や単店主義（unit banking）という形で現れた．単店主義とは，支店設置を認めない，という考え方である．銀行設立も州法を根拠法とする場合（州法銀行）と連邦法を根拠法とする場合（国法銀行）があり，銀行は州を超えて支店を設置することはできず，銀行規制・監督も根拠法に応じて州と連邦によっておこなわれた．

1）アメリカの銀行制度について詳しくは，川口（2020），高木（2001），西川・松井（1989）を参照されたい．

　初発の段階では金融業の内部，あるいは金融業の規制は未分化であった．ある金融機関がどのような金融業務に従事できるか，あるいはしてはならないか，ということは今日ほど明確ではなかった．このことが問題視されたのが，1929年の株価大暴落とそれに続く大不況の時期である．1929年の株価大暴落は深刻な経済的打撃をもたらしたが，その原因に関する調査の中で，銀行が証券業を兼営していることが「利益相反」を生み，預金あるいは預金者を危機にさらした，とされた．

　この理解をもとにして1933年に「グラス＝スティーガル法（GSA）」が制定され，銀行業と証券業の兼営が禁止された．同法は預金者保護を目的として制定されたものであり，預金獲得のための預金金利の引き上げ競争が金融機関の経営を悪化させるという認識から，金利についても規制がおこなわれることとなった．連邦準備制度加盟銀行を対象に，要求払い預金の付利を禁止し，定期預金・貯蓄預金の金利の上限を定める権限をFRBに与え，FRBはレギュレーションQと呼ばれる規則に基づいて規制をおこなった．

　また，預金取り付けを直接的な原因とする銀行破綻を回避するために，連邦預金保険公社（FDIC）の設置を決定した．預金保険は「信用秩序の維持」という文脈で取り上げられることが多いが，そもそも保険という仕組みは個人あるいは個々の主体の資産を保全するためのもの（より一般的な表現を用いれば，個々の主体が直面する可能性のある偶発的な出来事に対応するためのもの）である．その意味でニューディール体制の確立や，その後の政策展開の中で，洪水保険や年金保険といった個人資産を保護・保全することを企図した制度が整備されていったことは注目に値する．社会の構成員の「結果の平等」ではなく，「機会の平等」を重視しているアメリカの特質を示すものである．

　上述のようにアメリカでは金融家の権力増大に対して強い忌避感があり，営業規制（単店主義や州を超えた支店設置制限）はその現れである．しかしこうした規制が存在したとしても，ある個人やある会社が複数の銀行を支配すれば，実質的には支店設置と同様の効果を生むことになる．その典型は銀行持株会社である．銀行持株会社は，銀行を所有あるいは支配する会社で，自らは銀行業務をおこなわず，経営管理をおこなうものである．また，系列会社を通じて多くの金融業務をおこなうことを可能にする．

　こうした態様に対する規制は，GSAで導入され，親会社（銀行）は系列持株

会社，銀行子会社は系列会社とされ，規制の対象となった．

1956年には「銀行持株会社法（BHCA）」が制定され，この規制はさらに強化された．連邦準備制度非加盟銀行も対象に含まれるようになり，また銀行持株会社とする基準は，GSAでは対象銀行の議決権つき株式の50％以上を保有している企業であったが，25％以上の保有へと引き下げられた．さらに当初は複数の銀行支配に関係すると見られる複数銀行持株会社のみが対象とされたが，1970年の改正で1行だけの場合も含まれるようになった．

銀行業以外に銀行が従事できる業務範囲についても「銀行業または銀行を経営ないし支配する事業へ密接に関連し，それゆえ正当に付随する業務」の範囲とすることが定められた（容認される銀行業務の具体的内容はレギュレーションYとして列挙される）．こうした規制の背後にあるのは，伝統的な「銀行業と商業の分離」という原則である．

銀行持株会社は，進出州の州銀行法が明文をもって認めている場合に限られるが，州境を越えて他州の州法銀行を買収する（1966年ダグラス修正条項）ことも可能である．

規制緩和・自由化への転換

第二次大戦を契機として確立したアメリカの経済覇権も戦争終結やその後の各国の復興・経済開発によって，その優位性は縮小していくことになる．

改革の必要性については，かなり早期から意識されていたが（たとえば1970年には「金融構造と規制」の問題を検討するために大統領特別委員会として通称「ハント委員会」が組織されている），立法に結実したのは1980年になってからのことであった．

上述のようにアメリカでは，①金利規制，②業務範囲の規制，③地理的展開に対する規制がおこなわれていた．以下ではこれらの各分野で転換点となった立法を軸に概観することにしたい．

最初に，金利に関する規制緩和について見ていきたい．金利自由化を進めた第一歩は，1980年の「預金金融機関規制緩和および通貨管理法（DIDMCA）」である．その主な内容は，有期および貯蓄預金に対する金利上限を10年以上の期間をかけて段階的に廃止することを決定したほか，商業銀行等に対し利子つき決済勘定と同等のものを提供する権限を認めること，規制当局は譲渡性定

期預金（CD）の最低額面を1万ドルから1000ドルに引き下げ，小額貯蓄者に対してさらなる公正性を提供すること，等を柱としている．

　通常DIDMCA成立の理由として，ディスインターメディエーションが指摘される．この場合のディスインターメディエーションとは，預金者が預金を銀行から引き上げ，資金を自由金利商品に移し替えることによって，銀行の仲介機能が抑制されることを指す．1960年代後半以降，インフレが高進し，金利は断続的に高騰したが，預金金利に対する上限規制が存在したため預金者はその利得を得ることができず，それを嫌気して，金利規制を受けない金融商品に向かったのである．また同時に，貯蓄性に決済性を加えた新しい金融商品の開発が進んだことも大きな影響を与えた．

　インフレ高進や金利の断続的な変動（高騰）が続く中で，CDの金利自由化等部分的な対応もとられてきたが，その対象は大口利用者に限られており，小口預金者に対して公正性を欠くものとなっていた．「選択の自由」や「機会の平等」が尊重される社会において，投資・貯蓄手段が人為的に制限されることの意味は大きく，法案成立に向けた重要な契機となったものと考えられる．なお，金利規制廃止は当初10年間以上との想定がされていたが，その後の立法によって実質的には約6年で撤廃された．

　次に，業務範囲の規制緩和について見ていきたい．

　1970年代以降の景気後退や，金融機関間での競争激化によって，銀行経営は不安定化し，新たな収益基盤を模索するようになった．同時に投融資等の失敗による経営問題も頻出し，全体として預貸業務で収益を上げることの限界が意識される状況であった．

　そうした中で，期待されたのが手数料収入や証券業務であった．商業銀行による証券業務参入にはGSAの改正を要したが，議会での合意形成は難航し，結局1999年の「グラム＝リーチ＝ブライリー法（GLBA）」まで立法措置はとられなかった．

　しかしこの間，FRBによる行政的対応で実質的な規制緩和が進行した．兼業禁止を定めた銀行法の条文（20条．現在ではこの規定はGLBAにより廃止）では，証券の引き受け等の一定の証券業務を「主としておこなう」会社との系列関係を禁止していた．FRBはこの「主として」という点に収益等に関する量的な基準を導入し，かつ国債などをリスクの低いものとして除外することで，

銀行の証券業務参入（正確にいえば銀行持株会社子会社による参入）を可能にした．こうした方法には，FRBの議長も務めたポール・ボルカーに代表される批判（立法措置による規制緩和が正当な方法）も存在した．GLBAによって銀行・証券・保険といった各業務の相互参入の道が開かれたのである．

　最後に，地理的展開に対する規制緩和について見ていきたい．

　州を基本単位とする考え方は，建国の経緯もあり根強いものがあるが，地理的・産業的な多様性を確保することは銀行経営の安定にとって重要な問題であり，グループ・バンキング（チェーン・バンキング）といわれた時代から一貫して意識されてきたことでもある．

　1980年代半ば以降，州が相互に認めあう形での進出形態が普及していたが，1994年に「リーグル・ニール州際および支店銀行業務効率化法（IBBEA）」が制定された．この法律により，「十分に資本が充実しかつ適切に経営されている」銀行持株会社は，州法の規定に関わらず任意の州の銀行を取得することが可能となった．預金量に関わる制限（全米預金量の10％以内，および州預金量の30％以内）や「地域再投資法（CRA）」に基づく事前検査などの要件はあるものの，銀行の全米展開の条件は整備されたといえよう．

危機への対応

　アメリカの銀行制度におけるもう一つの側面は，危機への対応である．規制緩和は新たな諸条件や収益基盤をつくりだすが，時として大きな混乱につながることがある．歴史的に見れば，1980年代の二度の金融危機や2008年のリーマン・ショックがそれに当たる．

　1980年代のS&Lの経営危機[2]は，インフレの高進と歴史的な高金利，各地域経済におけるバブルやその崩壊，制度変化や個々の金融機関における対応等種々の要因が関連して発生したものであった．また1985年から1992年にかけて，不動産市場不況，個別の経営上の問題，発展途上国向け融資の不良債権化などの要因から，銀行の破綻件数も拡大した．

　こうした事態に対応するため，1989年に「預金金融機関改革・救済および執行法（FIRREA）」，1991年に「連邦預金保険公社改革法（FDICIA）」が相次

2）S&L危機については，さしあたりWhite (1991)を参照されたい．

いで成立した．これらによって，早期発見と対応，資本力重視（従来は均一の
保険料だったが，資本充実度と経営状態によって差別的なものに変更された），破綻
金融機関救済の禁止（システミック・リスクの懸念がある場合を除く）などの方
向性が定められた．

　しかし2008年には再び金融危機が訪れる．これはサブプライムローンやそ
れを組み込んだ証券化商品の問題から発生し，全世界に拡大した．

　2010年に「ドッド＝フランク・ウォール街改革・消費者保護法（DFA）」が
成立した．同法は，金融危機の再発防止を目的とし，システミック・リスクの
把握と予防に重点が置かれている．また危機の元凶として銀行や金融機関の投
機的な活動に着目し，その抑制をめざし，ボルカー・ルールとして知られてい
る規定を制定した．同ルールは銀行（銀行事業体）に対し，自己勘定取引やヘッ
ジ・ファンド等への出資あるいはスポンサーとなることを禁止し，経営陣に
対し遵守を迫るものであった．

　1980年に始まる金融制度改革は，一面では銀行の収益機会の拡大・確保を
目的として，他面では「利殖」の公正性を担保することを目的としておこなわ
れた．前者についていえば，多くの経済主体にとって銀行が提供する決済サー
ビスや信用供与は，今のところ不可欠のものであるが，このシステムが私的資
本である民間銀行によって担われている以上，収益機会や制約問題を避けて通
ることはできない．また後者についていえば，「機会の平等」や「選択の自
由」を重視する社会において，それを制度が制約することは時として重要な問
題となりうる．アメリカ社会は格差を容認する傾向があるが，その前提は公正
性の確保であろう．

　もう一つの側面は，低成長への移行に伴う経済構造の変化とそれへの対応で
ある．低成長への移行と競争激化は，元利を保証する形での金融仲介に適した
領域を縮小させ，銀行，特に大規模行は伝統的な預貸業務以外の領域に収益機
会を求めるようになったが，そのことは経営の不安定性につながった．大規模
行の破綻は経済的・社会的影響が大きいことからしばしば救済措置がとられた．
いわゆる「大きすぎてつぶせない（Too Big To Fail）」問題であり，収益機会の
一環である投機的な行動とシステム安定のためのコストとの関係が問われるこ
ととなった．

２．銀行持株会社の構造とその変化

　以上の点をふまえて，直近の銀行および銀行持株会社の傾向について検討したい．

銀行数および銀行持株会社数

　商業銀行数は，1983年の1万4469行をピークとして減少を続け，2021年には4236行となっている（図7-1）．分散的な銀行制度を支えたものは，活発な新規参入（換言すれば活発な新陳代謝）であった．銀行数全体の減少と歩調を合わせる形で新規参入数は減少してきており，そしてまた，かなりの変動幅があるが，2008年まではこの傾向が維持されたといってよい．しかし近年では，新規参入が極端に減少し，2012年から2016年にかけては1件ないし0である．2013年には13件あったものの，他はいずれも一桁である．

　銀行持株会社は，商業銀行と同様に総数は減少している（図7-2）．2011年には4742社であったが，2015年には4266社となり，2021年には3523社となった[3]．

　ただし，10億ドル以上の資産を有する銀行持株会社と10億ドル未満のそれとでは傾向が異なる．10億ドル以上の資産を有する銀行持株会社は2011年から2021年までの11年間で491社から795社へと増加した．一方，10億ドル未満の資産を有する銀行持株会社は4251社から2762社へと減少している．

銀行持株会社の合併・買収の傾向

　このような構造変化を進めてきた直接的な要因の一つに，合併・買収（M&A）がある．

　アメリカでは，もともと厳しい州際規制がおこなわれていたが，州による自主的な対応という形では1980年代半ば以降，また連邦法によるものという形ではIBBEA以降，規制緩和・撤廃が進んでいた．

　銀行も利益追求を主要目的の一つとする株式会社であり，また多くの株式会社と同様に株価を強く意識した経営がおこなわれる．成長市場への進出や銀行

3）FRB (2021: 28)

図7-1　銀行数および新規免許数の推移

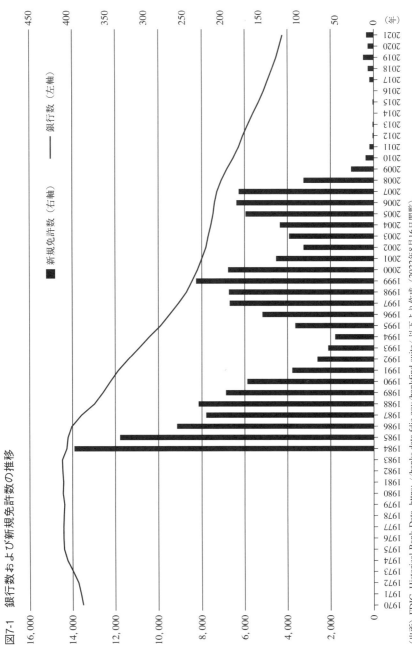

（出所）FDIC, Historical Bank Data, https://banks.data.fdic.gov/bankfind-suite/ 以下より作成（2022年8月16日閲覧）.

図7-2　銀行持株会社数（左軸）および資産額（右軸）の推移

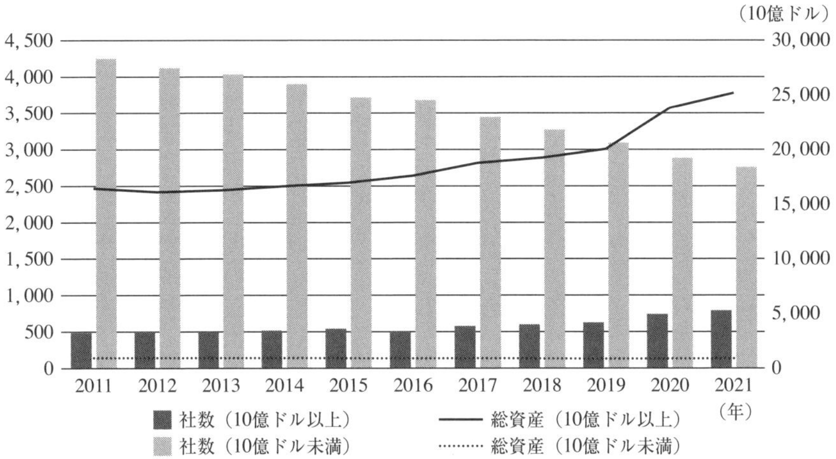

（出所）FRB, Annual Report, various issues.

　経営の効率化，経営危機，あるいは企業統治の確立・強化など多様な状況と戦略目標に応じて，その達成の手段として，M&Aが選択肢となる.

　1982年から2001年にかけて，毎年1300件以上の銀行・銀行持株会社の合併がおこなわれた（最低は1984年の1335件，最高は1988年の1905件）. 2002年以降，その水準は低下したものの，2018年までは1000件前後，平均1039件で推移してきた（図7-3）.

　1980年代後半から1990年代初頭にかけての時期と，2009年から2011年にかけての時期には破綻処理関係の合併が増加したが，基本的には民間企業による，通常のM&Aが大半を占めた.

　M&Aは規模に関わらず，大規模銀行持株会社でも，中小銀行でも活発におこなわれている.

　四大銀行持株会社の場合，1980年以降，2021年までの間に4社合計で79件の合併・買収がおこなわれた. 内訳は，JPモルガン・チェースが6件，シティグループが8件，バンク・オブ・アメリカが16件，ウェルズ・ファーゴ・アンド・カンパニー（以下，WF）が49件であり，WFが過半を占めている（図7-4）.

　WFは1929年にノースウェスト・バンコーポレーションとして設立され，1956年に銀行持株会社に組織形態を変更した後，1983年にはノーウェスト・

図7-3　M&Aの件数

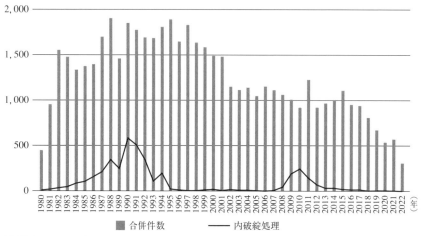

（出所）https://www.ffiec.gov/npw/FinancialReport/DataDownload/ 以下の"Transformations"より作成. 2022年6月17日閲覧.

コーポレーションへと名称を変更した. その後も1997年までに11行を合併して, 98年に名称をウェルズ・ファーゴ・アンド・カンパニーへと変更した. 98年当時の総資産は約2025億ドルであった. その後も活発な買収を展開し, 2021年までに38行を買収した. 現在のWFの総資産は約1兆9397億ドルである.

　四大銀行持株会社以外でもM&Aが活発におこなわれていることは, 上述の総件数の動向から明らかであるが, ここでは代表的な事例としてトゥルイスト・ファイナンシャル・コーポレーション（旧BB&T）を取り上げておきたい.

　トゥルイスト・ファイナンシャル・コーポレーションの前身であるBB&Tは1969年にサザン・ナショナル・コーポレーションとして設立され, 1970年に銀行持株会社に組織形態を変更した. その後いくつか合併をくり返した後, 1995年に同社はBB&T コーポレーションに社名を変更した. 2000年の同社の総資産額は約666億ドルだったが, 2018年末には全米で16位, 資産額は約2256億ドルにまで成長した. そして2019年12月7日にサントラスト（2018年末での同社は全米17位, 資産額は2157億4175万7000ドル）との合併が成立し, また同日, 現在の社名であるトゥルイスト・ファイナンシャル・コーポレーションへと社名変更した（図7-5）.

　こうした合併の背景の一つに, 経済成長地域の変動がある. かつては不況の

図7-4　M&A件数の推移（四大銀行持株会社）

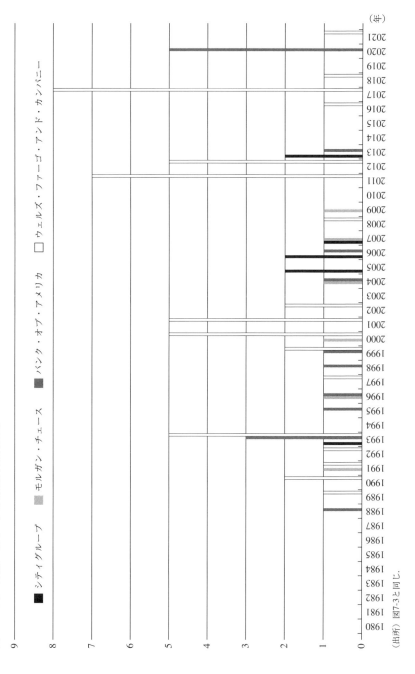

凡例：
■ シティグループ　■ モルガン・チェース　■ バンク・オブ・アメリカ　□ ウェルズ・ファーゴ・アンド・カンパニー

（出所）図7-3と同じ．

図7-5　M&Aの推移（トゥルイスト・バンク）

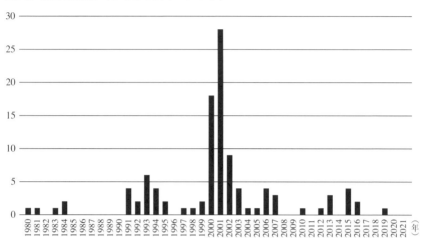

（出所）図表7-3と同じ.

　震源地のようにいわれていたアトランタ近郊やノースカロライナ州からフロリ
ダ州にかけての地域は，現在では大企業が進出する地域へと変貌し，また預金
量も2010年の約1兆2159億ドルから，2021年には2兆6619億ドルへと増大して
いる[5].
　こうしたM&Aは，競争力の強化や金融の安定化という面では評価されるか
もしれない.しかし，これまでの分散的な銀行システムは，銀行経営という面
では非効率的でも，人種上のマイノリティなど社会の様々な集団の金融ニーズ
に応えるという側面があった.これらの中小銀行が合併によって大手銀行に経
営統合されてしまうと，こうしたニーズに応えることができなくなるのではな
いか，という懸念も指摘されている[6].

銀行持株会社の資産状況

　銀行持株会社全体での資産総額は26兆850億ドル（2021年12月末現在）であ
る.10億ドル以上の資産を有する銀行持株会社が795社，総資産額が25兆1850

4）Gara (2019).
5）FDICのhistorical dataより.
6）Kelloway (2019).

億ドル，10億ドル以下の銀行持株会社は2762社，総資産額は9000億ドルという状況で，10億ドル以上の資産を有する銀行持株会社が大きな部分を占めているが，10億ドル以上の資産を有する銀行持株会社でもその規模は均等ではない．上位10社の資産合計額は16兆1437億ドル（資産全体の約61.9％），上位4社の資産合計額は11兆1525億ドル（約42.8％）と著しく上位に偏重した構造となっている[7]．

　資産総額だけではなく，個々の資産種類や契約においても一様ではない．以下では2017年から2021年までの期間を対象として，資産総額100億ドル以上の銀行持株会社群（2021年末で130社．以下，第1グループ）と，30億ドル以上100億ドル未満の銀行持株会社群（2021年末で152社．以下，第2グループ）との比較を通じて検討したい．また，先に述べたように第1グループの中でも差が大きいことから，四大銀行持株会社（JPモルガン・チェース，バンク・オブ・アメリカ，シティグループ，ウェルズ・ファーゴ・アンド・カンパニーの平均値を利用する）についてもこれに加えて検討することとしたい[8]（表7-1）．

　まず資産構成について見ていきたい．

　銀行持株会社の資産構成では，不動産融資（商業用不動産や住宅向け等全ての不動産関連融資が含まれる）は第1グループでも第2グループでも，銀行持株会社の資産の中で最も大きい部分を占めている．次いで大きいのが商工業向け融資である．

　第1グループと第2グループでは，商工業向け融資と個人向け融資では規模によって大きな差はないが，不動産融資ではかなりの差があることがわかる．4社平均では，商工業向け融資と不動産融資の比重が第1グループと比しても低下し，代わって個人向け融資の比重が上昇している．

7）FRB (2021: 33)，および*BHCPR*（*BHCPR*については以下の註8を参照されたい）．

8）FRBは，Bank Holding Company Performance Report（*BHCPR*）として個別の銀行持株会社に関する種々の情報を集約・公表している．また銀行持株会社全体を2つの階層（tier）に分け，さらに第1階層を資産規模別に7つのグループ（peer group）に分けて，各グループごとに同様の項目に関する平均的な数値を公表している．本稿では規模の大きなほうから，100億ドル以上，30億ドル以上100億ドル未満の2つのグループ（peer group）を対象とし，peer group1を第1グループ，同2を第2グループとした．

表7-1　銀行持株会社の資産構成並びに収益状況（2017〜21年）

（単位：%）

資産構成※1		2017	2018	2019	2020	2021
不動産融資	4社平均	16.26	15.87	15.59	13.58	12.48
	第1グループ	35.54	37.19	37.78	36.21	36.25
	第2グループ	53.41	53.63	52.67	48.33	47.29
商工業融資	4社平均	9.36	9.64	9.40	7.95	7.48
	第1グループ	12.62	12.85	12.02	13.52	10.78
	第2グループ	10.82	11.42	11.45	13.47	10.08
個人向け融資	4社平均	8.03	7.75	7.80	6.15	6.10
	第1グループ	4.47	4.31	4.20	3.40	3.36
	第2グループ	2.58	2.65	2.71	2.29	2.29
派生商品・オフバランスシート取引※1						
ローン・コミットメント	4社平均	39.92	40.59	42.76	38.20	38.93
	第1グループ	24.03	24.05	23.52	22.01	22.80
	第2グループ	17.28	17.31	16.97	16.09	16.95
派生商品契約	4社平均	1502.48	1492.43	1390.66	1133.40	1150.03
	第1グループ	75.35	65.81	68.47	48.61	46.30
	第2グループ	6.82	6.51	2.95	3.72	3.32
金利商品契約	4社平均	1115.54	1063.14	999.33	787.32	810.39
	第1グループ	53.66	43.84	47.31	34.36	32.46
	第2グループ	6.72	6.40	2.87	3.62	3.26
金利スワップ（金利契約の内数）	4社平均	680.19	683.35	645.33	523.16	617.82
	第1グループ	25.60	26.74	28.86	20.83	20.49
	第2グループ	5.41	5.18	2.19	2.58	2.61
収益状況		2017	2018	2019	2020	2021
《金利収入（ネット）》	4社平均	2.29	2.35	2.28	1.86	1.63
	第1グループ	2.92	3.08	3.01	2.77	2.6
	第2グループ	3.29	3.33	3.21	2.96	2.85
《非金利収入》※2						
非金利収入合計	4社平均	43.90	43.30	43.30	46.78	50.53
	第1グループ	31.08	28.50	29.23	28.83	27.66
	第2グループ	21.24	20.30	19.83	23.45	25.08
信託活動収入	4社平均	3.85	3.83	3.63	4.62	5.36
	第1グループ	2.38	2.14	1.97	2.09	2.20
	第2グループ	1.95	1.95	1.61	1.45	2.36
国内預金口座手数料	4社平均	4.66	4.40	4.48	4.41	4.48
	第1グループ	4.28	4.15	3.88	3.27	3.27
	第2グループ	3.83	3.58	3.21	2.67	3.14
トレーディング収入	4社平均	9.45	7.14	12.05	10.84	10.22
	第1グループ	0.90	0.85	1.18	1.24	0.62
	第2グループ	0.07	0.03	0.07	0.10	0.05
投資銀行業務手数料およびコミッション	4社平均	14.02	13.52	13.67	15.13	17.36
	第1グループ	3.62	3.42	3.54	2.46	2.58
	第2グループ	0.92	0.85	0.91	1.03	0.93

※1：総資産に対する比率
※2：調整後収益に対する非金利収入の比率
（出所）FRB, *Bank Holding Company Performance Report*, various issues. 註8も参照されたい.

　さらに大きな差があるのが，派生商品やオフバランスシート取引の分野である（表中，資産構成の中のローン・コミットメント，派生商品契約，金利商品契約，金利スワップの項を参照）．派生商品・オフバランスシート関係においては，大手（4社）における比重が群を抜いて高い．また第1グループではそれぞれ相対的には大きな比率を占めているのに対し，第2グループではローン・コミットメントを除けば，いずれもわずかしかないといってよい水準である[9]．

銀行持株会社の収益状況

　資産額に対する収益率（net income: percent of average assets）という点では，資産規模による大きな相違はなく，2021年においては，第1グループでは1.26％，第2グループでは1.25％という水準である[10]．

　4社平均でも大きな違いはなく，むしろグループ平均よりも低い水準といってもよい．最高で1.11％（2019年），最低で0.6％（2020年）であった．個別の銀行持株会社ごとに見れば，JPモルガン・チェースが1.15％，ウェルズ・ファーゴが0.92％，バンク・オブ・アメリカが0.97％であるのに対し，シティグループは0.6％とやや低い水準となっている（いずれも5年間の平均）．

　金利収入（net interest income）は資産との対比においては，資産規模が小さいほうが金利収入の比重が大きくなっている．

　また資産状況と同様，非金利収入やオフバランスシートに関わる収益には，規模によって大きな違いがある（表中，非金利収入の項を参照）．

　全体的に，銀行持株会社の規模が大きくなるほど非金利収入の割合が高いが，特に大きな差があるのはトレーディング収入と投資銀行業務関連の2つである．4社平均はこの2つの項目でいずれも高い水準であるが，第1グループは期間平均で投資銀行業務関連では3％強あるものの，トレーディング収入は1％以下，第2グループは両区分でともに1％以下という状況である．

　また表中では示していないが，4社では保険活動関連（最高で0.67％）やベンチャー・キャピタルに関連した収益（最高で1.67％）も存在する．

9）*BHCPR*, p. 7（各グループ），p. 9（四大銀行持株会社）．

10）いずれも各年におけるグループの値（平均値）．ただし，資産額に対する比率であるため，実収益額という意味では異なる．

おわりに

　資産規模の小さな銀行ほど不動産に依存し，大きな銀行ほど規制緩和によって開かれた途に，あるいはその方向に対して収益基盤を拡大している．この傾向は，不動産市場やその他の資産市場における価格上昇や市場拡大と深く結びついているし，アメリカ経済全体の中でこれらの領域が大きな役割を果たしてきたことの反映でもある．

　また，既述のように「機会の平等」や「公正の実現」を一つの契機として金融制度における規制緩和が始まった．この方向性は古くは「独立自営農民」の国をめざしたアメリカの伝統に沿っているように見えるが[11]，グローバル化の進展，低成長やその下での新規事業への圧力や期待といった構造の中で，その帰結は格差の拡大やサブプライム問題に端を発した経済危機など，当初の企図とは乖離しているように見える．しばしばいわれるように「地獄への道は善意で敷き詰められている」のである[12]．

参考文献

川口恭弘（2020）『アメリカ銀行法』弘文堂.

高木仁（2001）『アメリカ金融制度改革の長期的展望』原書房.

西川純子，松井和夫（1989）『アメリカ金融史——建国から1980年代まで』有斐閣.

ホーフスタッター，R.（清水知久，齋藤眞，泉昌一，阿部斉，有賀弘，宮島直機訳）（1967）『改革の時代——農民神話からニューディールへ』みすず書房.

松尾直彦（2010）『Q&A　アメリカ金融改革法——ドッド＝フランク法のすべて』金融財政事情研究会.

FDIC (historical bank data) https://banks.data.fdic.gov/bankfind-suite/（2022年8月16日閲覧）

FRB (2021) *108th Annual Report of the Board of Governors of the Federal Reserve System*.

——— (various issues) *Bank Holding Company Performance Report*.

Gara, Antoine (2019) "BB&T and SunTrust's $66B Merger Underscores a Postcrisis

---

11）この点についてはさしあたり，ホーフスタッター（1967：20）を参照されたい.

12）この点についてはさしあたり，Mansfield (2000)を参照されたい.

Boom in Florida, Georgia and the Carolinas." https://www.forbes.com/sites/antoinegara/2019/02/07/bbt-and-suntrusts-66b-merger-underscores-a-post-crisis-boom-in-florida-georgia-and-the-carolinas/?sh=4a7413361c3f.（2022年8月16日閲覧）

Kelloway, Claire (2019) "Black Farmers Association Opposes BB&T and SunTrust Bank Merger." https://www.openmarketsinstitute.org/publications/black-farmers-association-opposes-bbt-suntrust-bank-merger.（2022年8月16日閲覧）

Mansfield, Cathy L. (2000) "The Road to Subprime "HEL" was Paved with Good Congressional Intentions: Usury Deregulation and the Subprime Home Equity Market," *South Carolina Law Review*, 51(3).

White, Lawrence (1991) *S&L Debacle*, Oxford University Press.

第 8 章
経済の金融化とアメリカ大企業の財務戦略

新祖隆志郎

はじめに

「経済の金融化」と呼ばれる現代資本主義の構造変化の中で，アメリカ大企業における財務戦略の焦点は，設備投資や雇用増加といった価値生産的な領域から，投機的なM&Aや配当・自社株買いなどの株主還元といった非生産的，金融的な領域に移っているといわれている．本章では，このようなアメリカ大企業の財務動向に焦点を当て，経済の金融化の下で生じているとされる現実資本の蓄積の停滞や自己金融力の強化の実態，さらに豊富な内部資金が投機的なM&Aや株主に傾斜した成果配分をいかに支えているかを明らかにする．そして最後に，それらの帰結としてアメリカ大企業がコロナ禍以前に抱えていた財務上の問題点を指摘する．

なお本章では以上の考察にあたり，2019年のフォーチュンUS 500に該当する企業のうち金融関連業を除く企業の中から，上位100社の全部と，残りの下位101位から500位のうちフォーチュン500の業種分類で各上位3位に含まれる企業の計170社を対象としている[1]．また本章では，新型コロナウイルス感染拡大による景気後退の影響を極力取り除くため，考察対象期間を1990年度末から2019年度末までとしている．ただし，各年12月末日を期間区分の基準日とし，その前後6カ月以内の決算日も同一年度に含めたため，2019年度のデータには2020年6月末日までの決算情報も含まれている．財務情報はマージェン

1）ただし2019年時点のフォーチュン500企業を基準としたため，1990年度以降に設立あるいは上場した企業については，当該設立または上場年度以降しか考察対象に含めていない．ちなみに1990年度末から継続してサンプリングしている企業数は113社である．

ト・オンラインより入手したが，必要に応じて各社の年次報告書も用いている．

1. アメリカ大企業における現実資本の蓄積と自己金融の動向

現実資本の蓄積の鈍化と自己金融力の向上

　経済の金融化論において現実資本の蓄積が語られる時，そこでは主に現実資本の蓄積の停滞とその下での自己金融の進展という2つの側面が強調される（ラパヴィツァス 2018：257-58, 320；高田 2015：51；本田 2016：51-58）．両方とも銀行や資本市場に対する資金需要を低下させ，現実資本の蓄積に投下されない過剰な貨幣資本を生み出すという点で，経済の金融化を促進させる要因とされている．

　ただし現実資本の蓄積の停滞といっても，単純再生産の枠を超えない絶対的な停滞の場合——すなわち新規設備投資が除売却された旧資産の更新の域を出ない場合や，あるいは旧設備を温存しつつ新規設備投資を実施しているがその投資額が減価償却費など価値回収的費用で構成される資金留保の範囲内に収まる「蓄積なき生産の拡張」と呼ばれる状態（マルクス＝エンゲルス効果，あるいはローマン＝ルフチ効果）——と，利潤の再投資による拡大再生産は生じているがそのペースが低下している場合とでは，成長の有無という点で決定的に異なる．

　前者の典型例が日本であり，たとえば日経平均株価の構成銘柄企業について見ると，2000年代以降，取得原価も帳簿価額も長期的には微増にとどまり，またデータが入手できた2008年3月期から有形固定資産への支出と減価償却費を比べると，後者が前者を上回っている（図8-1）．

　これに対して今回のサンプル企業170社をもとにしたアメリカ企業の場合（図8-2），有形固定資産の取得原価と帳簿価額は，景気変動に応じた増減が見られるが，長期的には増加傾向である[2]．しかしこうした推移を，同じく図8-2に示している事業投資をめぐる資金フローの側面から見てみると，次のことがわかる．

2）ただし今回のサンプルは上述したように経年で企業数が増加しているため，残高の比較に基づく傾向の評価は過大評価気味になることに注意されたい．

図8-1　日経平均株価銘柄企業（3月末決算企業のみ）の有形固定資産の推移

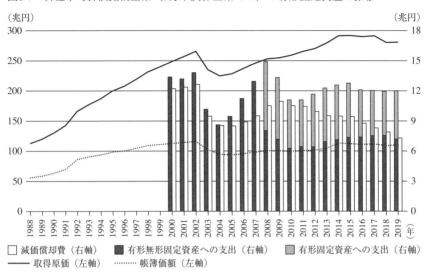

□ 減価償却費（右軸）　■ 有形無形固定資産への支出（右軸）　▨ 有形固定資産への支出（右軸）
── 取得原価（左軸）　……… 帳簿価額（左軸）

　図8-2では，事業投資支出として各年度の設備投資額およびM&A支出と，その自己資金源泉として一つは資金留保に当たる各年度の減価償却費と事業売却収入を，もう一つは利益留保の主要素である当期純利益をそれぞれ対比させている[3]．これらの推移を見ると，まず設備投資額は減価償却費を上回っているものの，差額が徐々に縮小し，2010年代後半には均等するようになっている[4]．このように現実資本の蓄積ペースが低下し，近年は停滞気味になっている．さらに減価償却費に事業売却収入を加えると，2000年代から設備投資額とほぼ同額になり，2010年代後半には資金留保が上回っている．ただし設備投資額にM&A支出を加えると，再び支出のほうが超過する．特に2010年代後半には設備投資を上回る資金留保の余剰分が，M&A支出に充当されるようになっている．このように現実資本の蓄積鈍化とともに，資産形成の主要因が資本集中

───────────────

3）内部留保概念における資金留保と利益留保の違いについては，小栗（2015）を参照されたい．

4）アメリカ企業では近年においても，財務会計上の減価償却費は定額法を用いるのが一般的であり，定率法などの加速償却法は税務会計においてのみ採用されている（Deo 2021: 15-16）．そのため財務会計上の減価償却費は比較的，価値回収費用に近い．

図8-2　サンプル企業の有形固定資産の推移

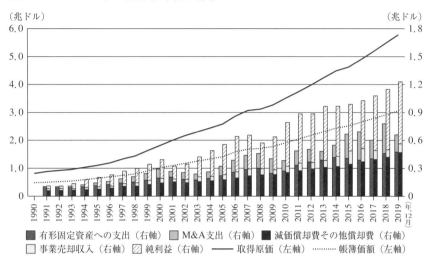

に移っている．しかしこうしたM＆A支出も，資金留保に利益留保である当期純利益を加えると，それで完全に補塡されていることがわかる．

　以上の関係は計算上にすぎないわけではない．確かに，後述するように，実際に2000年代以降サンプル企業170社の当期純利益のほぼ全額が株主還元に回されている．しかし，利益留保は当期純利益だけで構成されているのではない．会計上の利益としては現れない隠された利益留保要素が，当期純利益に代わり自己金融において重要な役割を担っているからであるが，この点については次節で述べることとし，ここではアメリカ大企業の事業投資における蓄積の鈍化，停滞傾向と自己資金の十分性という点だけを確認しておく．

現実資本の蓄積における伝統的製造業の後退と流通業・IT企業の台頭

　これまで見たように，全体的にはアメリカの大企業には現実資本の蓄積の鈍化が生じているといえるが，それは各企業に均質に見られる傾向ではない．先ほどと同じ考察を今度は個々の企業レベルでおこなってみる．ただしここでは紙幅の都合もあるため，特徴的な企業だけを取り上げ，その特徴を概括するにとどめる．[5]

　表8-1は，サンプル企業の有形固定資産の取得原価と帳簿価額の総額に対し

表8-1　サンプル企業のうち有形固定資産額が全体の1%以上を占める企業の一覧

1990年

企業名	取得原価（千ドル）		帳簿価額（千ドル）	
Exxon Mobil（当時Exxon）	107,599,000	13.22%	62,688,000	13.03%
General Motors：GM	74,425,000	9.15%	36,145,000	7.51%
International Business Machines：IBM	53,659,000	6.59%	27,241,000	5.66%
Chevron	44,308,000	5.44%	22,726,000	4.72%
Ford Motor	34,825,000	4.28%	22,208,000	4.62%
Verizon Communications（当時Bell Atlantic）	30,783,500	3.78%	19,447,100	4.04%
General Electric：GE	30,572,000	3.76%	16,631,000	3.46%
Southern	25,363,000	3.12%	16,811,000	3.49%
AT&T（当時Southwestern Bell）	24,670,300	3.03%	16,322,300	3.39%
Occidental Petroleum	21,203,000	2.61%	13,887,000	2.89%
Dow Chemical	19,149,000	2.35%	8,249,000	1.71%
ConocoPhillips（当時Phillips）	17,573,000	2.16%	8,301,000	1.73%
CSX	14,927,000	1.83%	9,991,000	2.08%
Union Pacific	14,356,000	1.76%	9,751,000	2.03%
Altria（当時Philip Morris）	14,281,000	1.75%	9,604,000	2.00%
Exelon（当時PECO Energy）	13,784,066	1.69%	10,832,646	2.25%
Duke Energy（当時Duke Power）	13,617,287	1.67%	8,450,188	1.76%
Procter & Gamble：P&G	13,034,000	1.60%	8,273,000	1.72%
International Paper	12,407,000	1.52%	8,038,000	1.67%
Norfolk Southern	12,001,100	1.47%	8,128,000	1.69%
American Airlines	11,733,000	1.44%	9,147,600	1.90%
McDonald's	11,535,500	1.42%	9,047,100	1.88%
Delta Air Lines	9,459,807	1.16%	5,640,667	1.17%
3M	9,383,000	1.15%	4,389,000	0.91%
Boeing	8,991,000	1.10%	4,448,000	0.92%
PepsiCo	8,977,700	1.10%	5,710,900	1.19%
Weyerhaeuser	8,810,451	1.08%	4,746,667	0.99%
Raytheon Technologies（当時United Technologies）	8,589,000	1.06%	4,396,000	0.91%
United Airlines	8,586,913	1.06%	4,748,929	0.99%
113社合計	813,746,724	100%	481,179,817	100%

2000年

企業名	取得原価（千ドル）		帳簿価額（千ドル）	
Exxon Mobil	187,746,000	10.35%	89,829,000	8.82%
Verizon Communications	158,957,000	8.76%	69,504,000	6.83%
AT&T（当時SBC Communications）	119,753,000	6.60%	47,195,000	4.64%
GE	67,990,000	3.75%	40,015,000	3.93%
GM	66,852,000	3.69%	33,977,000	3.34%
Chevron	51,908,000	2.86%	22,894,000	2.25%
Ford Motor	51,302,000	2.83%	37,508,000	3.68%
Walmart	47,813,000	2.64%	40,934,000	4.02%
IBM	38,455,000	2.12%	16,714,000	1.64%
International Paper	36,020,000	1.99%	21,977,000	2.16%
Union Pacific	35,458,000	1.96%	28,196,000	2.77%
Duke Energy	34,615,000	1.91%	24,469,000	2.40%
Southern	34,188,000	1.89%	21,622,000	2.12%
Exelon	30,130,000	1.66%	23,180,000	2.28%
Intel	28,253,000	1.56%	15,013,000	1.47%
American Airlines	26,457,000	1.46%	18,636,000	1.83%

Dow Chemical	25,491,000	1.41%	9,190,000	0.90%
Motorola Solutions（当時Motorola）	25,014,000	1.38%	11,157,000	1.10%
Altria（当時Philip Morris）	24,906,000	1.37%	15,303,000	1.50%
ConocoPhillips（当時Phillips）	24,383,000	1.34%	14,784,000	1.45%
McDonald's	23,569,000	1.30%	17,047,600	1.67%
P&G	22,821,000	1.26%	13,095,000	1.29%
United Airlines	22,566,000	1.24%	16,343,000	1.61%
Delta Air Lines	22,326,000	1.23%	14,840,000	1.46%
United Parcel Service	21,994,000	1.21%	12,329,000	1.21%
Boeing	20,970,000	1.16%	8,814,000	0.87%
Occidental Petroleum	19,512,000	1.08%	13,471,000	1.32%
Walt Disney	19,202,000	1.06%	12,310,000	1.21%
CSX	17,839,000	0.98%	12,642,000	1.24%
Merck & Co	16,707,200	0.92%	11,482,100	1.13%
Norfolk Southern	16,319,000	0.90%	11,105,000	1.09%
Target	15,759,000	0.87%	11,418,000	1.12%
Home Depot	15,232,000	0.84%	13,068,000	1.28%
139社合計	1,813,676,451	100%	1,018,194,925	100%

2010年

企業名	取得原価（千ドル）		帳簿価額（千ドル）	
Exxon Mobil	373,938,000	10.66%	199,548,000	10.48%
AT&T	243,833,000	6.95%	103,196,000	5.42%
Verizon Communications	211,655,000	6.03%	87,711,000	4.60%
Chevron	207,367,000	5.91%	104,504,000	5.49%
Walmart	148,584,000	4.23%	107,878,000	5.66%
ConocoPhillips	143,225,000	4.08%	82,554,000	4.33%
GE	110,045,000	3.14%	66,214,000	3.48%
Duke Energy	57,597,000	1.64%	40,344,000	2.12%
Occidental Petroleum	57,166,000	1.63%	36,536,000	1.92%
Southern	56,731,000	1.62%	42,002,000	2.20%
Comcast	56,020,000	1.60%	23,515,000	1.23%
Union Pacific	51,908,000	1.48%	38,253,000	2.01%
Dow Chemical	51,648,000	1.47%	17,668,000	0.93%
Exelon	50,553,000	1.44%	40,489,000	2.13%
Intel	50,481,000	1.44%	17,899,000	0.94%
Ford Motor	49,454,000	1.41%	23,179,000	1.22%
P&G	41,507,000	1.18%	21,293,000	1.12%
IBM	40,289,000	1.15%	14,096,000	0.74%
Home Depot	38,385,000	1.09%	25,060,000	1.32%
Target	37,048,000	1.06%	25,493,000	1.34%
Walt Disney	36,179,000	1.03%	17,806,000	0.93%
United Parcel Service	35,220,000	1.00%	17,387,000	0.91%
McDonald's	34,482,400	0.98%	22,060,600	1.16%
FedEx	33,686,000	0.96%	15,543,000	0.82%
Lowe's Companies	33,345,000	0.95%	22,089,000	1.16%
PepsiCo	33,041,000	0.94%	19,058,000	1.00%
Norfolk Southern	32,493,000	0.93%	23,231,000	1.22%
Pfizer	32,298,000	0.92%	19,123,000	1.00%
CSX	32,065,000	0.91%	23,799,000	1.25%
Valero Energy	28,921,000	0.82%	22,669,000	1.19%
Delta Air Lines	24,471,000	0.70%	20,307,000	1.07%

Enterprise Products Partners	23,913,400	0.68%	19,332,900	1.01%
GM	22,512,000	0.64%	19,235,000	1.01%
160社合計	3,508,944,638	100%	1,904,905,692	100%

2019年

企業名	取得原価（千ドル）		帳簿価額（千ドル）	
Exxon Mobil	486,702,000	8.42%	253,018,000	8.27%
AT&T	333,538,000	5.77%	130,128,000	4.25%
Chevron	326,722,000	5.65%	150,494,000	4.92%
Verizon Communications	265,734,000	4.60%	91,915,000	3.00%
Walmart	195,028,000	3.37%	109,625,000	3.58%
Duke Energy	147,654,000	2.55%	102,127,000	3.34%
Intel	128,707,000	2.23%	55,386,000	1.81%
Exelon	125,737,000	2.17%	101,758,000	3.33%
Occidental Petroleum	122,347,000	2.12%	80,469,000	2.63%
Amazon	119,680,000	2.07%	72,705,000	2.38%
Southern	105,114,000	1.82%	83,080,000	2.71%
Alphabet	104,207,000	1.80%	73,646,000	2.41%
Comcast	101,561,000	1.76%	48,322,000	1.58%
ConocoPhillips	97,746,000	1.69%	42,269,000	1.38%
Apple	95,957,000	1.66%	37,378,000	1.22%
Energy Transfer	89,790,000	1.55%	74,193,000	2.42%
Microsoft	87,348,000	1.51%	44,151,000	1.44%
GE	75,187,000	1.30%	43,290,000	1.41%
Union Pacific	74,246,000	1.28%	53,916,000	1.76%
Freeport-McMoRan	73,357,000	1.27%	29,584,000	0.97%
GM	67,449,000	1.17%	38,750,000	1.27%
FedEx	65,024,000	1.12%	33,608,000	1.10%
Marathon Petroleum	64,623,000	1.12%	45,615,000	1.49%
Walt Disney	64,018,000	1.11%	31,603,000	1.03%
Charter Communications	62,247,000	1.08%	34,591,000	1.13%
United Parcel Service	59,727,000	1.03%	30,482,000	1.00%
Micron Technology	57,824,000	1.00%	28,240,000	0.92%
Ford Motor	56,661,000	0.98%	36,469,000	1.19%
Enterprise Products Partners	55,285,000	0.96%	41,603,400	1.36%
American Airlines	53,654,000	0.93%	34,995,000	1.14%
Delta Air Lines	48,337,000	0.84%	31,310,000	1.02%
Facebook	45,986,000	0.80%	35,323,000	1.15%
CSX	45,100,000	0.78%	32,168,000	1.05%
Norfolk Southern	43,596,000	0.75%	31,614,000	1.03%
170社合計	5,781,703,550	100%	3,060,046,797	100%

（註）社名は2019年度末時点のものである.
（出所）図8-2と同じ.

て，それぞれ1％以上の金額を占めていた各企業の当該比率，取得原価そして帳簿価額の一覧である．1990年度から10年ごとに各年度末の残高を基準に算定している．同表に継続的に登場している企業数は取得原価で11社，帳簿価額で16社である．この11社ないし16社には石油メジャー，鉄道会社，電力会社，ITインフラ企業といったいずれも大規模設備を必要とする巨大装置企業が多く，結果は当然ともいえるが，しかしその一方で1990年代にはこれらに匹敵する資産規模を有していたIBM，ダウ・ケミカル，P&G，ボーイング，ペプシコなどアメリカを代表する巨大製造企業が，2000年代以降相次いで圏外に後退している．

　こうした企業の中にはペプシコやマクドナルドのように，現実資本の蓄積が比較的堅調に進んでいても相対的な比率が低下して圏外となっている場合もあるが，ボーイングやダウ・ケミカル，P&Gなど，個体差はあるものの1990年代の積極的な蓄積から一転して，2000年代以降は設備投資の蓄積率が低下しM&A中心の資産形成に移りながら同時に事業売却も進めた結果，資産規模，特に帳簿価額の伸びが衰えている場合もある．

　さらに表8-1中にある伝統的企業の中には，こうした相対的な低下だけでなく，有形固定資産が絶対的に減少している企業も存在する．IBMやGEがその代表例である．IBMは1990年代初頭に巨額の赤字を計上して以降，製造業からITサービス企業への転身を成し遂げており（森原 2017），またGEも2015年から2016年にかけて，中核事業の家電部門と金融危機で揺らいだGEキャピタルの売却を機に，ソフトウェアサービス業への転換を表明しており（グリタ＆マン 2022：299），両者ともに有形固定資産の削減をおこなっている．

　また自動車のGM，フォードや，デルタ，アメリカン，ユナイテッドの航空3社は，周知のように2000年代の相次ぐ経営破綻でそれまでの高蓄積がリセットされ，資産規模の縮小を余儀なくされた．その後2010年代には積極投資を再開させ，2019年度時点では自動車2社の有形固定資産額は最盛期の2000年代初頭の水準まで回復し，さらに航空3社に至っては破綻前を大きく超える規模に達している．ただしこの間，雇用者数は航空3社が平均1.3倍，フォード1.2倍と微増にとどまり，GMに至っては0.8倍と破綻直後よりも従業員数が減少

5）本章第1節に関する詳細な分析については，新祖（2023）を参照されたい．

しており，雇用だけ置き去りにされた復活劇となっている点は要注意である[6].

　こうした伝統的企業とは対照的に，2000年代以降ウォルマートやターゲット，ホームデポといった流通企業や，さらにこれまで巨大な固定資本を持たないことが競争力の基盤と見られてきたアルファベット，アップル，フェイスブック（現メタ・プラットフォームズ），アマゾン，マイクロソフトのGAFAMを筆頭とするIT企業が，有形固定資産の保有額上位に登場するようになっている.

　ウォルマートの場合，1990年代からの店舗数の急増に照応して，表8-1にあるように有形固定資産額も大きく増加している[7].　また事業投資のフローを見ても，1991年度から2000年度までの累計での事業投資の支出総額は550億ドル（うち設備投資397億ドル）に達し，これは同期間の減価償却費と事業売却収入の合計を384億ドルも超え，またこの差額は同期間の当期純利益の累計340億ドルをも上回っていた．この同じ期間に長期債務が134億ドルも増加していたように，ウォルマートは1990年代には外部資金に大きく依存した性急な投資拡大をおこなっていた．その後2000年代になると，事業投資は増えつづけているものの純利益が2001年度から2010年度までの累計で1143億ドルと大幅に増加したことで，資金源が外部資金から内部の自己資金に移っている.

　しかし2010年代になると，ウォルマートの有形固定資産の増加ペースは落ちており，さらに2010年代後半には事業売却とM&Aを相互に駆使して海外事業を組み換えながら店舗を削減した結果，表8-1にあるように2010年度と2019年度の帳簿価額はあまり変わらない．同じ傾向は同業のホームデポ，ターゲット，ロウズにも見られ，近年は流通業における資産形成に落ち着きが見られる.

　このような流通小売業と入れ替わるように2010年代に有形固定資産を急増させているのが，GAFAMを中心としたIT企業群である．表8-1によると，

---

6) 航空3社や自動車2社だけでなく，これまで10万人単位の雇用を抱えてきた製造業各社でも，連結従業員数（非正規従業員含む）は2010年度末から2019年度末にかけて，ボーイングで160万5000人から16万1100人へ，Ｐ＆Ｇで12万9000人から9万9000人へ，ペプシコで29万4000人から26万7000人へといったように，資産規模は拡大しながら雇用減が相次いでいる.

7) ウォルマートの店舗数（国内外合計）は1990年度末の1525店から2000年度末に3757店，さらに2013年度末には1万153店へと増えている（Walmart Inc, Annual Report, various issues）.

2019年度時点ではアルファベット，アップル，アマゾン，マイクロソフトにおける有形固定資産の帳簿価額はすでにGMに匹敵または超過するほどになっており，フェイスブック（現メタ・プラットフォームズ）も，2012年の上場後急速に資産を積み増し，帳簿価額ベースではフォードのそれと遜色のない規模に達している．有形固定資産の内容も，製造機械や配送設備，コンピュータ装置や建設中の事業施設などの物理的資産が圧倒的に多い．GAFAMは金融資産の保有残高がきわめて多く，総資産比で見れば有形固定資産の割合はそう大きくはない（小栗 2019：79-82）．しかし絶対額から見れば巨大な装置産業である．

　こうしたGAFAMの資産形成をフローの面から見ると，2010年度から2019年度までにおける設備投資額の総額は5社合計で3979億ドルであり，これは同期間のサンプル企業全体の設備投資総額の1割に上る．同時に大型M&Aも随時実施しており，5社合計の事業投資総額は5168億ドルにも達する．しかしGAFAMにとって，これだけの設備投資も豊富な自己資金の前には大した支出になっていない．資金留保である減価償却費は同期間の5社合計額で2815億ドルでしかないが，当期純利益は5社合計で9307億ドルにも上り，この圧倒的な収益力が，急増するGAFAMの設備投資を苦も無く支えている．ただし実際には次節で述べるように純利益以外の利益留保項目がこの支出超過を吸収しており，当期純利益の相当額あるいは全部が，現実資本の蓄積から解放されている．

2．ストック・オプション会計の自己金融効果

　これまでは当期純利益を事業投資の内部資金と位置づけてきたが，周知のようにアメリカでは株価重視経営が強調され，その一環として企業財務においては配当や自社株買いといった株主還元政策が強化され，それに当期純利益のほぼ全額を充当してきたことで研究開発や設備投資などの成長性投資に利益分配が向けられていないという指摘がある（Lazonick 2014: 5）．株主還元については第4節で触れるが，それではこれまで見てきた利益留保性の自己資金は拡大再生産に投じられていないのかというと，決してそうではない．それは当期純利益以外の利益留保要素によっておこなわれている．中でも近年その金額の大きさから注目されるのがストック・オプション費用である[8]．

　アメリカでは議会も巻き込む紆余曲折を経た後，2006年度からストック・

オプションの会計処理に公正価値法を適用することが義務化された（引地 2011：26-29）．これによってストック・オプションの付与時点で予想株価に基づき算定されるオプション権の公正価値が，付与時点から権利確定時点までの間で段階的に費用処理されるようになっている．オプション費用は，権利行使時まで資本剰余金として資本に累計され，権利行使時に行使価格に基づく払込額とともに資本金に振り替えられるため，費用計上の時点から恒久的な利益留保資金を形成する．

　このオプション費用が自己金融で果たす役割が大きくなっている．今回のサンプル企業の場合，連結キャッシュ・フロー計算書上のオプション費用額は2010年度から2019年度までの累計で総額3995億ドルと，同期間の当期純利益の7.2％に相当する．さらにオプション費用額が最も多かった企業10社で見ると，オプション費用額は2253億ドルと，サンプル企業全体の56％も占め，また純利益に対する比率も15.8％まで上昇する[9]．

　このオプション費用3395億ドルを，同期間における事業投資支出である設備投資とM&A支出の総額（5兆8267億ドル）が資金留保である減価償却費と事業売却収入の総額（4兆4021億ドル）を超える額（1兆4246億ドル）と照らし合わせてみると，サンプル企業全体ではオプション費用が同超過額の24％に相当している．それだけ当期純利益を事業投資に回さずに済んでいる．さらにオプション費用額上位10社では，インテルでは2割と高くないが，マイクロソフトで5割，アルファベット，フェイスブック（現メタ・プラットフォームズ），ウォルマートで7割に達し，アップル，アマゾン，オラクル，クアルコム，シスコシステムズに至ってはほぼ10割あるいはそれ以上と，当期純利益に一切手を付けることなくオプション費用だけで資金留保を超える事業投資支出を全て吸収していた[10]．このように純利益以外の利益留保要素が，自己金融を支える重

8）ストック・オプション制度の問題点についてはLazonick (2014)，福井（2021：107-10）を参照されたい．

9）この10社は順にアルファベット，アップル，マイクロソフト，アマゾン，フェイスブック（現メタ・プラットフォームズ），シスコシステムズ，インテル，オラクル，ウォルマート，クアルコムであり，ITデジタル企業が9社を占める．

10）10割を超える企業は他にも7社，また5割以上10割未満が9社，3割以上5割未満が18社，それぞれ確認された．

要な要素になっている[11].

　今日，会計基準として採用されている利益留保効果を持つ会計処理は，ストック・オプション会計以外にも減損会計や予想信用損失会計など多岐にわたる．このような当期純利益以外の利益留保要素が，自己金融に基づく現実資本の蓄積能力を高めている[12]．それはまた株主だけでなく労働者へのよりいっそうの利益分配の可能性を高めることにもつながっている．

3．のれんの内実とM&Aの投機性

　現実資本の蓄積が停滞し，資産形成が利潤の再投資に基づく蓄積からM&Aによる資本集中にシフトしている中で，近年，無形資産への注目が高まっている．実際に今回のサンプル企業で見れば，のれんその他無形資産の合計残高（償却および減損後の帳簿価額）は1990年度末の585億ドルから2000年度末の3531億ドル，さらに2010年度末では1兆5746億ドル，そして2019年度末には2兆9965億ドルに達しており，これは2019年度末の有形固定資産の帳簿価額（3兆600億ドル）とほぼ等しい．また，のれんはこのうち1兆8809億ドルと6割強を占める．

　のれんとは，企業買収や連結支配などの企業結合の際に買収企業が払った取得対価が被買収企業の純資産の公正価値（＝資産の公正価値と負債の公正価値の差額）を上回る額であり，一般的には被買収企業がすでに有する自己創設ののれん価値や企業結合のシナジー効果による超過収益力を表すといわれる（Linsmeier and Wheeler 2021: 108-109）．さらに最近では，研究開発活動を通じて獲得される自己創設ののれん，いわゆる研究開発費の資産性をめぐる議論も活発になっている（レブ&グー 2018：山口 2022）．

11）さらにストック・オプション会計に関しては，ストック・オプションの公正価値の過大評価が多くの研究で指摘されており（大日方 2012：23-26），これはオプション費用の過大計上による留保利益の増加につながる．

12）営業キャッシュ・フローの増加要因には，利益留保性の費用項目の増加以外にも，営業資産負債の管理を通じた現金収入の増加も挙げられる．特にこの点については近年，CCC（Cash Conversion Cycle）という財務指標とともにGAFAMを中心に営業資産負債の管理における現金生成能力の向上が指摘されている（矢部 2021）．

　しかしその一方で，M&Aはその投機性が指摘されており（高田 2015：36），その表れとして，のれんの額は超過収益力よりもその過大評価による単なる過払いを反映しているにすぎないという批判が上がっている．M&Aのシナジー効果が期待通りあるいはそれ以上に発揮されたと評価できる件数は全体の30％にすぎず（Christofeeson et al. 2004），M&Aは単純に被買収企業の売上と利益を連結させて株価の短期的な上昇を実現させるためにおこなわれており，それが買収企業の株価の過大評価とそれを利用した株式交換型のM&Aを通じたのれんのいっそうの過大計上を生じさせているといわれている（Gu and Baruch. 2011: 1999）．また，こうして過大評価されたのれんは，早くも2年目にはその5割程度が減損処理されているが（Linsmeier and Wheeler. 2021），しかしその一方ではこの減損をはるかに上回る過大なのれんが随時追加計上され，のれんの簿価が膨れ上がっており，その平均残存期間は82年や122年といった異常な長期間に達している（ASBJ 2016: par. 55；ASBJ and HKICPA. 2020: par. 1.18）．

　このように，のれんの内実に見られるM&Aの投機性は，蓄積から集中へという現実資本の蓄積の動向が投機的M&Aの仮の姿にすぎないことを意味しているだけではない．それはまた，事業売却収入によって強化されている自己金融力に，投機的な脆弱性が高まっていることも示唆している．

　近年，アメリカの会計基準設定機関である財務会計基準審議会（FASB）は，のれんの過大評価の抑制策として，のれんの償却処理の復活を視野に具体的な償却方法の開発まで議論を煮詰めてきた（石川 2022）．しかし2022年6月に急遽このプロジェクトを中止した．その理由として，買収側企業がのれん償却費用の増大を懸念して投資を渋ることでM&A市場が冷え込むとの市場関係者からの反対意見があったことが指摘されている[13]．その結果アメリカでは，のれんの過大評価やその背景にある投機的M&Aの横行といった問題に対する会計的対応は，依然として未解決のままである．

13）「のれん償却，海外で復活するか　米国で議論停止」『日経ヴェリタス』2022年8月21日号.

図8-3 サンプル企業の連結キャッシュフローの推移

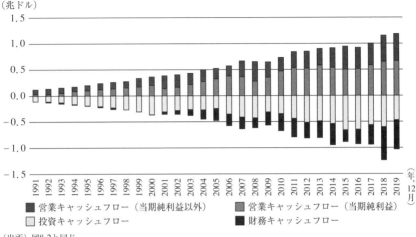

（出所）図8-2と同じ.

4．膨張を続ける株主還元とその限界

　これまで見てきたようにアメリカ大企業では，全体としては現実資本の蓄積ペースが低下しつつも，流通業やITデジタル業のように昨今のサービス・デジタル経済化の中心を担う業種では高蓄積も生じてきた．しかもこういった業種ではストック・オプション会計を通じた利益留保の形成にも積極的であり，それが純利益に代わる蓄積源泉となって自己金融に基づく高蓄積を支えている.

　こうして当期純利益のより多くの部分が現実資本の蓄積から遊離するようになっており，それは利益の社会還元の可能性を高めてもいるが，現実には，すでに触れたように投機的なM&Aのほか，周知のとおり株主還元に重点的に充てられており，圧倒的な所得格差の元凶となっている．具体的に示すと，まずサンプル企業全体において2000年代から財務キャッシュ・フローのマイナスが目立ち，2010年代にはその額は2000年代の約2倍に達し，投資キャッシュ・フローのマイナスを上回るようになっている（図8-3）．そしてこの財務キャッシュ・フローのうち株主還元による現金支出額は，2001年度から2019年度までの累計で7兆7200億ドル（うち4兆8870億ドルは2011年度から2019年度まで）に

図8-4　株主還元額と財務キャッシュフローの比較

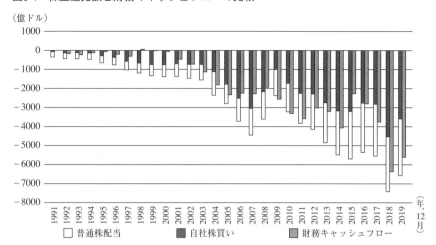

（億ドル）

□ 普通株配当　　■ 自社株買い　　■ 財務キャッシュフロー

も達し，これは同期間の当期純利益の累計額の94％を占め，この20年間に稼いだ利益のほぼ全部が株主還元に回されたことになる[14]．しかも，この株主還元額は財務キャッシュ・フローの総額をはるかに上回っており（図8-4），この差額は主に長短借入の増加によって補われている（Lazonick 2014: 5）．その結果，蓄積停滞と自己金融の拡大が同時進行しながら負債もまた急増するという事態が生じている．

　その一方で巨額の自社株買いが続いた結果，多くの企業で発行済株式数と保有株主数がともに2000年代から減少に転じるようになっている．2019年度末時点での普通株の発行済株式数は，サンプル企業の平均で過去の最大値の75％まで減っており，普通株の株主数はさらに50％まで減っている．株主還元がより少数の株主に集中するようになっている．

　さらに，過剰な株主還元は，各社の自己資本の大幅な減少ももたらしている．これは負債の増加による相対的な減少だけではない．サンプル企業のうち2010年度から2019年度にかけて，業績が好調であるにもかかわらず株主還元額が当期純利益を上回ったことで自己資本が減少した企業は48社あり，さら

14）また2011年度から2019年度までに累計100億ドル以上の株主還元を実施した企業数は94社に達し，1000億ドルを超えた企業もアップルの3939億ドルを筆頭に13社も存在する．

に債務超過にまで至っていた企業も11社存在する[15]．この中にはフィリップ・モリス・インターナショナルやマクドナルドのように，自己資本の取り崩しによる株主還元を長年にわたり継続した結果，数年間も債務超過が続いている企業もある．ちなみにニューヨーク証券取引所やナスダックは，債務超過を上場廃止要件として設定していない．このこともまた，債務超過を無視した異常な株主還元を誘発しているといえる．

　こうした企業体力を削いでまでの株主還元政策が，ROEの操作を通じてアメリカの高株価を支えているともいわれている（小栗 2019：84）．しかし自己資本の縮小と債務の増加を並行させ債務超過に陥ってもなお株主還元を継続しないと株価が維持できないというのであれば，もはや株主還元の株価効果も限界に達しているというべきであろう．アメリカ企業はこうした矛盾を抱えていたまさにその時に，新型コロナ禍に襲われたのである（日本経済新聞社 2021：173-77）．

おわりに

　自己金融に基づく資本蓄積は，企業にとって本来的な成長のあり方である．しかも純利益以外の利益留保が増えていることは，利益の再投資という資本蓄積の拘束から純利益を開放し，企業の利害関係者間での純利益の分配可能性を高めることにもつながる．これは純利益を抑制して自己金融力を高める保守主義会計の肯定的側面ともいえる（高寺 2006）．

　しかし問題は，アメリカ企業においては，そうした自己金融力のより多くの部分が投機的なM&Aと株主還元にのみ向けられており，企業成果の配分から労働者層だけが取り残されていることである．それだけでなく，自己金融力を超えてまで株主還元を継続した結果，企業自身が債務超過に陥るほど企業体力を削いでしまっていることである．これがコロナ禍直前のアメリカ大企業の姿であった．

　果たしてポストコロナでは，こうした財務構造の問題は解消されるのだろう

---

15) ボーイング，HP，スターバックス，マクドナルド，ホーム・デポ，HCAヘルスケア，テネット・ヘルスケア，キンバリークラーク，ロウズ，アッヴィ，フィリップ・モリス・インターナショナルの11社である．

か．いうまでもないが，その方向性が日本企業のような内部留保と現預金の単なる積み上げでは問題解決には至らない[16]．そうではなく，自己金融に基づく成長とその成果の社会的に公正な分配を両立させて，企業財務の健全化と持続的な成長を実現させることが，何よりも今アメリカ大企業自身にとって必要なのではないだろうか．

参考文献

石川文子（2022）「のれんの減損処理に関するIASBとFASBの近年の動向」『會計』第202巻第3号．

小栗崇資（2015）「内部留保分析の現代的課題」小栗崇資，谷江武士，山口不二夫編著『内部留保の研究』唯学書房．

───（2019）「多国籍企業の財務構造と会計・税制」小栗崇資，夏目啓二編著『多国籍企業・グローバル企業と日本経済』新日本出版社．

大日方隆（2012）「公正価値情報の有用性」大日方隆編『金融危機と会計規制──公正価値測定の誤謬』中央経済社．

グリタ，トーマス，テッド・マン（御立英史訳）（2022）『GE帝国盛衰史──「最強企業」だった組織はどこで間違えたのか』ダイヤモンド社．

新祖隆志郎（2023）「アメリカ大企業における現実資本の蓄積鈍化と業種別・企業別動向──Fortune US 500上位企業を事例に」『山口経済学雑誌』第71巻第5・6号．

高田太久吉（2015）『マルクス経済学と金融化論──金融資本主義をどう分析するか』新日本出版社．

高寺貞男（2006）「利益保守主義の長所を再考する」『大阪経大論集』第57巻第1号．

日本経済新聞社編（2022）『逆境の資本主義──格差，気候変動，そしてコロナ…』日本経済新聞出版．

引地夏奈子（2011）『ストックオプションの会計問題』中央経済社．

福井義高（2021）『たかが会計──資本コスト，コーポレートガバナンスの新常識』中央経済社．

本田浩邦（2016）『アメリカの資本蓄積と社会保障』日本評論社．

森原康仁（2017）『アメリカIT産業のサービス化──ウィンテル支配とIBMの事業変革』日本経済評論社．

矢部謙介（2021）「CCC　アップルと倒産NOVAの意外な共通点『CCCマイナス』巧

16）日本の法人企業統計によると，金融・保険業を除く全産業（全規模）の現預金残高は2019年12月末の202兆円から2022年6月末には242兆円に増えている．

拙の要諦」『週刊ダイヤモンド』2021年2月6日号.

山口不二夫（2022）「無形資産概念の拡張による会計のオルタナティブ」小栗崇資，陣内良昭編著『会計のオルタナティブ——資本主義の転換に向けて』中央経済社.

ラパヴィツァス，コスタス（斉藤美彦訳）（2018）『金融化資本主義——生産なき利潤と金融による搾取』日本経済評論社.

レブ，バルーク，フェン・グー（伊藤邦雄監訳）（2018）『会計の再生——21世紀の投資家・経営者のための対話革命』中央経済社.

「のれん償却，海外で復活するか　米国で議論停止」『日経ヴェリタス』2022年8月21日号.

Accounting Standard Board of Japan: ASBJ (2016) *Quantitative Study on Goodwill and Impairment. Research Paper No. 2.* https://www.asb.or.jp/jp/wp-content/uploads/20200324_e.pdf（2023年1月27日閲覧）

ASBJ, and Hong Kong Institute of Certified Public Accountants: HKICPA (2020) *Goodwill: Improvements to Subsequent Accounting and an Update of the Quantitative Study. Research Paper.* https://www.asb.or.jp/jp/wp-content/uploads/20200324_e.pdf（2023年1月27日閲覧）

Christofeeson, Scott A., Robert S. McNish, and Diane L. Sias (2004) "Where Mergers Go Wrong," *McKinsey Quarterly.* https://www.mckinsey.com/capabilities/strategy-and-corporate-finance/our-insights/where-mergers-go-wrong（2023年1月27日閲覧）

Deo, Prakash (2021) "Fixed Asset Management: Revisited", *Journal of Accounting and Finance*, 21(1).

Gu, Feng and Lev Baruch (2011) "Overpriced Shares, Ill-Advised Acquisitions, and Goodwill Impairment," *The Accounting Review*, 86(6).

International Financial Accounting Board: IASB (2006) *Business Combination. International Accounting Standard 3.*

Lazonick, William (2014) "Profits without Prosperity," *Harvard Business Review*, September.

Linsmeier, Thomas J., and Erika Wheeler (2021) "The Debate Over Subsequent Accounting for Goodwill," *Acounting Horizons*, 35(2).

第 4 篇

デジタル化・無形化と新しい資本蓄積

第 9 章
グローバリゼーションと
アメリカIT／エレクトロニクス産業
——プラットフォーム・ビジネスとソリューション・ビジネスの台頭——

森原康仁

はじめに

　IT／エレクトロニクス産業は，アメリカ経済のみならず世界経済を牽引する主導的産業である．ただし，その主要プレーヤーは各国に均等に存在しているわけではなく，ほとんどがアメリカに偏って存在している．マイクロソフトやインテル，IBM，そしてGAFA（グーグル，アップル，フェイスブック／現メタ・プラットフォームズ，アマゾン）といった企業群は全てアメリカ企業であり，彼らと伍して競争しうる企業はアメリカ以外にはほとんど存在しない．

　現在でこそこうしたイメージは常識になっているが，実はつい30年前の1990年前後においては必ずしもそうではなかった．この時期は日本企業の躍進が目覚ましく，IT／エレクトロニクス産業においては富士通や日立，NECがアメリカ企業を猛烈に追い上げていたのである．

　では，こうした挑戦をアメリカ企業はどのように克服したのか．本章はこの点についてグローバル化と「脱製造」のビジネスモデルの採用という観点から整理する[1]．以下，第1節においては日本企業の挑戦の内実とその克服のありようについて触れ，第2節，第3節において新たに採用されたビジネスモデルの

1）なお「脱製造」といっても，それが直ちに製造プロセスに意味がなくなったということを意味するわけではない．たとえば，アップルは自社工場は持っていないが，巨額の固定資本投資をおこなっている．それはデバイスの製造委託をしているEMSをコントロール（支配）するためである．本章では紙幅の関係からこの問題については割愛せざるをえなかった．詳細は森原（2019a）を参照されたい．

事例を紹介したい．これらの検討を通じて，今日のアメリカIT／エレクトロニクス産業の競争優位（独占）の根拠も明らかになっていくだろう．

1．日本企業の挑戦とその克服

日本企業のチャレンジ

　1980年代後半から1990年代初頭は，日米経済摩擦をきっかけとして，アメリカ企業の産業競争力低下に対する深刻な懸念が投げかけられた時代である．この議論の特徴は，財政収支や金利環境，為替動向といったマクロ的な諸要因だけでなく，製品開発と製造プロセス開発への投資，設計と製造の協調，多能工の育成や労使一体的な生産性向上・品質改善運動，メーカーと部品業者の協力関係といった産業や企業のあり方——ミクロ的諸要因——にも注目が集まったことである（坂井 2004：16-18）．

　このうち，特に焦点が当てられたのが設計・開発と製造との間の連携であり，産業でいえば鉄鋼や自動車などの「オールド・エコノミー」に注目が集まったが，ハイテク分野もその例外ではなかった．なるほど，この時期にはすでにシリコンバレーの成功が脚光を浴びてはいたものの，その成功は製造過程の効率性を無視して成り立っており，プロダクト・イノベーションに過度に偏重してプロセス・イノベーションを犠牲にしているという見方が支配的だった．それゆえ，シリコンバレーは確かに成功はしているものの，アメリカのハイテク製造業の未来を切り開くものではないとされた（Kenny and Florida 1988）．実際，インテルのCEOだったアンドリュー・グローブは，1990年代のデータ処理機器の世界市場において日本がアメリカを逆転すると予想していた（Grove 1990）．

　だが，その後の経過は日米逆転どころか，アメリカ企業の一人勝ちだった．では，アメリカ企業の産業競争力の復調は，かつての日本企業のような「製造プロセスと設計プロセスの密接な連関」がアメリカ企業においても採用されたからもたらされたのだろうか．多くの論者は，むしろ，両者のネットワーク的な分離にこそアメリカ企業の復調の根拠があったと見る．すなわち，自社工場を持たず外部の契約製造業者に生産を委託する生産と労働の大規模な外部化の

2）オールド・エコノミーの産業競争力問題については，平野（2004）を参照せよ．

進展が，製造プロセスと設計プロセスが分離していても両者が持続的に発展しつづけられる条件を与えた，と見るのである．

　一般に，こうした産業組織のあり方は「水平的なコンピュータ産業」（グローブ）と呼ばれ，インテルやマイクロソフトのような専業企業の市場支配を生み出すと同時に，IBMやDECのような，かつてのコンピュータ関連企業を倒産の危機に追い込んだと考えられた．つまり，製造活動と設計活動をともに企業内に統合していたIBMのような企業は，新たに台頭してきた専業企業によって脇に追いやられていったと考えられたのである．

　そして，こうした産業組織のあり方を，その典型企業の名前をとって「ウィンテリズム（Wintelism）」という術語で整理したのが，マイケル・ボーラスとジョン・ザイスマンだった．その議論の特徴は，①「オープンだが所有された（open but owned）」製品の一般化，②多様な産業部門に属する専業企業によって市場を介して要素技術が供給される，③アセンブラーから「製品を定義する企業」への市場支配力のシフト，④プロダクト・イノベーションとプロセス・イノベーションの分離（本社近郊に製造拠点を維持する動機が減退し，生産の海外委託が進行）の4点である（Borrus and Zysman 1997）．

グローバル化・ハードウェア製造の後退・ウィンテリズム

　ボーラスらも指摘するように，専業企業間の社会的分業構造は一国内に閉じる必然性はない．条件が揃えば，それはグローバルに広がりうる．その条件の一つは技術的なものであり，設計仕様の共通化（モジュラー化）だったが，同時に，その担い手である国外の専業企業も必要である．ここで活躍したのが台湾の製造業企業だった．台湾企業の台頭はインテルなどアメリカのブランド企業が直接，間接に「育成」した面があり[3]，このことがウィンテリズムの成功につながっていった．

　この結果，アメリカのITハードウェア製造関連企業数は減少した（図9-1）．「コンピュータ製造」全体で見ると，1995年の207社がピークで，以後ほぼ毎

3）たとえば，以下の指摘を参照せよ．「1996年にインテルは，マザーボードの自社生産を一定にとどめ，それを超える分を台湾マザーボードメーカに生産委託することを決めた．マザーボードの標準化とチップセットの大量供給により，台湾マザーボードメーカは，ビジネスを拡大させた」（立本 2007：293）．

図9-1　ハードウェア製造企業数の推移

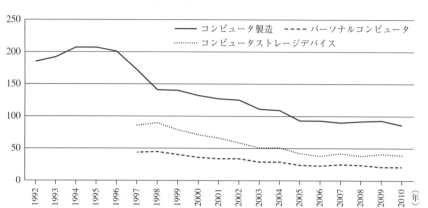

(註)「コンピュータ製造」のSICコードは3571（1996年まで），NAICSコードは334111（1997年以降）.「コンピュータストレージデバイス」のNAICSコードは3341121,「パーソナルコンピュータ」のNAICSコードは3341117107. 後二者の1996年以前のデータは存在しない. 2008年以降は第4四半期の数値.
(出所) U.S. Cenus Bureau (various issues a); U. S. Census Bureau (various issues b).

年減少しているが，特に1990年代末の減少が著しい. たとえば1997年は前年比で14％以上の減少（201社から172社へ），1998年は18％以上の減少（172社から141社へ）である. この2年だけで60社もの企業が「コンピュータ製造」から撤退したことになる.

　また，賃金コストが相対的に小さい東アジアへの生産委託により，PCの価格は大幅に低下していった. 1995年のPCの平均単価（1台当たり）は約2112ドルだったが，1990年代末には約1356ドル（1999年）に下落し，2004年にはついに1000ドルを割り約967ドルになったのである[4]. この期間中，PCの性能は一貫して向上しているので，性能ベースの実質で考えると大幅な価格低下ということになる.

　さらに，これらの当然の帰結として，IT財の貿易収支は大幅なマイナスとなった. たとえば「コンピュータおよび周辺機器」は1990年に80億ドルの貿易黒字だったが，2002年には332億ドルの赤字に転落し，「半導体その他電子部品」は98億ドルの赤字（1990年）から137億ドル（2002年）へと赤字幅を拡大させた（U.S. Department of Commerce 2003: 37）.

4) 以上の数字はすべてU.S. Census Bureau (various issues c) から算出した.

　以上から理解できるように，かつて製造効率の高さで高い競争力を誇った日本企業は，強みであった製造過程においてアメリカ企業と競争できなくなり，また，そのハードウェアの製造も収益性という点で見て魅力のある事業領域ではなくなった．生産の担い手という点で見ても，採算性という点で見ても，もはやハードウェアの製造は焦点ではなくなったのである．この結果，日本企業はPCの製造・販売から順次撤退する憂き目にあうことになった．

2．ウィンテリズムの市場支配とその限界

プラットフォーム・リーダーシップ

　ボーラスらは「市場支配力はアセンブラーから『製品を定義する企業』にシフトする」としていた．これはプラットフォーム・リーダーシップを意味する．

　プラットフォームとは，さしあたり，「複数の階層（レイヤー）あるいは補完的な要素（コンポーネント）で構成される産業やシステム商品において，他の階層や要素を規定している下位構造（基盤）」と定義できる（丸山 2006）．IT産業においてプラットフォームの重要性が増したのは，垂直分裂型の産業組織が一般化し，その下で技術的に補完的な部門に属する異質な企業間の競争が広範に見られるようになったからである．こうした産業組織においては，他の階層や要素を規定する基盤であるプラットフォームを掌握できるかどうか（プラットフォーム・リーダーシップ）が，独占的超過利潤の獲得にあたって決定的となる（Bresnahan and Greenstein 1999）．

　これは，共通の設計仕様をベースとした要素技術・部品の開発が念頭に置かれたものだが，財やサービスの取引の場においてもプラットフォームを見出すことができる．丁・潘（2013）は，前者を「技術プラットフォーム」，後者を「取引プラットフォーム」に類型化し，後者の「取引プラットフォーム」を「両面プラットフォーム（もしくはマルチサイドプラットフォーム）のかたちをとっている市場仲介組織」と特徴づけている．

　この整理に基づけば，マイクロソフトやインテルは「技術プラットフォーム」を支配し，グーグルやフェイスブックは「取引プラットフォーム」を支配していることになる．

ウィンテリズムの限界

　1990年代においては，マイクロソフトやインテルを典型企業とする事業モデルが「the one best way」と考えられた．この下で，ウィンテリズムは，IT産業に特有の事業会社の組織化様式から，現代アメリカ経済に一般的に見られる事業会社の組織化様式に「格上げ」もされた[5]．この意味で，ケニーとフロリダを嚆矢とするポスト・フォーディズム論争は，ボーラスとザイスマンのウィンテリズムの提唱によって「決着」をつけられたといってもよい．

　だが，生産システムの経済的合理性の現れ方には多様な様式がありうるのであって，その展開を特定の視点から決定論的に把握することはできない．技術と企業／産業組織，資本市場や労働市場のあり方，経済のマクロ・パフォーマンス，その他の制度的諸慣行は，補完性と同時に自律性もあるからである．では，ウィンテリズムの限界はいつ，いかなる形で現れたのか．

　それは，2000年代初頭の「ハイテク・バブル」の崩壊によって顕在化した．この時期のアメリカ企業は設備投資を急激に増額していったにもかかわらず，一人当たりの資本設備の増加からは生産性の上昇を確保していなかった（Brenner 2002: 301）．設備投資の急増と過剰能力の蓄積は，資本市場からの潤沢な資金調達によって支えられた側面があると同時に，以下の意味でウィンテリズムに固有の原因もあった（Lüthje 2007）．

　第一に，イノベーション・サイクルの短縮と極端に短い償却期間は裏表の関係にある．先述のように，ウィンテリズムは，特定の要素技術に特化し，そのプロダクト・イノベーションによって顧客だけでなく補完的な専業企業を自社に引きつける．すなわち，製品や技術の頻繁な更新がプラットフォーム・リーダーシップを持続的に獲得する条件となっている．このことが設備の償却期間の短縮に結びつくのは当然で，過剰生産能力の蓄積を生じさせる可能性を高めた．第二に，きわめて「リーンな」在庫・製造活動が過剰能力の負の影響を増幅した．やせ細ったサプライチェーンが需要の急減を吸収することは困難だった．第三に，設計・開発部門の生産性低下という構造的問題が投資コストの極端な増大に結びついた（その典型例は半導体産業である）．

5）たとえば，Sturgeon (2002) はウィンテリズムを「産業組織の新たなアメリカモデル」と一般化している．

　また，統合度の高い製品の需要が拡大するという側面も，ウィンテリズムの限界を生み出した．基本的な機能が普及し画期的な発明が出なくなると，個々の機能よりもシステムの安定性が重視されるようになる．その典型例は家電だが，IT産業についても「大衆ユーザー」の登場によって「統合型製品」の需要が拡大した（田中 2009）．たとえば，PCではCPUやストレージ，OS，アプリケーションといったコアとなる要素技術・コンポーネント，プリンターやモニターといった周辺機器がばらばらに提供されていたが，スマートフォンはこれらを統合している．コンシューマーIT市場における競争の焦点は，大衆ユーザーのユーザビリティにシフトしている（泉田 2013）．

　統合型製品が普及すると，ウィンテリズムは深刻な課題に直面する．ウィンテリズムの競争優位をもたらしたものは，特定の要素技術に特化し，システム全体に責任を持たないことであるが，その条件の一つは，様々な専業企業とのネットワーク的な社会的分業構造であった．しかし，ウィンテリズムの企業が自ら包括的で統合的なシステムを提供しようと思えば，かつてのパートナーとのある種のカニバリズムが生じざるをえず，彼らが「統合型製品」を提供するのは容易ではない（森原 2017）．

　以上のように，ウィンテリズムの企業の採用した「利潤戦略」は，コストと品質・技術の両面から2000年代に入って限界を抱えた．

3．取引プラットフォームの独占とソリューション・ビジネス

GAFAの台頭

　2000年代以降になると，アメリカIT／エレクトロニクス産業は，かつての日本企業の事業モデルに逆戻りせず，かつこうしたウィンテリズムの限界を乗り越える方策を見出した．その一つが，取引プラットフォームの独占による独占的超過利潤の取得である（以下，こうした企業群を単に「プラットフォーマー」と呼ぶ）．

　多くの場合，プラットフォーマーの提供する取引プラットフォームは無料で提供されているが，その経済的目的はネットワーク外部性という需要側に生じる規模の経済を最大化することにある．すなわち，SNS等の取引プラットフォームは利用者が多ければ多いほどその「効用」は高まり，利用者が多いことそ

れ自体が利用者を増やすことにつながる．したがって，先行して大量のユーザーを獲得したプラットフォームは容易には淘汰されない．一般的な製品・サービス市場においては，イミテーターの台頭が当該製品・サービスの陳腐化，コモディティ化を促すが，取引プラットフォームにおいてはそうしたことは生じにくい．

　以上のような経済効果は郵便ネットワークや電気通信分野においても見られることであるが，GAFAが新しいのは，こうしたある種の自然独占を通じて利用者を囲い込むだけでなく，囲い込んだ利用者の取引（検索行為やSNS上のコミュニケーション等）をビッグデータとして集積し，それに解析を加えて，従来の広告関連企業では提供できない精度を持ったターゲティング広告を提供している点にある．この場合，ユーザーは無償で「データ労働」をおこなっていることになり，これがGAFAの巨額の利潤の源泉かつ株価押し上げの原動力になっている（Posner and Weyl 2018）[6]．

　しかし，ビッグデータの集積が持つ意味はそれにとどまらない．より重要なことは，需要側に生じる規模の経済が，供給側の「範囲の経済」に帰結しているということである（範囲に関して収穫逓増）．GAFAの提供する様々な財・サービスの利用によって収集された大量のデータを連携することが可能であれば，個別のデータ部分（データ・サイロ）の総計よりも大きい「超付加的な」知見を得ることが可能になるだろう（OECD 2015: 202）．この結果，GAFAの取引プラットフォームはますます「魅力的」になりうるのであり，ユーザー・ロックインが強化される．

　つまり，ひとたびユーザーの囲い込みに成功すれば，そこから無償で膨大な量のデータを収集することができ，このデータがプラットフォームの魅力を高めることにも利用される．そして，そのことがさらなるユーザー基盤の拡充につながり，無償で収集しうるデータ量の増大に帰結する．端的にいえば，GAFAなど巨大プラットフォーマーの独占の根拠は，ネットワーク外部性という需要側に生じる規模の経済を，対価なしのデータ労働を取得するために活用していることに求めうる．そして，こうした「好循環」を実現させることによって独占の強化につなげているのが，GAFAをはじめとしたプラットフォーマ

6）以上については，森原（2019b；2022）も参照されたい．

ーなのである[7].

ソリューション・ビジネス——製造業のサービス化

　一方，IBMのようなかつての垂直統合企業は，企業境界内に種々の経営資源を統合していることを弱みではなく，強みに変える事業戦略を見出した．それがソリューション・サービスの提供である．

　ウィンテリズム的な産業組織の下では，定義によって，最終製品にトータルな責任を持つ企業は存在しない．「オープン・モジュラー」がデバイスの安定稼働を保証すれば問題はないのだが，実際にはそうしたことはなく，Windowsは頻繁にフリーズした．要素技術の「相性」問題もなくならず，事業法人がこれらのシステムを完全に信頼することはきわめて困難であった．IBMはここに事業機会を見出したのである（森原 2017）．

　これは，「製造業のサービス化」と形容されたトレンドの先駆的事例であった．コモディティ化した最終製品市場において価格ベースの競争をおこなうのではなく，ハードウェアやソフトウェアを特定の「ソリューション」のために提供し，アフターケアにも責任を持つわけである．こうした事業は独自の独占的優位性をもたらす．

　そのポイントは，顧客接点の獲得による「規模の経済」の実現にある．すなわち，生産財マーケティングの既存研究によれば，売り手が，既売り手のもつ買い手の情報と内外の経営資源を情報処理に付し，この情報に基づいて売り手起点で提案をおこなうことが，売り手-買い手間の「情報格差」を生む（澤井 2007）．このことが，価格決定の相対化による独占価格の設定と独占的超過利潤の獲得を可能にする．

　ここで本質的な問題は「情報格差」を持続的に生み出すメカニズムだが，そのポイントは，顧客の企業組織から売り手の企業組織への従業員異動に基づく暗黙知の集積である（Miozzo and Grimshaw 2011）．すなわち，ソリューション・サービスの提供においては，買い手企業組織に売り手企業のスタッフが「異動」し，数年単位でシステムの構築やその維持・メンテナンスをおこなう．

7）GAFAは中小業者との不公正な取引（オーバーチャージ等）などでも問題視されている．これは他の産業でも見られる独占的行為であるが，本章では割愛した．この点については，福田（2021）が平易に整理している．

当然，その過程では顧客企業に体化されている形式化されていない経営能力（暗黙知）が把握される[8]．そして，売り手企業は，そうした知識を異動したスタッフ個人にとどまらせず，社内で共有し，売り手企業のサービス提供能力の改善に結びつけるのである．このことは買い手企業に対する売り手企業の「情報格差」を生みうる．以上をまとめれば，①スタッフ異動に伴う顧客組織のインターフェースの構築，②買い手の組織に埋め込まれた企業文化の習得，③売り手企業への知識の移転，という3点になるだろう．

なお，こうした形式化されにくいノウハウは，業種や職務ごとにある程度の共通性もある．IBMは複数業種にまたがる大量の顧客企業と継続的な接点を獲得することで，個々の産業において蓄積された経験を集積し，顧客企業単独では実現できないコスト効率を実現することができる．これが同社の提供するサービスの差別化──独占的優位につながっているのである．

おわりに

以上から明らかなように，今日のアメリカIT／エレクトロニクス産業の市場支配力は，1990年前後の日本企業の挑戦，グローバル化──中国の世界市場への参入すなわち冷戦崩壊という政治的条件──，そしてそうした条件の下で「脱製造」の事業モデルを採用することによって成立したものである．

このことをふまえると，無尽蔵かつ低コストの労働力を供給してきた中国の存在は，アメリカのIT／エレクトロニクス産業の成功にとって不可欠であったといいうる．しかし，その中国は少子高齢化の影響が顕在化しつつあり，また，労働者の無権利状態を是正させようとする圧力も強まっている[9]．同時に，足元

8）資源ベース戦略論によれば，持続的な競争優位（独占）の源泉は希少かつ模倣困難な経営資源である．この潮流は，ポジショニングよりも組織能力に優位性の源泉を求めたという点で画期的だったが，その体系化を図ったのがデビッド・ティースのダイナミック・ケイパビリティ（動的能力）論である．多くの場合，この種のケイパビリティは言語化（形式化）されておらず，暗黙知として組織に埋め込まれている（Teece 2009）．IBMのようなソリューション企業はこうしたケイパビリティを吸収するのである．

9）以上についての詳細は，森原（2019a）を参照されたい．

の地政学的緊張関係は米中デカップリングすら囁かれるほどになっている．この意味において，アメリカIT／エレクトロニクス産業のアキレス腱は，中国経済の帰趨にあるともいえるだろう．

参考文献

泉田良輔（2013）『日本の電機業界——何が勝敗を分けるのか』日本経済新聞出版社.

坂井昭夫（2004）「憂愁の様相——1980年代米国経済の回顧（1）」Discussion Paper, 京都大学経済研究所, No. 0403.

澤井雅明（2007）「コンピュータ産業における組織間関係の維持に関する研究」『経営教育研究』第10号.

立本博文（2007）「PCのバス・アーキテクチャの変遷とプラットフォームリーダーの変化について」『赤門マネジメントレビュー』第6巻第7号.

田中辰雄（2009）『モジュール化の終焉——統合への回帰』NTT出版.

丁可・潘九堂（2013）「『山塞』携帯電話——プラットフォームと中小企業発展のダイナミクス」渡邉真理子編『中国の産業はどのように発展してきたか』勁草書房.

平野健（2004）「現代アメリカのオールド・エコノミー」福島大学国際経済研究会編『21世紀世界経済の展望』八朔社.

福田泰雄（2021）『格差社会の謎——持続可能な社会への道しるべ』創風社.

丸山雅祥（2006）「市場の二面性（two-sided market）」神戸大学大学院MBAプログラムビジネスキーワード.

森原康仁（2017）『アメリカIT産業のサービス化——ウィンテル支配とIBMの事業変革』日本経済評論社.

――（2019a）「垂直分裂と垂直再統合——IT／エレクトロニクス産業における現代大量生産体制の課題」京都大学経済学会編『経済論叢』第193巻第2号.

――（2019b）「プラットフォーム・ビジネスとGAFAによるレント獲得」『比較経営研究』第43号.

――（2022）「コミュニケーションからレントを獲得する——新自由主義的統治性下のプラットフォーマー」『唯物論研究協会年誌』第27号.

Borrus, Michael, and John Zysman (1997) "Wintelism and the Changing Terms of Global Competition: Prototype of the Future?," Berkley Roundtable on International Economy Working Paper 96B, University of California, Berkeley.

Brenner, Robert (2002) The Boom and the Bubble: The US in the World Economy, Verso.（石倉雅男，渡辺雅男訳『ブームとバブル——世界経済のなかのアメリ

カ』こぶし書房，2005年.）

Bresnahan, Timothy F., and Shane Greenstein (1999) "Technological Competition and the Structure of the Computer Industry," *Journal of Industrial Economics*, 47(1).

Grove, Andrew S. (1990) "The Future of the Computer Industry," *California Management Review*, 33(1).

Kenny, Martin, and Richard Florida (1988) "Beyond Mass Production: Production and the Labor Process in Japan," *Politics & Society*, 16(1).（小笠原欣幸訳「大量生産を超えて——日本における生産と労働過程」加藤哲郎，ロブ・スティーブン編『国際論争　日本型経営はポスト・フォーディズムか？』窓社，1993年.）

Lüthje, Boy (2007) "The Rise and Fall of 'Wintelism': Manufacturing Strategies and Transnational Production Networks of US Information Electronics Firms in the Pacific Rim," Cornelia Storz, and Andreas Moerke eds., *Competitiveness of New Industries: Institutional Framework and Learning in Information Technology in Japan, the US and Germany*, Routledge.

Miozzo, Marcela, and Damian Grimshaw (2011) "Capabilities of Large Services Outsourcing Firms: The 'Outsourcing plus Staff Transfer Model' in EDS and IBM," *Industrial and Corporate Change*, 20(3).

OECD (2015) *Data-Driven Innovation: Big Data for Growth and Well-Being*, OECD.（大磯一，入江晃史監訳『OECDビッグデータ白書——データ駆動型イノベーションが拓く未来社会』明石書店，2018年.）

Posner, Eric A., and E. Glen Weyl (2018) *Radical Markets*, Princeton University Press.（遠藤真美訳『ラディカル・マーケット——脱・私有財産の世紀』東洋経済新報社，2020年.）

Sturgeon, Timothy J. (2002) "Modular Production Networks: A New American Model of Industrial Organization," *Industrial and Corporate Change*, 11(3).

Teece, David J. (2009) *Dynamic Capabilities & Strategic Management: Organizing for Innovation and Growth*, Oxford University Press.（谷口和弘ほか訳『ダイナミック・ケイパビリティ戦略——イノベーションを創発し，成長を加速させる力』ダイヤモンド社，2013年.）

U. S. Census Bureau (various issues a) *Current Industrial Report*, Form MA334R.

—— (various issues b) *Current Industrial Report*, Form MQ334R.

—— (various issues c) *Statistical Abstract of the United States*, U.S. Government Printing Office.

U.S. Department of Commerce (2003) *Digital Economy 2003*.

第 10 章
アメリカの税制改革と国際課税
—— 経済のデジタル化・無形資産化と多国籍企業の利益への課税 ——

篠田 剛

はじめに

　2008年のリーマン・ショックを契機に各国財政は悪化し，増税や歳出抑制を通じて国民の大多数が負担の増加を強いられることとなった．その一方で，一部の巨大多国籍企業はその利益に応じた規模の負担をおこなっていないとの批判が高まり，多国籍企業の租税回避が社会的注目を集めた．こうした批判に対応すべく，OECD/G20は「税源浸食と利益移転（Base Erosion and Profit Shifting, BEPS）」プロジェクトを立ち上げ，2015年10月に最終報告書を公表した．現在，経済のデジタル化・無形資産化に対応すべく，OECD/G20は新たな課税権の配分や最低税率の導入に踏み込んだ「BEPS 2.0」と呼ばれるフェーズに入っており，2021年10月には「2つの柱からなる解決策」が136カ国・地域によって国際合意された（OECD 2021）．

　こうしたOECDのBEPS議論はおおむねEU諸国が主導してきた．しかし，アメリカの参加がなければ先の国際合意が実現することは決してなかった．ルーヴェン・アヴィーヨナが指摘するように，OECDが動き（「BEPS 1.0」），アメリカが反応し（トランプ税制改革），それを受けてOECDが再び動く（「BEPS 2.0」）といった「弁証法（dialectic）」がそこには見てとれる（Avi-Yonah 2020）．さらに，「BEPS 2.0」の国際合意とバイデン政権の当初の税制改革プランとの間にも密接な関係を見ることができる．その意味で，昨今の国際課税ルール改革の国際協調において，アメリカにおける税制改革はとりわけ重要な役割を果たしてきたといえる．

　本章では，トランプ政権からバイデン政権に至るアメリカの税制改革の展開

について，国際課税分野に焦点を当て，OECD/G20における国際課税ルールの見直しの動きとの関係をふまえつつ整理する．そのことは同時に，経済のデジタル化・無形資産化が進展した現代における多国籍企業の利益に各国が課税する際の課題を明らかにすることにもなるだろう[1]．

1．アメリカ多国籍企業とBEPS問題

タックスヘイブンへの利益移転と「BEPS 1.0」

　2012年に端を発するOECD/G20のBEPSプロジェクト（「BEPS 1.0」）が問題視したのは，多国籍企業が生産活動など「実質的な活動をおこなう場所」と「利益を計上する場所」とが乖離しているという現実である．エマニュエル・サエズとガブリエル・ズックマンによれば，アメリカ多国籍企業が2018年にタックスヘイブンに計上した利益は全体の60％に上るのに対し，工場や設備などの有形資本は全体の18％，支払った賃金は全体の10％にとどまっていたという（Saez and Zucman 2019）．図10-1に示されているように，タックスヘイブンに移転されているのは，実際の生産活動ではなく，帳簿上の利益が中心であり，その傾向はますます強まっている．

　たとえば，グーグルやアップルが利用していた「ダブルアイリッシュ・ダッチサンドイッチ（Double Irish with a Dutch Sandwich）」と呼ばれる租税回避スキームは，アイルランドに2つの子会社（A社とB社）を設立し，オランダの導管会社を間に挟んで，無税でアイルランドのA社に利益を蓄積する仕組みであった[2]．実質的な活動はアイルランドのB社を通じておこなわれていたが，利益が計上された場所はタックスヘイブンであるバミューダであった．このスキームの主要なポイントは，①アメリカ本社から無形資産をA社に譲渡し，A社にロイヤルティが集中する仕組みをつくること，②A社の管理支配地をバミューダに設定して，アイルランドの税法上，バミューダの会社にしてしまうこと，③アメリカのタックスヘイブン対策税制を回避することである．すなわち，無

1）本稿は，科研費基盤研究（C）「経済の無形資産化と税制改革：米国レーガン税制からトランプ税制への政策進化」（課題番号：21K12415）の成果の一部である．なお，本稿の記述は拙稿（篠田 2022）に多くを依拠しているため，併せて参照されたい．
2）租税回避スキームの詳細は，篠田（2016：214-15）を参照されたい．

図10-1　アメリカ多国籍企業の海外利益・有形資本・賃金に占めるタックスヘイブンの割合

（出所）Saez and Zucman (2019: 81), 邦訳130ページ.

形資産の譲渡と各国の税法の違いを利用することで, どの国からの課税をも回避することが可能となってしまう.

　「BEPS 1.0」は, こうした多国籍企業の利益移転に伴う「国際的二重非課税」に対応するために,「実質的な経済活動がおこなわれ, 価値が創造された場所」で利益は課税されるべきとする「価値創造（Value Creation）」基準を重視した（OECD 2015）. そして, 各国の税法のミスマッチを調整し, ルールを整備し, 2015年の最終報告書ではいくつかのテーマについてはミニマム・スタンダードとしての勧告もおこなった[3]. しかしながら,「BEPS 1.0」は, 経済のデジタル化・無形資産化と呼ぶべき傾向によって深刻化した国際課税上の問題への対応にまでは踏み込まなかった.

「BEPS 1.0」の残された課題

　ジョナサン・ハスケルとスティアン・ウェストレイクは, 現代の経済では無形資産投資の重要性が高まっていると指摘する（Haskel and Westlake 2017）.

3）2015年のBEPS最終報告書については出典情報が大部になるため, 報告書を入手できる国税庁のウェブサイト（https://www.nta.go.jp/taxes/shiraberu/kokusai/beps/index.htm, 2022年11月10日閲覧）を掲載しておく.

図10-2　アメリカの有形投資と無形投資の推移（産出額に占める比率）

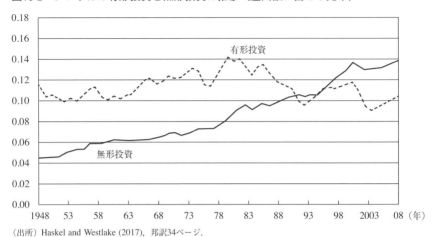

（出所）Haskel and Westlake (2017)，邦訳34ページ.

　実際，アメリカでは1990年代半ばには，知的財産（Intellectual Property：IP）に代表されるような無形資産投資が，建物や設備などの有形資産投資を産出額に占める比率で逆転し，その後も比率を増加させつづけている（図10-2）. 今日のアメリカ多国籍企業の利益の大部分は，こうした無形投資からのリターンであると見られている.

　経済のデジタル化・無形資産化は，国際課税の分野にも大きな変化をもたらしつつある. 既存の国際課税ルールは1920年代の国際連盟の時代にその骨格が確立されたものであり，それは多国籍企業が物理的な生産拠点を有し労働力と有形資産を集中的に利用することが中心であった時代の産物であった. ところが，現代のデジタル企業の特性は，主に次の点で既存の国際課税ルールに修正を迫ることになる.

　通常，ある国は，外国法人が稼いだ所得に関しては，国内に源泉のある所得に対してしか課税権を持たない. もし，外国法人が国内に支店などの恒久的施設（Permanent Establishment：PE）を有していれば，そのPEに帰属する所得について国内源泉所得として課税できる. 逆にいえば，事業所得については「PEなければ課税なし」ということになる. しかし，GAFAのような今日のデジタル企業は，PEを有さずとも世界中でビジネスをおこなうことが可能である. しかもユーザーはサービスを無料で利用する代わりにデータを無償で提供

し，デジタル企業はそのデータを武器に事業を拡大している．PEを有しない「市場国」としては，デジタル企業の「価値創造」に自国のユーザーが貢献しているにもかかわらず課税権がないことに不満を抱くことになる．欧州諸国を中心に独自の「デジタルサービス税（Digital Services Tax：DST）」導入の動きが高まったのもこのためである．

　また，現在の各国間の課税権の配分には「独立企業原則（Arm's Length Principle：ALP）」が採用されている．多国籍企業を構成するPEや子会社を独立企業と見なして，独立企業間で成立する取引に引き直して課税するという原則である．しかし，IP等の無形資産については，移転が容易であるにもかかわらず，比較対象となる適切な第三者取引を見つけることが難しく，適正な評価が困難である．

　そこで，2015年のBEPS最終報告書公表の後，BEPSプロジェクトの残された課題として，経済のデジタル化・無形資産化に対応した新たな国際課税ルールに合意することを目標に「BEPS 2.0」がスタートすることになった．

「BEPS 2.0」と国際合意――第一の柱と第二の柱

　「BEPS 2.0」の取り組みは，2021年10月に「2つの柱からなる解決策」についての国際合意に至ったことで，新たな国際課税ルールの大まかな形が見えてきた．

　まず「第一の柱」は，「市場国」への新たな課税権の配分ルールである．世界全体の売上高が200億ユーロ以上の超巨大企業が対象である．第一の柱の核心は「金額A（Amount A）」と呼ばれる部分にある．まず多国籍企業のグローバルな税引前利益のうち，売上高の10％を超える部分を残余利益と定義する．その残余利益の25％を金額Aと定義して，それを「市場国」に売上高ベースで課税所得として配分する仕組みである．ごく少数の企業にしか適用されないとはいえ，この仕組みは従来の「PEなければ課税なし」や「独立企業原則」とは明らかに異なるもので，定式配分方式を一部取り入れたと見ることができる．なお，このルールの導入と引き換えに各国のDSTの廃止が求められている．

　次に「第二の柱」であるが，これは多国籍企業による利益移転や各国の租税競争を終わらせるために「グローバル最低税率」を導入するものである．合意

図10-3　上乗せ税（Top-up Tax）の算定プロセスの概要

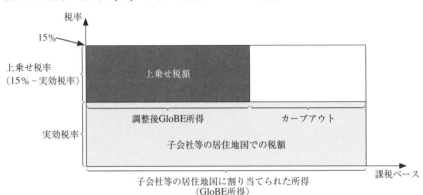

（出所）篠田（2022：159）.

された税率は15％である．ただし，最低税率の導入といっても，他国に所定の税率を強制するものではないし，そのようなことをしても実効性を確保することは難しい．そこで，「第二の柱」の中核をなすのが，売上高7億5000万ユーロ以上の多国籍企業を対象にした「GloBEルール」と呼ばれるルールである．このルールは，まず図10-3に示したように，15％を下回る実効税率しか課されていない子会社等の所得について，有形資産の簿価と給与の5％をカーブアウトしたうえで，15％と実効税率との差を乗じて「上乗せ税（Top-up Tax）」を算出する．そのうえで，多国籍企業の究極の親事業体にこの「上乗せ税」を課す（「所得合算ルール（Income Inclusion Rules：IIR）」）．もし親事業体の居住地国がこのIIRを課さない場合には，グループを構成する他の事業体が所在する国々で「上乗せ税」分が割り当てられ課税されることになる（「軽課税利益ルール（Undertaxed Profits Rule：UTPR）[4]」）．つまり，IIRのバックストップとしてUTPRは機能し，少なくともカーブアウト後の調整後GloBE所得（すなわち超過利潤）については世界のどこかで最低15％の税負担になるように課税されることになる．

4）OECDは当初このルールを「軽課税支払ルール（Undertaxed Payment Rule）」としてきたが，そのルールが具体化されるにつれて必ずしも「支払（Payment）」との関係が問われないことが明らかとなり，今日ではUTPRはUndertaxed Profits Ruleとして一般に解されている．

　以上が国際合意された「2つの柱」の概要であるが，国際合意にまでたどり着けた背景には，以下で見るように，一見無関係に見えるアメリカの税制改革があった．

2．トランプ政権の国際課税改革

TCJAにおける国際課税改革

　トランプ政権の下で2017年12月に成立した「減税・雇用法（TCJA）」における法人税改革は，最高税率35％であった法人税率を21％の比例税率に大幅に引き下げたことから，大規模法人減税としての印象が強い．しかし，法人税率の引き下げと併せて，国際課税の分野でも大きな改革がおこなわれた[5]．

　第一に，外国子会社からの配当に対する課税権の放棄である．一般に居住者・内国法人が受領する所得に対して，国内源泉所得・国外源泉所得を問わず課税する方式を「全世界所得課税（worldwide tax system）」，国内源泉所得のみに課税する方式を「領域主義課税（territorial tax system）」というが，国外源泉所得である外国子会社からの配当に課税しなくなったという意味で，日本と同様，全世界所得課税から部分的に領域主義課税に移行したといえる．この背景には，配当にアメリカの課税がおこなわれるのを嫌って，本国親会社に配当せずに外国子会社に利益を留保する課税繰延の問題があった．

　第二に，「グローバル無形資産低課税所得（Global Intangible Low-Taxed Income：GILTI）」という新制度の導入である．これは，外国子会社からの受取配当を非課税とする代わりに，一定の条件を満たした外国子会社の超過利潤を低税率で親会社の所得に合算課税する制度である．具体的には，グループの外国子会社について「適格有形資産投資（qualified business asset investment：QBAI）」の10％を超える利益をGILTIと定義し，50％の所得控除が適用される．そのためGILTIの適用税率は実質21％の半分の10.5％となる．さらに80％の間接外国税額控除も適用される．その結果，外国税率が0％であればGILTIに対する税率は10.5％，外国税率が13.125％であればGILTIに対する税率は0％と

5）本章で紹介するTCJAの国際課税分野の各改革の内容については，山岸ほか（2018）が詳しい．

なる．つまり，GILTI制度は外国子会社の超過利潤に対して，事実上10.5％〜13.125％の最低税率を課す仕組みといえる．GILTIを外国子会社の無形資産関連所得と見なすならば，そこに最低課税をすることで，IP等の国外移転を牽制する機能が期待されていたと思われる．

　第三に，「外国由来無形資産所得（Foreign Derived Intangible Income：FDII)」である．これはGILTIとは反対に，アメリカ国内でIP等を保有するインセンティブを与えるものである．内国法人の超過利潤を無形資産関連所得と見なし，そこに全世界所得に占める国外源泉所得の割合を乗じてFDIIを定義し，37.5％の損金算入を認める．これにより，FDIIの課税所得は62.5％に圧縮されるため，税率21％をかけると，FDIIに対して税率13.125％で課税することと同じになる．この数値は先ほどのGILTIとバランスを持たせたものである．FDIIは，欧州諸国で導入されてきた自国にIP等を囲い込む優遇税制として知られるパテント・ボックスのアメリカ版といえる．

　第四に，「税源浸食濫用防止税（Base Erosion and Anti-Abuse Tax：BEAT)」である．これは，通常損金算入される国外関連者へのロイヤルティや利子等の支払いを「税源浸食的支払」と定義し，仮に，①「（課税所得＋税源浸食的支払）×10％」の額が，②通常の税額（課税所得×21％－税額控除）を上回った場合，その差額がBEATとして課される．つまり，①の額が最低限納めるべきミニマム税となる．当然，外国子会社へのロイヤルティや利子等の支払いが大きければBEATの額は大きくなる．いわば「不自然に」国外に出ていく所得に対して最低限の課税をおこなう仕組みといえる．

　以上見てきたように，TCJAはアメリカにおける国際課税のあり方を大きく変えるものであったが，そのルーツは2014年のデイブ・キャンプ下院歳入委員会委員長（共和党，ミシガン州）の「キャンプ案」(U.S. Congress, House, Committee on Ways and Means 2014) にある．そこでは法人税率の25％への引き下げや，外国子会社からの配当についての95％控除が提案されており，こうした路線はTCJA以前から超党派で形成されていたものであった（河音2020)．

　TCJAが意図した効果を出せているかという点についての包括的な評価はまだ難しいが，TCJAによってアメリカと海外の無形資産所得に対する実効税率の差が縮小されたことで，IPがアメリカに戻ってきている可能性があるとの推

計もある（Sullivan 2022）．いずれにせよ，TCJAの歴史的意義を俯瞰して評価するならば，河音（2020：138-39）が指摘するようにTCJAは「消費大国であるがゆえに法人税の相対的高税率を保持し，全世界所得課税により多国籍企業のグローバル展開に対応するという『覇権国型』の税制から，欧州諸国をはじめとした他の先進諸国と『対等に』競合し合う『一国主義的』税制への展開を企図したもの」といえるだろう．

TCJAと「BEPS 2.0」との関係

OECD/G20の「BEPS 1.0」にはアメリカも参加していたが，2015年の最終報告書以降，また特に2017年の政権交代以降，アメリカはBEPSの取り組みから離れていったというのが一般的な見方となっている．しかしアヴィ=ヨナは，TCJAは実は「BEPS 1.0」の原則に依拠したものであると指摘する（Avi-Yonah 2020）．特に，二重課税と二重非課税の両方を否定する「単一課税原則（Single Tax Principle）」の考え方が，GILTIやBEATには見られるというのである．たとえば，GAFAなどのテクノロジー企業は所得のほとんどを無形資産から得ているが，GILTI制度はこの種の所得に対して源泉地課税が無いまたは低い場合に居住地課税をおこなうものであるため，単一課税原則と整合的であるという．また，BEATについても，居住地課税されない可能性があるものを源泉地課税するものであって，単一課税原則に整合的であると指摘している．

このように「BEPS 1.0」のTCJAへの影響を指摘するものもあるが，TCJAの「BEPS 2.0」への影響はより明確である．ただし，「第一の柱」と「第二の柱」でその影響の仕方は異なっている．トランプ政権は当初からアメリカのデジタル関連企業のみをターゲットにするような新たな国際課税ルールには反対の立場だった．しかしながら，各国がバラバラにDSTを導入する事態はもっと避けたいことであったため，2018年頃からデジタル企業に限定しないルールをOECDに提案するなどして，「第一の柱」の議論をリードするようになった．

アメリカが「BEPS 2.0」に積極的に関与するようになったのは，TCJAが成立し国内における税制改革が一段落したためであり，特に「第二の柱」の方向性がアメリカの向かっているものと一致していたからである．実際，2019年2月のOECDの「公開協議文書」でも，IIRの方式はGILTI制度を参考にしてい

るとの言及がなされている（OECD 2019）.

しかしながら，トランプ政権においてはOECDあるいはEU諸国との歩み寄りはここまでであった. 欧州諸国が重点を置く「第一の柱」に関して，アメリカ企業への影響を最小化することに関心が向きすぎていたためである. スティーブン・ムニューシン財務長官は2019年12月に唐突に「第一の柱」については「セーフハーバー」制（企業の選択制）にすることを提案した.「金額A」によるアメリカ企業の税負担への影響は，個々の企業によってかなり異なる（Sullivan 2020）. そのような状況で企業の選択制を認めれば,「第一の柱」自体が骨抜きになってしまうことは明白であり，当然各国が受け入れられる提案ではなかった. こうして2020年末を目標としていた国際合意は暗礁に乗り上げることとなった.

3. バイデン政権の国際課税改革プランと国際合意

バイデン政権の国際課税改革プラン

2021年1月にバイデン政権が誕生し，再び「BEPS 2.0」の「2つの柱」に関する国際合意に向けた推進力が生まれることとなる. それはバイデン政権が掲げた税制改革構想にあった.

バイデン政権はインフラ投資を中心に総額2.3兆ドル規模の「アメリカ雇用計画（American Jobs Plan)」を発表し，2021年4月にはその財源を示した「メイド・イン・アメリカ税制計画（Made in America Tax Plan)」を公表した（U.S. Department of the Treasury 2021）. そこには初期のバイデン政権の国際課税改革プランが示されている. もっとも，この税制改革プランが盛り込まれた法案（H.R.5376）は2021年11月に下院は通過したものの，ジョー・マンチン上院議員（民主党，ウェスト・バージニア州）の離反にあい，成立することはなかった[6]. 2022年8月にようやく成立したインフレ抑制法では，法人税の15％の代替ミニマム税が盛り込まれたものの，国際課税分野は置き去りにされてしまった. しかしながら，2021年10月の国際合意に与えた影響は，この初期の税制改革プ

6）バイデン政権が当初の税制計画を実現できなかった要因については，小泉（2022）が詳しい.

ランにあった.

　「メイド・イン・アメリカ税制計画」では，法人税率の21％から28％への引き上げと，TCJAで導入された国際課税制度の廃止ないし修正が大きく掲げられている．まず，GILTI制度については，QBAIの10％を控除する仕組みを廃止するとされている．海外への有形投資が多いとQBAIに関わる控除額が当然大きくなるため，海外投資を促進してしまい雇用が流出するという批判は当初からあった（Kamin et al. 2019）．QBAI控除の廃止はその意味で，中間層の雇用創出をアピールするねらいも持っていたと考えられる．また，FDIIは廃止し，適切な研究開発投資優遇税制に置き換えること，BEATについてはSHIELDという別の制度に置き換えることも提案されている．そのうえで「各国を交渉のテーブルにつかせ，底辺への競争を終わらせるための強力なインセンティブを提供する」として，「第二の柱」に対する強力な支持が示されている（U.S. Department of the Treasury 2021: 12）．このことからもバイデン政権の関心は「第二の柱」にフォーカスされており，国際合意の実現に向けてイニシアティブを発揮する意思があったと見ることができる．

　実際，ジャネット・イエレン財務長官は2021年2月に「第一の柱」に関する前政権の「セーフハーバー」提案を取り下げており，「2つの柱」に取り組むために強力に関与することをG20に対して表明している．代わりに，デジタル企業に限定することなく100社程度が対象になるように，大規模で高利益の多国籍企業のみを対象とするよう提案した（2021年6月）．また「第二の柱」の最低税率についても，アイルランド等に配慮し，当初求めていた21％から15％に引き下げて合意した．このような動きから，「第二の柱」に焦点を当てつつも，「2つの柱」の国際合意に向けてバイデン政権が積極的な役割を果たしたことがわかる．

バイデン税制改革プランと「BEPS 2.0」との関係

　トランプ政権下で一時暗礁に乗り上げた「BEPS 2.0」の国際合意への道のりが，再び動きだしたのはなぜだろうか．バイデン政権がトランプ政権よりも国際協調主義であるというのは一つの説明としてはある．しかしながら，自国の利害を無視して国際協調に向かうことはない．では，トランプ前政権とバイデン政権との大きな相違点は何だったかといえば，後者が法人税率引き上げを

当初の目標に設定した点にあると考えられる．前政権下で領域主義課税に踏み出したアメリカは「他の先進諸国と『対等に』競合し合う『一国主義的』税制」へと移行したのであり，租税競争に巻き込まれることを意味する．そうなれば法人税率の引き上げは不可能になってしまう．それが「第一の柱」で妥協してでも「第二の柱」の早期実現を強く求めた理由ではないだろうか．

　先述のようにTCJAが「BEPS 2.0」のプロセスに影響を与えたのは事実であるが，バイデン政権の税制改革プランもまた「BEPS 2.0」の実現に影響を与えたのである．その意味でアメリカの税制改革の動向が，「2つの柱」からなる新国際課税ルールの国際合意に果たした影響は大きいといえる．合意された「2つの柱」はこれから実施に向けてのルールづくりと各国の国内法の改正，条約の合意など，多くの課題がまだ残されている．アメリカのGILTI制度はそのままでは「第二の柱」の「GloBEルール」との相違が大きいため，修正が必要とされているが，2022年インフレ抑制法ではGILTI制度の修正はなされなかった．また「第一の柱」の実施には条約改正が必要であり，これもまたハードルが高いと見られている．バイデン政権は，新国際課税ルールの「合意」においては重要な役割を果たしたが，その「実施」に向けてはいきなりつまずいた形となった．

おわりに

　経済がデジタル化・無形資産化する中で，多国籍企業の利益への課税は，既存の国際課税ルールの下では困難になってきている．OECD/G20の「BEPS 1.0」および「BEPS 2.0」は，多国籍企業の租税回避やビジネス・モデルの変化の現実に国際課税を適合させる取り組みであった．そこでは特にアメリカ多国籍企業，とりわけGAFAのようなデジタル企業が念頭に置かれていたことから，EU諸国とアメリカとの間でしばしば利害対立が生じることとなった．しかしながら，アメリカもまた無形資産の国外移転や租税回避に対応せざるをえず，特にTCJA以降は租税競争への対応の重要性も高まっている．こうした各国の共通利害が国際租税協調を支えているのが現状だが，国内政治はまた別の論理で動いており，バイデン政権の当初の税制改革プランが行きづまったように，今次の「国際合意」もその実施の過程で変質ないし頓挫する可能性も依然

はらんでいるといえる.

参考文献

河音琢郎（2020）「アメリカ2017年減税・雇用法（いわゆるトランプ減税）の企業課税，国際課税面の意義と課題」『国際経済』第71号.

小泉和重（2022）「アメリカ法人税とバイデン税制プラン――増税の意義と限界」『アドミニストレーション』第28巻第2号.

篠田剛（2016）「21世紀の多国籍企業と現代の『租税国家の危機』」諸富徹編『岩波講座　現代　第3巻　資本主義経済システムの展望』岩波書店.

―――（2019）「デジタルエコノミーと課税――プラットフォーム企業と国際課税レジーム」『立命館経済学』第67巻第5・6号.

―――（2022）「経済のデジタル化と課税をめぐる国際協調と米国の税制改革」日本租税理論学会編『租税理論研究叢書32　災害・デジタル化・格差是正と税制のあり方』財経詳報社.

諸富徹（2020）『グローバル・タックス――国境を超える課税権力』岩波書店.

山岸哲也，山口晋太郎，小林秀太（2018）「米国トランプ・共和党政権による抜本的税制改革」『租税研究』第822号.

吉村政穂（2022）「法人税の最低税率――GloBEルールの概要および課題」『ジュリスト』第1567号.

Avi-Yonah, Reuven S. (2020), "A Positive Dialectic: Beps and The United States," *AJIL Unbound*, 114. DOI: https://doi.org/10.1017/aju.2020.51（2022年11月10日閲覧）

Avi-Yonah, Reuven S., and Gianluca Mazzoni (2020) "Biden's International Tax Plan," *Tax Notes International*, 100(4).

Clausing, Kimberly A. (2020), "Profit Shifting Before and After the Tax Cuts and Jobs Act," *National Tax Journal*, 75(4).

Devereux, Michael P., Alan J. Auerbach, Michael Keen, Paul Oosterhuis, Wolfgang Schön, and John Vella (2021), *Taxing Profit in a Global Economy: A Report of the Oxford International Tax Group*, Oxford University Press.

Haskel, Jonathan, and Stian Westlake (2017), *Capitalism Without Capital: The Rise of the Intangible Economy*, Princeton University Press.（山形浩生訳『無形資産が経済を支配する――資本のない資本主義の正体』東洋経済新報社，2020年.）

Kamin, David, David Gamage, Ari Glogower, Rebecca Kysar, Darien Shanske,

Reuven Avi-Yonah, Lily Batchelder, J. Clifton Fleming, Daniel Hemel Mitchell Kane, David Miller, Daniel Shaviro, and Manoj Viswanathan (2019) "The Games They will Play: Tax Games, Roadblocks, and Glitches Under the 2017 Tax Legislation," *Minnesota Law Review*, 103(3).

OECD (2015), *Explanatory Statement, OECD/G20 Base Erosion and Profit Shifting Project*, OECD.

――― (2018), *Tax Challenges Arising from Digitalisation - Interim Report 2018: Inclusive Framework on BEPS, OECD/G20 Base Erosion and Profit Shifting Project*, OECD Publishing.

――― (2019), *Base Erosion and Profit Shifting Project, Public Consultation Document, Addressing the Tax Challenges of the Digitalisation of the Economy*, 13 February -1 March.

――― (2021), *OECD/G20 Base Erosion and Profit Shifting Project, Statement on a Two-Pillar Solution to Address the Tax Challenges Arising from the Digitalisation of the Economy*, 8 October.

Robillard, Robert (2021), "Pillar 1 and Pillar 2 Blueprints: Historical Context," *Tax Notes International*, 102(2).

Saez, Emmanuel, and Gabriel Zucman (2019), *The Triumph of Injustice: How the Rich Dodge Taxes and How to Make Them Pay*, W. W. Norton & Company.（山田美明訳『つくられた格差――不公平税制が生んだ所得の不平等』光文社.）

Sullivan, Martin A. (2020), "Economic Analysis: OECD Pillar 1 'Amount A' Shakes Up Worldwide Profit", *Tax Notes International*, 97(8).

――― (2022), "Irish Data Confirm Tech IP Shift From Havens to the United States," *Tax Notes International*, 105(3).

U.S. Congress, House, Committee on Ways and Means (2014), *Tax Reform Act of 2014*.

U.S. Department of the Treasury (2021), *The Made in America Tax Plan*, April.

第 11 章
新薬研究開発と薬価問題

山口祐司

はじめに

　アメリカでは製造業の国際競争力低下を受けて，1980年代に産業構造転換の動きが本格化した．その中で経済における知識の役割が重視され，プロパテント政策によって無形資産として知識を保護する制度的枠組みも整備・強化されていった．製薬産業はそうした新たな体制の下でアメリカが高い競争力を有する代表的な産業である．すなわち，大学や公的研究機関における生命科学研究によって生み出された知識の実用化を促進し，市場で高いパフォーマンスを発揮する点において，アメリカ製薬産業の特徴を見てとることができる．

　本章では，現代製薬産業の競争力の条件を整理し，どのようにしてアメリカ製薬産業が競争力を獲得したのかを明らかにするとともに，その反面でアメリカの経済・社会が抱えざるをえなくなった問題点についても明らかにする．

　第1節では，アメリカ製薬産業の競争力の現状を考察する．第2節では，ブロックバスター医薬品という概念を手がかりに，製薬産業の競争の中身を明らかにする．第3節では，アメリカ製薬産業の研究開発競争力の背景を明らかにする．第4節では，価格設定という点からアメリカ医薬品市場の特殊性を捉え，競争力の源泉が同時に社会問題の原因ともなっている様子を描く．

1．製薬産業とアメリカ

製薬産業と研究開発

　製薬産業は，医薬品の製造，研究開発，流通に関わる事業のまとまりを意味している．医薬品は，特定の疾患の治療，診断，予防に用いられる化学物質の

ことである．医薬品の実体は特定の構造と生物学的機能を持つ分子であり，新規に創製された物質であれば物質特許が与えられる[1]．また，物質特許が取得できない既知の物質であっても，医薬品として開発した企業に対しては，米国食品医薬品局（FDA）のような各国規制当局からの承認を受ける際に独占的販売権が付与される[3]．一方，医薬品の製造そのものは比較的容易[4]とされ，製薬産業においては物質特許や独占的販売権等の知的財産権による保護が重要な役割を果たしている．

　医薬品は，知的財産権を確立した企業が製造販売する新薬（ブランド薬）と，知的財産権が失効した後に他企業が製造販売するジェネリック薬に大別される．ジェネリック薬は複数の業者が参入して価格競争が激しくなることが一般的で，製造面での効率化が必要となる．このため新薬に関わる企業は研究開発と新薬の製造販売に集中し，知的財産権が失効したブランド薬事業からは撤退する動きも見られる．またとりわけバイオ医薬品は製造プロセスが複雑であるため，半導体産業と同様に研究開発を担う企業がファブレス化し，代わりに受託製造に特化したCDMO（医薬品受託開発製造企業）という専門業種との水平分業が広がっており，新薬の製薬企業は研究開発に特化しているといっても過言ではない．

　研究開発の担い手としては，すでに医薬品を製造販売している製薬企業の他に，バイオベンチャー企業が重要である．後者は生命科学研究の実用化のために大学等研究機関からスピンオフした企業であり，製品売上ではなく，特許のライセンス収入などが主な収益源である．自社ブランドで医薬品開発に成功すれば独立した製薬企業となり，アムジェン社，ギリアド・サイエンシズ社，モ

1）低分子医薬品は分子構造が基本的に安定的である．一方，バイオ医薬品は，とりわけたんぱく質分子など，分子量が大きく構造が複雑であり，同じ名称の分子であっても三次元の構造や生物学的機能が完全に同一とは限らない．

2）その他医薬品を保護する特許としては，医薬品の特定の病気への効能や効果に対する用途特許，製剤上の工夫に対する製剤特許，製造プロセスに対する製法特許などがある．電機や機械といった業界と比べ，製薬業界において製品の権利を守る特許の数は非常に少なく，一つ一つの特許の効力が大きいとされる（杉田 2006：105）．

3）日本では，厚生労働省が所管する独立行政法人医薬品医療機器総合機構（PMDA）が相当する．

4）ただし，バイオ医薬品は低分子医薬品に比べ製造プロセスが複雑である．

デルナ社などの例がある．他方，大手製薬企業ロシュ社（本社はスイス）の傘下でバイオ医薬品の研究開発を担うジェネンテック社のような例もある．

アメリカ国内における製薬産業

　アメリカの業界団体であるPhRMA（米国研究製薬工業協会）によると，製薬産業は2020年に国内で約90万3000人を雇用しており，3440億ドルの付加価値（GDPの1.6％）を生み出している．特に，研究開発に関わる事業の雇用が31万4000人，中でも科学者は約13万5000人と職業カテゴリーのうちで最多であり，それが全産業比2.3倍，全製造業比1.7倍という高い平均年間給与（14万5328ドル）につながっている（PhRMA and TECONOMY 2022）．

　雇用の規模そのものは他産業と比べてとりわけ大きくはないが，国立科学財団（NSF）のレポートによると，企業のアメリカ国内における研究開発支出額では，製薬関連が全産業の18.6％を占めている[5]．さらに，アメリカ連邦議会予算局のレポートによると，製薬産業全体の売上高研究開発費比率は2019年に25％台で，半導体産業やソフトウェア産業の16％台と比べても高い（CBO 2021: Figure 1）．

　つまり，製薬産業はアメリカにおいて特に研究開発重視の産業と理解することができる．

製薬産業におけるアメリカ

　製薬産業を国際比較の観点で見ると，まず2020年の世界の医薬品市場の規模1兆2652億ドルに対し，アメリカは5278億ドルと4割以上を占めている（IQVIA 2021）．世界銀行のデータで見ると同年のGDPでは世界全体に占めるアメリカの割合が25％弱であるため[6]，医薬品はとりわけアメリカ市場の重要性が高いことがわかる．世界の大手製薬企業14社の医療用医薬品売上高を見ると，アメリカ国籍の企業8社の平均では売上の約63％がアメリカ市場に由来[7]

5）https://ncses.nsf.gov/pubs/nsf22329/assets/nsf22329.pdf（2022年10月9日閲覧）

6）https://data.worldbank.org/indicator/NY.GDP.MKTP.CD（2022年10月15日閲覧）

7）医薬品市場は人間用と動物用に分かれ，さらに人間用も医師の処方や指示によって使用される医療用医薬品と，一般の人が自由に買うことのできる一般用医薬品（OTC：Over-the-Counter）とに分かれる．

し，それ以外の6社の平均でもアメリカでの売上は約42％に達する．何よりも市場そのものの大きさがアメリカに製薬企業を引きつけるのである．

　ただし，市場が大きいというだけでは競争力があるとはいえない．実際，輸出入で見てみると，アメリカの医薬品貿易収支は一貫して赤字であり，しかも赤字が拡大しつづけている[8]．しかしこれは他産業にも見られるサプライチェーンのグローバル化の結果である．

　より重要なのは，やはり研究開発である．OECDの調査によると，加盟国のうちデータが利用可能な33カ国において，2018年の医薬品研究開発支出は全体の約65％，746億ドルがアメリカで支出された（OECD 2021: 244-45）．アメリカのバイオテクノロジーの集積が研究開発の競争力の背景にあると考えられる．そして，2016〜21年に世界で登場した新薬の売上高は64.4％がアメリカ市場で生じており（EFPIA 2022），研究開発の資源と新薬の市場の大きさがアメリカでの活発な新薬研究開発に結びついているといえよう．

2．新薬研究開発とブロックバスター医薬品

ブロックバスター医薬品とは

　新薬研究開発が巨大な収益を生み出す——今日「ブロックバスター医薬品」として知られるこの現象を掘り下げてみよう．ブロックバスター医薬品とは，学術的に厳密に定義されたものではないが，年間売上高が10億ドルを超える医薬品を指す業界用語である．

　ブロックバスターとは，第二次世界大戦中の1942年に「街区（block）」をまるごと「破壊する（bust）」ほどの大型爆弾を指す言葉として登場した．それが戦後エンターテインメント業界で「目を見張るほどの成功を収めた作品」を指す言葉として用いられるようになった．製薬産業においても，無数の命を救い，生活の質を改善させ，製薬企業に巨大な利益をもたらす医薬品がブロックバスターと呼ばれるようになった（Li 2014: 1）．

8）https://www.census.gov/foreign-trade/Press-Release/ft900_index.html（2022年10月16日閲覧）

ブロックバスター医薬品が登場した背景

　1986年にアメリカのスミスクライン・フレンチ社の抗潰瘍薬タガメットが10億ドル超の売上高を記録したことがブロックバスター医薬品の最初の例とされ，スミスクラインは中堅製薬企業から一挙に世界最大の製薬企業の一つとなった（Li 2014: 5）．

　タガメット登場以前は，消化性潰瘍は有効な治療法がなく，悪化すれば外科手術が必要であった．スミスクラインで研究に従事していたジェームズ・ブラック（1988年ノーベル生理学・医学賞受賞）が，胃酸分泌に関与するヒスタミンH2受容体という構造が胃壁に存在するという仮説に基づいて創薬プロジェクトを立ち上げ，12年にわたる研究開発期間を経てタガメットが1976年に発売された（Nayak and Ketteringham 1986）．当時は生化学や分子生物学の発展により，医薬品の体内における薬理作用が分子レベルで解明されはじめた時期であり，効果があるうえに理論的なバックボーンを持つ同薬は臨床現場に浸透していったのである．

　その後，高血圧や高脂血症，糖尿病（2型）などの生活習慣に関連する慢性疾患領域で，生化学的メカニズムを利用した新薬の開発が相次いだ．それらの疾患は患者数も多く，生涯にわたって毎日薬を服用しつづけることが普通である．そのため，既存の薬よりも明確に優れた効果を示し，多くの臨床現場で第一選択薬として採用されると，巨大な売上高を記録することとなり，それに伴いブロックバスター医薬品という言葉も普及していった．その極致といえるファイザー社の高脂血症薬リピトールは，2006年のピーク時には約129億ドルを売り上げ，同社の医薬品売上全体の3割近くを占めるに至った．

生活習慣関連領域からスペシャルティ領域へ

　ところが2000年代に入ると，新薬の承認は滞りを見せることとなる（図11-1）．これは，それまでのブロックバスター医薬品によって治療水準が上がってきたことの裏返しとして，患者数の多い疾患領域で，満たされていない医療ニーズが縮小してきたことを表している．製薬業界においても，ブロックバスター医薬品の代わりに，個別化医療に代表される，より専門的な領域の医薬品（スペシャルティ医薬品）の研究開発を推進するために，ブロックバスター・モデル見直しを唱える議論も台頭した．

図11-1　アメリカにおける1980年以降の新薬承認数（5年間の平均値）

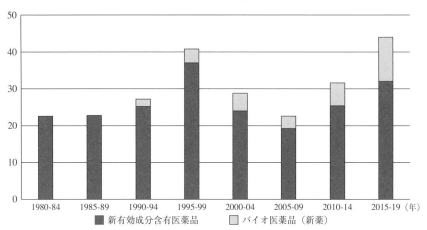

（出所）CBO (2021), Figure 2より作成．

　スペシャルティ医薬品とは，がんや自己免疫疾患のように病気の仕組みが複雑で，専門医の注意深い監督の下で投与される医薬品のことである．実際に，近年新薬研究開発が増加しているのは，バイオ医薬品に代表されるこうした領域の新薬のおかげである．しかし，従来の生活習慣関連領域と比べて投与される患者数が少ないにもかかわらず，実際にはブロックバスター医薬品の数はむしろ増加している（表11-1）．

　この背景にあるのが価格づけの問題である．1989年から2017年までの間にFDAで承認された抗がん剤99剤について，累計売上高（2017年まで）と研究開発費の関係を考察した研究では，高価格の結果，中央値で累計売上高が研究開発費の14.5倍にもなっていることが示された（Tay-Teo et al. 2019）．

　がん以外でも，たとえば2013年から2014年にかけてギリアド社が開発したC型肝炎治療薬ソバルディとハーボニー[9]は，C型肝炎が完治するほどの効果がある一方で，セットとなる12週間の服用によるコストがそれぞれ8万4000ドル，9万4500ドルと高額なことで知られた．また，2019年にノバルティス社が開発

9）ソバルディの有効成分はソホスブビルといい，ハーボニーはこのソホスブビルとレジパスビルという別の有効成分を配合した医薬品である．

表11-1　世界のブロックバスター医薬品数の推移

2002年	54
2005年	92
2010年	103
2015年	104
2020年	157

(出所)『国際医薬品情報』2003年4月14日号，2006年4月10日号，2011年3月28日号，2016年4月11日号，2021年4月26日号より作成.

した脊髄性筋萎縮症の遺伝子治療薬ゾルゲンスマは，210万ドルの価格が付いた．ソバルディとハーボニーは2015年のピーク時に合わせて191億ドルの売上を記録し，ゾルゲンスマも患者数が少ない希少疾患治療薬であるにもかかわらず，2021年に13.5億ドルを記録してブロックバスター医薬品となっている．

　もちろん売上高10億ドル超というブロックバスター医薬品の基準が持つ意味は1980年代と今日とで異なるが，それでもブロックバスター医薬品は今や製薬産業の大手企業でいるためには製品ラインナップに不可欠な存在であり，単なる僥倖というべき例外的成功ではなく，能動的に「つくりだす」対象になっているのである．

3．研究開発競争力の背景

　アメリカに研究開発投資が集中し，そこで生まれた新薬がブロックバスター医薬品となって投資を上回る収益につながるという構図を示した．前者に関して，バイオテクノロジー産業の集積は，国家政策を背景とした大学等のアカデミアの市場化と表裏一体の関係にある．そこでアカデミック・キャピタリズム論を手がかりに，その過程を以下で整理していく．

アカデミック・キャピタリズム論

　アカデミック・キャピタリズム論とは，公共財としての知識の生産を目的として，主として公的資金で運営されてきた大学等のアカデミアが，1980年代以降に民間資金への依存度を高めつつ，市場の一プレーヤーとして資本蓄積の仕組みに組み込まれていった過程を捉えた社会理論である[10]．そしてその過程に

おける国家政策の役割をとりわけ重視している．アカデミアにおいて創出された知識の商品化，資本化といった動きを，ポスト・フォーディズムにおける資本主義の発展の中に位置づけ，同時期に生じた経済の金融化のような動きとも関連づける広い射程を持っているのが同理論の特徴である（Jessop 2018）．

　一方で同理論は，アカデミアや知のあり方に対する問題意識が強い．アカデミアが利益追求に励むことで，学問の選別や知識の秘匿など様々な問題が生じたことは確かである．ただし同じ現象を前にして，知識を大学などに埋もれさせず実用化する動きという側面から積極的に評価する議論もある（上山 2010）．アカデミック・キャピタリズムが可能になったのはプラグマティズムの伝統を持つアメリカだからこそであり，その実用化の中心的な舞台となったのが，医療に関わる生命科学，バイオテクノロジーの領域である．

バイオテクノロジー産業の興隆と知的財産制度の整備

　アカデミック・キャピタリズムの中心たるバイオテクノロジー産業がアメリカで興隆した背景には，まずもって国家による生命科学研究への投資があった．第二次大戦後にアメリカで科学技術政策が本格的に開始されると，医学やバイオテクノロジーの基礎研究にも公的資金が様々なルートから供給された．1970年代初頭までは非軍事の連邦研究開発支出は，特にスプートニク・ショック以後NASAの影響が大きく，大幅に伸長している．しかし生命科学を含む保健関連の研究開発支出も，1953〜70年にかけて非軍事全体と同じく約35倍に増加している（インフレ調整済み）[11]．

　さらに，アメリカではアカデミック・キャピタリズム以前から本来，産学連携が重視されており，相対的に基礎研究重視となった戦後においても，1950年代以降，大学がリサーチパークを設けて企業を誘致する動きがあった．そうした産学連携の取り組みは，半導体，エレクトロニクス分野ではベンチャー企業の創出から新たな産業集積の形成にもつながっており，その代表例がカリフォルニア州のシリコンバレーであった．

　研究者が研究成果を事業化する際に，資金供給や経営ノウハウの伝授，さら

10）この理論をタイトルにしたSlaughter and Leslie (1997)によって広く普及した．

11）https://www.whitehouse.gov/omb/budget/historical-tables/（2022年10月26日閲覧）

には技術の評価といった様々な側面で支援をおこなってきたのがベンチャーキ
ャピタルである．ベンチャーキャピタルも，1970年代までに半導体，エレク
トロニクス分野でのベンチャー企業の成功例からノウハウや人材を蓄積してい
た．

　こうした中，DNAの構造発見（1953年）をはじめとして戦後目覚ましく発
展していた分子生物学において，スタンリー・コーエンとハーバート・ボイヤ
ーによる1974年の遺伝子組み換え技術の確立は大きな画期となった．コーエ
ン－ボイヤーの遺伝子組み換え技術とは，酵素を用いて特定の位置で切り取っ
たDNAの断片をバクテリアに移植する技術である．たとえば，1型糖尿病は膵
臓のβ細胞が機能しなくなることで，インスリンというホルモンが欠損する病
気だが，DNAの中でインスリン産生に関わる塩基配列を取り出してバクテリ
アに移植することで，体外でインスリンをつくりだすことができるようになる
のである．この技術の医療への応用性は幅広く，1976年にボイヤーらが創業
したジェネンテック社や1978年創業のバイオジェン社をはじめとするバイオ
テクノロジー企業へとつながった．

　1980年のいわゆるバイ・ドール法（特許商標法改正）は，連邦政府の資金を
用いた研究成果の知的財産権を大学や中小企業に帰属させ，排他的なライセン
スを認めた法律である．アカデミアにおいても知的財産の民間企業へのライセ
ンスを促進するために技術移転機関が整備された．さらに，1984年には政府，
大学，産業研究ラウンドテーブルという産学官連携の協議会も設置された．こ
うした取り組みにより，バイオテクノロジー分野の研究の，ベンチャー企業と
しての事業化が1980年代以降加速するのである．

法制度による新薬研究開発インセンティブの形成

　同時に，製薬およびバイオテクノロジー産業に対して，新薬研究開発を促す
インセンティブも1980年代以降に整備されてきた．

　1983年オーファンドラッグ法は，希少疾患（患者数が20万人未満）を対象と
して開発した医薬品に，研究開発費の半額の税額控除を与え，かつ承認後7年
間の独占的販売権を認めるものである．これにより患者数が少ない疾患でも，
特許が取得できない医薬品であっても，研究開発費を回収し，利益を上げる道
ができたのである．

　1984年ハッチ・ワクスマン法は，ジェネリック医薬品の製造販売に関して規制を緩和することで，特許や独占的販売権が切れた医薬品を価格競争にさらし，同時に新薬の承認審査期間に応じて特許の有効期限の延長を可能にした．なおバイオ医薬品に関しても同様の趣旨で，2009年に生物学的製剤の価格競争とイノベーション法が制定されている．

　1992年処方箋医薬品ユーザーフィー法は，新薬の申請をする製薬企業が一定の申請料を支払うことにより，FDAによる審査を加速し，審査期間を短縮することを可能にした．

　1997年FDA近代化法は，医療上特に重要な開発品について，ファストトラック指定を設け，優先的に承認審査をおこなうことを定めた．

　こうして，有用な新薬を開発しさえすれば，費用（機会費用も含む）を抑えつつ，収益を回収しやすい仕組みを国家が先導するのがアメリカの特徴である．

豊富な公的研究開発資金

　最後に，そもそもの基礎研究の規模についても触れておきたい．

　前述の保健関連の連邦研究開発支出は，1980年代以降さらに急速に増加し，非軍事の連邦研究開発支出に占める割合は，1981年の約24％から，2001年以降は50％を常時超える水準になっている．

　またOECDのまとめによれば，政府の保健関連の研究開発予算（2018年）は，アメリカ444億ドルに対し，EU諸国全体でも160億ドル，日本27億ドルと大きな開きがある（OECD 2021：245）．

　実際に，2020年に新型コロナウイルス感染症が流行すると，それまで実用化実績のなかったmRNAワクチンの開発のために，製品販売実績がなかったモデルナ社に対し，10億ドルもの開発資金を支援できたのは，それまでの下地があってこそであった．

　このように，制度面だけでなく資源投入の面からも，アメリカのバイオテクノロジー産業は国家に大きく支えられているのである．

4．高薬価問題に揺れるアメリカ社会

　前節で見たように，アメリカにおいては医薬品の研究開発を促進する仕組み

図11-2　G7諸国の一人当たり医薬品支出推移

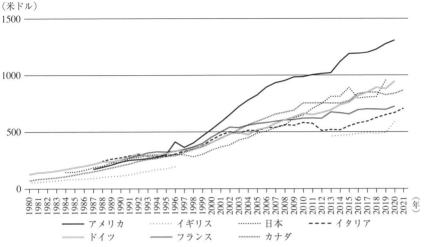

（出所）OECD, Pharmaceutical Spending (indicator). doi: 10.1787/998febf6-en（2022年10月28日閲覧）より作成.

が国家も巻き込んで整備されていったことは確かである．それでも，本来患者数が少ないはずの希少疾患用薬も含めてブロックバスター医薬品が誕生する理由は，独占市場であるがゆえの高価格である．医薬品市場の需要側は独自の複雑さがあり詳細な分析は本章の課題を超えるが，高価格が可能になる仕組みとその影響を簡単にまとめておきたい．

自由薬価制と価格設定

　図11-2から，アメリカにおける医薬品支出が1990年代後半以降，他国と比べて急増していることがわかる．医療用医薬品（処方箋医薬品）に限ると，2018年のアメリカにおける価格はその他OECD諸国の2.5倍，さらに新薬を発売した企業の製品に限ると，その他OECD諸国の3.4倍と報告されている（Mulcahy et al. 2021: xii）．

　この背景には，医薬品の価格（薬価）に関する制度がある．ほとんどの国においては，医療保険システムの支払能力を維持するために薬価規制が設けられている．たとえば，2018年のノーベル生理学・医学賞を受賞した本庶佑の研究成果をもとに開発されたオプジーボは，PD-1阻害薬という画期的な抗がん

薬として，2014年7月に他国に先駆けて日本で承認された．当初は市場規模の小さいメラノーマが適応症となったため，100mgで約73万円の薬価が定められた．ところが2015年12月にはより市場規模の大きい肺がんも適応症となったことにより，販売額が急増した．これを受けて厚生労働省は2016年11月に薬価の緊急改定をおこない，薬価が50％引き下げられることとなった（適用は2017年2月）．このような価格規制のない国は，アメリカの他にもイギリスとドイツがある．しかしこの両国においても，薬価が高すぎる医薬品は医療保険の償還対象リストから外される場合があるため，間接的に薬価が制限される仕組みがある．

　これに対しアメリカにおいては公的な薬価規制がないだけでなく，民間医療保険が中心という特徴がある．製薬企業は支払者との価格交渉によって薬価を定めることになるが，とりわけ薬剤給付管理会社（Pharmacy Benefit Manager：PBM）との交渉が重要である．PBMは第三者として保険会社が償還する医薬品のリスト（フォーミュラリ）を作成しているが，製薬企業から受け取っているリベートがPBMの本来の役割に歪みを生み，高薬価につながっているとして，近年，政治問題にも取り上げられている．

　製薬業界では「価値に基づく価格づけ（value-based pricing）」という言葉が用いられ，高薬価が正当化されている．しかしこれは独占価格の婉曲表現にすぎない．競争原理が働かないために価格が高止まりすることは，古くから知られている経済学の知見である．新薬研究開発の中心的な舞台となっているスペシャルティ医薬品は，人口の2％未満にしか使用されないにもかかわらず，全医薬品支出の51％を占めているという事実が，このことを物語っている．[12)]

高薬価の政治問題化

　高薬価は研究開発によって「新たな価値が生じたから」ではなく，単に独占によってそれが「可能であるから」にすぎない——こうした認識の広まりによって薬価が政治問題化したのは，2016年の大統領選挙の頃からである．

　きっかけは2つの薬価引き上げ「事件」であった．エイズなどで免疫が弱っ

---

12) https://www.evernorth.com/articles/specialty-drug-trends-and-utilization（2022年10月28日閲覧）

た場合に重症化することがあるトキソプラズマ症の治療薬ダラプリムは1953年に発売されていたが，市場が小さいためにジェネリック薬の参入がないまま1社が安価に販売していた．ところが2015年に製造販売権を買い上げたテューリング社が，1錠の価格を13.5ドルから750ドルへと55.6倍に引き上げた．その翌年には，アナフィラキシーショック時に使用する注射製剤エピペンの価格が，マイラン社が製造販売権を買収して以降4倍以上に引き上げられていたことが報道された．

　どちらも命に関わる不可欠な医薬品であり，高薬価問題は2016年以降の大統領選挙の争点にもなった．高薬価の原因の調査は議会でも進められつつあり，2022年には製薬業界の反対にもかかわらず，処方箋医薬品の価格改革を含むインフレ抑制法が成立することとなった．

おわりに

　本章ではアメリカ製薬産業の競争力の条件として，バイオテクノロジー産業の集積と価格設定の問題を整理してきた．とりわけ後者の点は需要側，つまり患者や医療保険システムの支払能力とも関わって政治問題化しており，アメリカもこれまでの仕組を維持できなくなる恐れもある．そうなれば製薬産業におけるブロックバスター・モデルも見直しを迫られるようになる可能性がある．

参考文献

上山隆大（2010）『アカデミック・キャピタリズムを超えて──アメリカの大学と科学研究の現在』NTT出版.

杉田健一（2006）『医薬品業界の特許事情』第2版，薬事日報社.

宮田由紀夫（2002）『アメリカの産学連携──日本は何を学ぶべきか』東洋経済新報社.

CBO (2021) *Research and Development in the Pharmaceutical Industry*, April 2021. https://www.cbo.gov/publication/57126#_idTextAnchor011（2022年10月9日閲覧）

EFPIA (2022) *The Pharmaceutical Industry in Figures: Key Data 2022* [online]. https://www.efpia.eu/media/637143/the-pharmaceutical-industry-in-figures-2022.pdf（2022年10月8日閲覧）

IQVIA (2021) *Global Medicine Spending and Usage Trends: Outlook to 2025* [online]. https://www.iqvia.com/-/media/iqvia/pdfs/institute-reports/global-medicine-spending-and-usage-trends-outlook-for-2025/iqvia-institute-global-medicines-and-usage-trends-to-2025-0421-forweb.pdf（2022年10月15日閲覧）

Jessop, Bob (2018) "On academic capitalism," *Critical Policy Studies*, 12(1) [online]. https://www.tandfonline.com/doi/full/10.1080/19460171.2017.1403342（2022年10月23日閲覧）

Li, Jie Jack (2014) *Blockbuster Drugs: The Rise and Decline of the Pharmaceutical Industry*, Oxford University Press. Kindle.

Mulcahy, Andrew W., Christopher Whaley, Mahlet G. Tebeka, Daniel Schwam, Nathaniel Edenfield and Alejandro U. Becerra-Ornelas (2021) "International Prescription Drug Price Comparisons: Current Empirical Estimates and Comparisons with Previous Studies," RAND Research Report RR-2956-ASPEC [online]. https://www.rand.org/content/dam/rand/pubs/research_reports/RR2900/RR2956/RAND_RR2956.pdf（2022年9月29日閲覧）

Nayak, P. Ranganath, and John M. Ketteringham (1986) *Breakthroughs!*, Rawson Associates（山下義通訳『ブレイクスルー！――事業飛躍の突破口』ダイヤモンド社，1987年.）

OECD (2021) *Health at a Glance 2021: OECD Indicators*, OECD Publishing: Paris [online]. https://doi.org/10.1787/ae3016b9-en（2022年10月16日閲覧）

PhRMA and TECONOMY (2022) *The Economic Impact of the U.S. Biopharmaceutical Industry: 2020 National and State Estimates* [online]. https://phrma.org/-/media/Project/PhRMA/PhRMA-Org/PhRMA-Org/PDF/0-9/2020-Biopharma-Jobs-ImpactsMarch-2022-Release.pdf（2022年9月25日閲覧）

Slaughter, Sheila, and Larry L. Leslie (1997) *Academic Capitalism: Politics, Policies, and the Entrepreneurial University*, Johns Hopkins University Press.

Tay-Teo, Kia, André Ilbawi, and Suzanne R. Hill (2019) "Comparison of Sales Income and Research and Development Costs for FDA-Approved Cancer Drugs Sold by Originator Drug Companies," *JAMA Network Open*, 2(1) [online]. https://jamanetwork.com/journals/jamanetworkopen/fullarticle/2720075（2022年10月22日閲覧）

第 12 章

知的財産制度とITサービス産業

西村成弘

はじめに

　1980～90年代に整備・強化されたプロパテント（知的財産権を重視し強い権利を認める）政策は，2000年代においても若干の修正を含みつつ継続した．2010年頃に知財の増加が新たな局面に入ったが，その背景にはパルミサーノ・レポート（2004年）やアメリカ競争力法（2007年）といったイノベーション政策による研究開発の押し上げがあった．今日ではデジタル基盤関連企業（ITサービス企業，半導体設計・製造企業）が多くの知財を取得しており，ITサービス産業拡大の基礎となっている．知財関連貿易（技術貿易）を見ると黒字が拡大しており，アメリカ多国籍企業は国内で研究開発活動をおこないその成果に基づき世界中から効率的に利益を得る仕組みをつくりあげている．この章では，知財制度（特許制度）とそれを利用した資本蓄積の両側面からアメリカ経済の展開を見る．

1．知財制度の展開

プロパテント政策

　今日のアメリカ知的財産制度の大きな枠組みは1980年代前半に整備された．その特徴は，知財を重視し所有者に強い権利を認めることによってイノベーションを促進しようとする点にあった．

　1980年にバイ・ドール法（特許商標法改正）が成立し，政府助成研究の成果を企業が自らの知財として所有することを認めるようになった．最初は中小企業のみであったが，1983年にはそれが大企業にも適用され，研究開発の成果

を事業化しやすくなった。また、知財として認められる対象も拡大し、1980年にはチャクラバーディ事件判決により微生物に対する知財が認められ、その後のバイオ特許拡大の道を拓いた。また同年には著作権法が改正され、コンピュータ・プログラムを著作物として保護されるようになった。権利保護制度（権利行使に関する制度）も整備され、1982年には連邦巡回控訴裁判所（CAFC）がつくられ、知財事件を専門に管轄するようになった。プロパテント政策におけるCAFC創設の効果は絶大で、侵害事件における権利者側の勝訴率が創設前の30％から創設後には80％に上昇した。1984年になると医薬品等の特許権存続期間の延長が認められるようになり、さらに同年には半導体チップの保護法が制定された（坂井 1994：2004）。

　1990年代にも知的財産制度は保護対象を新たな分野に広げていった。1998年のステートストリート事件判決ではビジネスモデル特許が認められた。ビジネスモデル特許はコンピュータ・ソフトウェアを利用した新たな事業の仕組みやサービス提供方法に権利を与えられるもので、アメリカ経済のサービス産業化（特にITサービス産業の興隆）に拍車をかけるものであった。翌1999年9月にはアマゾン（Amazon.com）のワンクリック特許が登録され、ビジネスモデル特許が注目されるようになった（水谷 2000：坂井 2004）。

　2000年以降の知財制度においても、基本的にプロパテントの考え方に変更はなかったが、国際的なハーモナイゼーションと、知財の対象となるものの微調整が進められた。前者のうち最も重要なものは、2011年に特許商標法が改正され先願主義（最初に出願した者に権利を与える）へと変更されたことである（2013年施行）。アメリカ特許法は1790年の制定以来一貫して先発明主義、つまり最初に発明をなした者に権利を与える（同じ発明をおこなったとする者が複数現れた場合は、インターフェアランスという手続きで真の発明者を審査する）制度を採用していた。しかし、アメリカ以外の国がすべて先願主義を採用していること、先発明主義では誰が発明者であるかを決定するまで時間がかかり、権利が安定しないことでグローバル競争上の制約になることから、ついにこれを放棄したのである（藤井 2013）。後者に関しては、特許適格性判断の厳格化が進み、バイオ特許やソフトウェア特許では権利が認められる範囲がやや限定され、プロパテント政策の若干の揺り戻しが見られた（柳澤 2020）。

イノベーション・エコシステム

　プロパテント政策は，1980年代以降の競争力政策の一部をなすものであった．1985年に発表されたヤング・レポート（大統領産業競争力諮問委員会報告）は，既存産業が国際競争において劣位に押しやられたことに対応して，高付加価値・高生産性部門をアメリカ国内に形成し国際競争力を回復する必要性を説き，研究開発投資の拡大と知財保護の強化を提言した（田村 2008）．

　1990年代のニューエコノミーと2000年代初頭のITバブル崩壊の後，2004年には競争力評議会が報告書『イノベート・アメリカ』（パルミサーノ・レポート）を発表し，イノベーション・エコシステムの強化を提言した．この報告書は，ヤング・レポート以降のプロパテント政策に加え，研究開発投資の促進（特に政府による基礎研究投資の充実），イノベーション人材の育成，ベンチャー投資の活性化というイノベーション重視（プロイノベーション）政策を打ち出した．オバマ政権のアメリカ競争力法（2007年）は，パルミサーノ・レポートを受けてイノベーション・ハブを設置しようとするものであり，3Dプリンターなどをテーマにしたハブが設置された．2014年のアメリカ製造業再生・イノベーション法も，グローバル競争で優位にある先進的な製造業を支援するものであった（田村 2008；山縣 2008；2016；2021）．

　1980年代以降の知財重視の政策と2000年以降のプロイノベーション政策は，アメリカ企業が特にITサービス産業分野で多数の知財を保有し新たな蓄積基盤を形成していく枠組みとなった．

知財集約型産業の重要性

　プロイノベーション政策は，革新的な技術開発や特許取得を主眼としている．しかし，アメリカ政府は特許だけではなく商標や著作権を含む全ての知財を重視しており，知財を競争優位の源泉の一つとする産業がマクロ経済に占める割合も高まってきている．

　雇用者数に対する知財件数の比率が平均値以上の産業を知財集約型産業とすると，北米産業分類システムの313産業のうち81産業がこれに当てはまる．知財集約産業のマクロ経済における重要性を雇用者数で見ると，2010年には2710万人，2014年は2790万人がこれら産業で雇用されており，全雇用者に占める割合はそれぞれ18.8％と18.2％であった．知財集約産業のサプライチェー

ンを含む雇用者数は4550万人に上り，知財関連産業はアメリカ産業の重要な
部分を占めることがわかる[1]．また，知財集約産業を付加価値額で見ると，
2000年の付加価値額は5兆600億ドルであったが，2014年には約30％増加して
6兆6000億ドルになり[2]，GDPに占める割合も34.8％から38.2％に拡大した
（Antonipillai and Lee 2016）．プロパテント政策は，知財集約型産業の比率の高
まりを通して，マクロ経済に重要な影響を及ぼすようになっているのである．

2．知財の拡大と資本蓄積

知財の拡大

　1990年から2020年までに登録されたアメリカ特許（utility patents）の件数を，
アメリカで発明されたものと外国で発明されたものに分けてプロットしたのが
図12-1である．内国発明，外国発明ともにほぼ同じような動向を示しているの
だが，1990年代後半と2010年以降に登録件数が増加していることがわかる[3]．
特許の出願から登録まで審査期間があるので，出願の増加はそれぞれ数年前に
あったと考えるべきである．そうすると，2010年以降の知財の拡大は，まさ
に2007年のアメリカ競争力法により整えられたイノベーション促進の枠組み
の中で各企業が研究開発投資をおこなった結果であると考えられる．
　2010年以降の知財拡大は，多国籍企業による出願と取得によってもたらさ
れた．表12-1は2000年から2020年までの期間において5年ごとに，特許取得件
数上位20社を示したものである．特許拡大の特徴の第一は，1社当たりの登録
件数が増加していることである．IBMは2000年に2886件（1位）の特許を登録

1）知財集約型産業を知財の種類ごとに分けて雇用者数を見ると，特許集約型は750万人，
　　商標集約型は4100万人，著作権集約型は850万人であり（重複を含む），商標型が圧倒
　　的に多い．

2）商標集約型が6兆1000億ドル，特許集約型が8810億ドル（重複を含む）と圧倒的に商
　　標集約型が多い．

3）アメリカは外国発明に基づく特許が全体の約半数を占める特殊な国である．外国発明
　　には，外国企業（個人）が出願したものと，アメリカ企業（個人）が外国での研究開
　　発活動の成果を出願したものが含まれている．他方，外国企業がアメリカでおこなっ
　　た研究開発の成果は内国発明に数えられる．いずれにせよアメリカの知財はグローバ
　　ル化している．

図12-1　アメリカ特許登録件数の推移

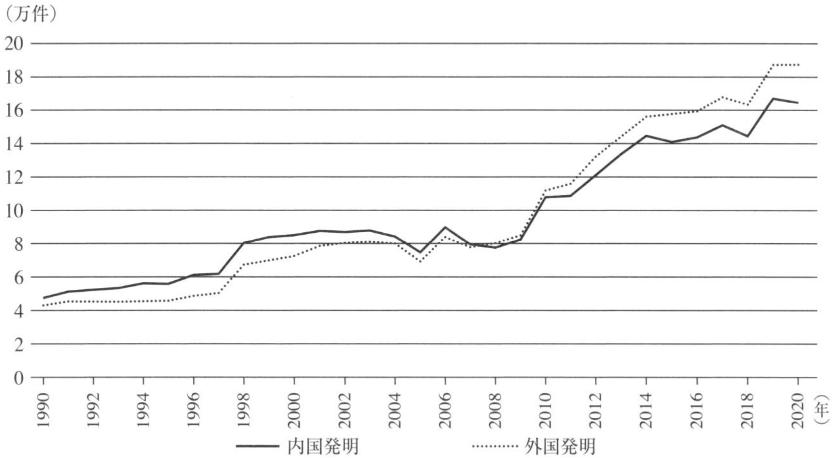

（出所）USPTOウェブサイトより作成.

していたが，2020年には年間9118件（1位）の登録をおこなった．20位に位置
する企業の登録件数を見ても，2000年（USフィリップス）は693件であったも
のが2020年（現代自動車）の1458件へと増加しており，上位企業においては特
許をより多く取得する傾向にあった.

　第二の特徴は，2020年にはGAFAMと呼ばれるITサービス企業が特許を多数
登録するようになったことである．マイクロソフトは2005年に18位（746件），
2010年に3位（3086件）と急激に登録件数を増加させ，2020年には2909件登録
し4位となっている．GAFAは2015年以降に多数の特許を登録するようになり，
2020年にはアップル（8位），アマゾン（11位），グーグル（17位）が上位にラン
クインしている．20位以内には入っていないがフェイスブックも937件（36
位）の登録をおこなった.

　第三の特徴は，半導体設計・製造企業も上位にあることである．2020年の
ランキングを見ると，この分野はサムスン電子（2位）やLG電子（6位），
TSMC（7位），ファーウェイ（9位）など東アジア企業が目立つが，アメリカ企
業もインテル（5位），クアルコム（10位），マイクロン（19位）が健闘している.

　第四の特徴は，自動車企業も特許を多数出願するようになったことである.
表12-1の中で自動車企業および自動車関連企業は，2005年にボッシュ（16位）

表12-1　アメリカ特許取得ランキング

	2000年		2005年		2010年	
1	IBM（米）	2,886	IBM（米）	2,941	IBM（米）	5,866
2	NEC（日）	2,021	キヤノン（日）	1,829	サムスン（韓）	4,518
3	キヤノン（日）	1,890	HP（米）	1,790	マイクロソフト（米）	3,086
4	サムスン（韓）	1,441	松下電器（日）	1,688	キヤノン（日）	2,551
5	ルーセント（米）	1,411	サムスン（韓）	1,641	パナソニック（日）	2,443
6	ソニー（日）	1,385	マイクロン（米）	1,561	東芝（日）	2,212
7	マイクロン（米）	1,304	インテル（米）	1,549	ソニー（日）	2,130
8	東芝（日）	1,232	日立製作所（日）	1,271	インテル（米）	1,652
9	モトローラ（米）	1,196	東芝（日）	1,258	LG電子（韓）	1,488
10	富士通（日）	1,147	富士通（日）	1,154	HP（米）	1,480
11	松下電器（日）	1,137	ソニー（日）	1,135	日立製作所（日）	1,447
12	AMD（米）	1,053	GE（米）	904	セイコー・エプソン（日）	1,438
13	日立製作所（日）	1,036	セイコー・エプソン（日）	884	富士通（日）	1,276
14	三菱電機（日）	1,010	インフィニオン（独）	787	GE（米）	1,222
15	シーメンス（独）	912	フィリップス（蘭）	763	リコー（日）	1,198
16	HP（米）	901	ボッシュ（独）	756	シスコ（米）	1,114
17	コダック（米）	875	富士フィルム（日）	750	富士フィルム（日）	1,025
18	インテル（米）	795	マイクロソフト（米）	746	ホンダ（日）	987
19	GE（米）	787	TI（米）	734	ハイニックス（韓）	973
20	USフィリップス（米）	693	ホンダ（日）	698	ブロードコム（米）	958

（出所）USPTOウェブサイトより作成.

とホンダ（20位），2010年にホンダ（18位）があったが，2015年のランキングでは電機・電子企業に押されて20位以内に自動車企業は入らなかった. しかし2020年になるとフォードが13位（2025件），トヨタが15位（1874件），現代自動車が20位（1458件）と上位にランクインするようになった. 自動運転やEV車の開発競争が，自動車各社の特許取得の拡大を促進したのである.

IBMの知財

　特許登録件数の多い企業の中からIBMを取り上げ，その内容を分析してみよう. 表12-2は2000年，2010年，2020年のそれぞれ1～3月の間に登録されたIBM特許の技術分布を示したものである[4]. いずれの年においても最も多いのはソフトウェアやビジネスモデル関連の特許で，G06F「電気的デジタルデータ処理」やG06N「特定の計算モデルに基づく計算装置」，G06Q「管理目的，商用目的，金融目的，経営目的，監督目的または予測目的に特に適合したデータ処理システムまたは方法」に分類されるものが多かった. また，IBMは半

（単位：件）

2015年		2020年		
IBM（米）	7,309	IBM（米）	9,118	1
サムスン（韓）	5,059	サムスン（韓）	6,396	2
キヤノン（日）	4,127	キヤノン（日）	3,225	3
クアルコム（米）	2,900	マイクロソフト（米）	2,909	4
グーグル（米）	2,835	インテル（米）	2,865	5
東芝（日）	2,582	LG電子（韓）	2,830	6
ソニー（日）	2,448	TSMC（台）	2,817	7
LG電子（韓）	2,241	アップル（米）	2,788	8
インテル（米）	2,046	ファーウェイ（中）	2,760	9
マイクロソフト（米）	1,955	クアルコム（米）	2,276	10
アップル（米）	1,937	アマゾン（米）	2,244	11
サムスン・ディスプレイ（韓）	1,825	ソニー（日）	2,232	12
TSMC（台）	1,758	フォード（米）	2,025	13
GE（米）	1,756	サムスン・ディスプレイ（韓）	1,892	14
リコー（日）	1,618	トヨタ（日）	1,874	15
セイコー・エプソン（日）	1,618	BOE（中）	1,848	16
パナソニック（日）	1,474	グーグル（米）	1,817	17
東芝（日）	1,463	GE（米）	1,757	18
富士通（日）	1,455	マイクロン（米）	1,534	19
エリクソン（瑞）	1,406	現代自動車（韓）	1,458	20

導体関連や電気通信関連の特許（H01L「半導体装置，他に属さない電気的固体装置，H04L「デジタル情報の伝送」，H04W「無線通信ネットワーク」など）も多く出願している.

　このような特許の分布は，2000年以降のIBMの事業構造とも整合的であり，IBMの事業を権利面で保障するものであった. メインフレーム・コンピュータからPCまでを扱っていたIBMは，ハードウェア事業が国際競争力を喪失したのちに，ルイス・ガースナー（1993年から2001年までCEO）によってハード

4）国際特許分類（IPC：International Patent Classification）は，各特許をセクション（Gセクションは「物理学」，Hセクションは「電気」，Bセクションは「処理操作；運輸」），クラス（たとえばG06は「計算または係数」），サブクラス（G06Cは「すべての計算が機械的におこなわれるデジタル計算機」），その下のグループとサブグループによって構成されている. 本章ではサブクラスで分類している. なお，1つの特許に複数の分類が付されている場合は（たいていの特許は複数付されている），筆頭の分類のみを用いた.

表12-2　IBM特許の技術分布（各年1～3月登録）

（単位：件, %）

国際特許分類（筆頭）		2000年		2010年		2020年	
G06F	電気的デジタルデータ処理	296	40.8	619	54.2	497	32.4
H01L	半導体装置，他に属さない電気的固体装置	83	11.4	131	11.5	300	19.5
H04L	デジタル情報の伝送，例. 電信通信	37	5.1	57	5.0	229	14.9
G06N	特定の計算モデルに基づく計算装置	1	0.1	11	1.0	50	3.3
G06Q	管理目的，商用目的，金融目的，経営目的，監督目的または予測目的に特に適合したデータ処理システムまたは方法	18	2.5	44	3.9	49	3.2
G10L	音声の分析または合成；音声認識；音声処理；音声または音響の符号化と復号化	5	0.7	8	0.7	37	2.4
H04W	無線通信ネットワーク	0	0.0	0	0.0	36	2.3
H04N	画像通信，例. テレビジョン	8	1.1	10	0.9	25	1.6
G06T	イメージデータ処理または発生一般	9	1.2	15	1.3	23	1.5
H05K	印刷回路；電気装置の箱体または構造的細部，電気部品の組立体の製造	18	2.5	10	0.9	21	1.4
その他		250	34.5	237	20.8	269	17.5
合計		725	100.0	1,142	100.0	1,536	100.0

（註）分類の説明を一部省略したところがある.
（出所）Espacenetより作成.

ウェア中心からソリューション・サービスを中心とした構造へと大胆に事業を組み替えられた．2000年にはITサービス関連，ソフトウェア関連の収益がハードウェア関連の収益を上回るようになった（森原 2017）．2000年以降もIBMはITサービス事業を中心に（しかしハードウェア事業についても競争力のあるITサービスを提供するうえで必要なものは保持しながら）事業展開を進め，そのような事業展開が特許の内容にも反映されている．

GAFAMの知財

　GAFAMの5社は歴史や事業モデルが異なっているが，いずれもビッグデータの集積による超過利潤の獲得をめぐって競争している点は共通している（森原 2019）．マイクロソフトは1975年に設立されたソフトウェア企業で，WindowsシリーズのOSの開発と販売で成長したが，クラウドサービス（Azure）やデータ関連サービスを提供している．アップルは1976年に設立されたPC開発製造企業で，2000年代に入ってからは2001年にiPodを，2003年にiTunes Music Store（音楽配信サイト）を，そして2007年にiPhone（スマートフォン）を発売し，2011年からはクラウドサービス（iCloud）を展開している．

アマゾンは1994年に設立されたインターネット小売業であるが，事業を多角化して定額コンテンツ配信サービスやクラウドサービス（AWS）を展開している．グーグル（現在はアルファベットの子会社）は1998年に設立された検索サービスを提供する企業であるが，機器製造事業など幅広く事業をおこなっており，2008年からクラウドサービス（Google Cloud Platform）もおこなっている．フェイスブック（現メタ・プラットフォームズ）は2004年にサービスを開始したSNSサービスを提供する企業で，FacebookやInstagramを展開している．フェイスブックは，SNSサービスを利用してビッグデータを獲得して事業をおこなっている．

　これら5社が2020年1〜3月に取得した特許の分類を見ると，5社とも最も多く出願したのはG06F「電気的デジタルデータ処理」で，マイクロソフトが127件（1〜3月に取得した特許の43.3%），アップルが109件（同24.2%），アマゾンが144件（同32.7%），グーグルが80件（同30.1%），フェイスブックが38件（同20.1%）であった．G06に分類されるソフトウェア特許には金融ビジネス関連の特許が含まれており，アメリカでは金融機関よりもITサービス企業が圧倒的に多くの金融ビジネス関連特許を取得していると考えられている（『日本経済新聞』2021年10月28日付）．GAFAMの5社はさらに，デジタル情報処理（H04L）や無線通信ネットワーク（H04W）といった電気に関する知財も取得している．Hセクションに分類される特許の件数と割合を見ると，マイクロソフトが105件（同35.8%），アップルは233件（同51.7%），アマゾンは148件（同33.6%），グーグルは96件（同36.1%），フェイスブックは60件（同31.7%）であった．これらの特許はIT基盤技術それ自体に関わるものであり，自らが製造・販売するかどうかは別にしても，ITサービスの基盤技術についても知財化して事業の参入障壁を高めている．

　IBMやGAFAMのようなITサービス企業の知財の特徴は，アメリカ特許を多数取得している東アジアの電機・エレクトロニクス企業の知財と比較するとより際立つものとなる．サムスン電子（2020年出願ランキング2位）は2020年1〜3月の期間に975件の特許を取得したが，最も多かった分類はH01L「半導体装置，他に属さない電気的固体装置」で261件（26.8%），次いでH04W「無線通信ネットワーク」の142件（14.6%），そしてG06F「電気的デジタルデータ処理」の92件（9.4%）と続いている．4番目（H04L「デジタル情報の伝送」）と5

番目（H04N「画像通信」）も電気セクションに分類される知財である．また，キヤノン（出願ランキング3位）は同期間に557件の特許を取得したが，最も多かった分類はG03G「エレクトログラフィー；電子写真；マグネトグラフィー」で137件（24.6%），次いでH04N「画像通信」が133件（23.9%），そしてG06F「電気的デジタルデータ処理」の60件（10.8%）と続いた．キヤノンは写真とグラフィックス技術に関する知財を多く取得しているといえる．このように，サムスン電子は半導体製造に関する知財を，キヤノンは写真や画像技術に関する知財を多く取得しているのに対して，IBMやGAFAMはITサービス関連の知財を多く登録しているという特徴が指摘できる．

3．知財経営のグローバル化

研究開発のグローバル化

　多国籍企業はアメリカ国内だけではなく外国にも拠点を設置し，現地のリソースを用いて研究開発をおこなう場合がある．表12-3はIBM特許の発明者（筆頭）の住所の分布を2000年以降10年ごとに見たものである（各年1〜3月に登録されたもの）．2000年では725件の知財のうち87.6%（635件）の知財がアメリカ国内における研究開発活動によって生み出されていたが，2010年には72.0%（1149件のうち827件），2020年には69.6%（1601件のうち1115件）と件数は拡大するものの全体に占める比率は低下した．アメリカ国内での研究開発に資源が投下されたが，同時に国外における研究開発も強化されたのである．研究開発活動の地理的な広がりを見ると，2000年にはアメリカを含んで9カ国に活動が広がっていたが，2010年には20カ国・地域，2020年には28カ国・地域へと広がった．このように，IBMはアメリカ国内での知財生産を強化しつつ，その活動をグローバルに広げている．

　他方でGAFAMは，アメリカ国内に研究開発活動を集中させる傾向がある．同様に表12-4を見ると，2020年1〜3月に登録された特許のうちアメリカ国内で生み出されたものはマイクロソフトが87.3%，アップルが88.1%，アマゾンが91.0%，グーグルが82.4%，フェイスブックが88.9%であり，IBMの69.6%と比較するとより国内に集中していることが際立つ．研究開発の地理的な広がりはある程度見られるものの（マイクロソフトは16カ国・地域，アップルは13カ

表12-3　IBM特許の発明者住所分布（各年1月〜3月）

	2000年			2010年			2020年	
	（件）	（%）		（件）	（%）		（件）	（%）
アメリカ	635	87.6	アメリカ	827	72.0	アメリカ	1,115	69.6
日本	26	3.6	イスラエル	39	3.4	インド	96	6.0
ドイツ	19	2.6	日本	37	3.2	日本	54	3.4
フランス	13	1.8	インド	34	3.0	中国	51	3.2
イギリス	11	1.5	ドイツ	33	2.9	イギリス	46	2.9
カナダ	11	1.5	イギリス	33	2.9	スイス	38	2.4
スイス	6	0.8	中国	27	2.3	ドイツ	31	1.9
イスラエル	3	0.4	カナダ	27	2.3	イスラエル	27	1.7
スペイン	1	0.1	スイス	27	2.3	カナダ	20	1.2
			フランス	15	1.3	イタリア	17	1.1
			その他	50	4.4	その他	106	6.6
合計	725	100.0	合計	1,149	100.0	合計	1,601	100.0
国・地域数	9	−	国・地域数	20	−	国・地域数	28	−

（出所）Espacenetより作成.

国・地域，アマゾンとグーグルは15カ国・地域，フェイスブックは7カ国），外国で
開発された特許はいずれも10%程度であるので，グローバル化の程度は低い．
IBMのように研究開発をグローバル化させている企業もあるが，2000年代に
台頭したITサービス企業はむしろアメリカ国内に研究開発投資を集中させて
いることは注目すべきであろう．

知財の国際出願

　アメリカのITサービス企業は国内だけではなく諸外国においても知財を取
得しているが，取得する国や規模は企業によって異なっている．表12-5はIBM
とGAFAMが主要国・地域でどの程度の知財を取得しているかについて，出願
された特許の件数から明らかにしたものである[5]．

　諸外国における出願状況（2020年1〜3月）を見ると，IBMは中国で105件，

5）図中のヨーロッパはヨーロッパ特許制度を用いた出願を示しており，1件の発明につ
　　いて複数の加盟国で特許を登録したい場合に用いられる．また，PCT出願は特許協力
　　条約に基づく出願を示しており，1件の発明について複数の条約加盟国に出願したい
　　場合に用いられる．もちろん，ヨーロッパ特許制度やPCT出願を用いずに個別の国に
　　出願することも可能である．ITサービス企業は各社のグローバル戦略を考慮して外国
　　における知財取得の方法を選択している．

表12-4　GAFAM特許の発明者住所分布（2020年1〜3月登録）

マイクロソフト			アップル			アマゾン		
	（件）	（％）		（件）	（％）		（件）	（％）
アメリカ	267	87.3	アメリカ	399	88.1	アメリカ	404	91.0
イスラエル	14	4.6	中国	11	2.4	カナダ	9	2.0
中国	6	2.0	ドイツ	9	2.0	インド	5	1.1
イギリス	3	1.0	イスラエル	9	2.0	南アフリカ	4	0.9
インド	3	1.0	ロシア	5	1.1	イスラエル	4	0.9
カナダ	2	0.7	フランス	5	1.1	オランダ	3	0.7
スウェーデン	2	0.7	カナダ	4	0.9	イギリス	3	0.7
その他	9	2.9	インド	3	0.7	その他	12	2.7
			イギリス	3	0.7			
			日本	2	0.4			
			その他	3	0.7			
合計	306	100.0	合計	453	100.0	合計	444	100.0
国・地域数	16	–	国・地域数	13	–	国・地域数	15	–

（出所）Espacenetより作成.

表12-5　主要国における特許登録・公開件数（2020年1月〜3月）

（件）

	アメリカ	ヨーロッパ	イギリス	日本	中国	PCT出願
IBM	1,601	6	58	59	105	74
マイクロソフト	306	262	0	16	116	283
アップル	453	111	4	46	233	84
アマゾン	444	21	3	21	18	28
グーグル	267	352	4	63	270	191
フェイスブック	189	24	0	29	36	64

（註）アメリカの数値は登録件数，その他は公開・公表の件数を示す.
（出所）Espacenetウェブ検索による. 日本特許についてはJ-Plat Patによる検索.

　イギリスと日本ではそれぞれ58件と59件の特許を出願している．ヨーロッパ特許の出願は6件と少なく，PCT出願は74件であった．同期間におけるアメリカでの登録件数1601件と比較すると，IBMは出願先についても出願する特許についてもかなり選択的におこなっているといえる．IBMに対し，マイクロソフトとグーグルは知財をよりグローバルに取得しようとしている．マイクロソフトを見ると，アメリカにおける登録件数306件に対して，ヨーロッパ特許出願が262件，PCT出願が283件であった．中国に対しても116件の出願をおこなっており，成長市場において特許取得を強化していることがわかる．グーグルについて見ても，アメリカにおける登録件数267件に対して，ヨーロッパ特

グーグル			フェイスブック		
	（件）	（％）		（件）	（％）
アメリカ	220	82.4	アメリカ	168	88.9
スイス	19	7.1	アイルランド	13	6.9
カナダ	9	3.4	ドイツ	3	1.6
イギリス	5	1.9	イギリス	2	1.1
イスラエル	2	0.7	スイス	1	0.5
インド	2	0.7	カナダ	1	0.5
台湾	2	0.7	オーストリア	1	0.5
その他	8	3.0			
合計	267	100.0	合計	189	100.0
国・地域数	15	－	国・地域数	7	－

許出願が352件，PCT出願が191件，そして中国における出願が270件であった．アップルはアメリカ特許登録453件に対してヨーロッパ特許出願111件，PCT出願を84件おこなっているが，際立っているのは中国において233件の特許を出願していることである．アップル製品の組立の多くは中国においておこなわれており，またファーウェイ，オッポ，シャオミといったスマートフォン市場における競合企業があるため出願を強化していると見られる．これらのITサービス企業と比較すると，アマゾンとフェイスブックは外国における出願が少なく，両社の特許出願はアメリカ国内に集中している．アマゾンはアメリカにおいて444件の特許を登録している一方で，ヨーロッパ特許21件，PCT出願28件，イギリス，日本，中国における出願も多少あるが他企業に比べて少ない．同様にフェイスブックも，アメリカ特許189件に対してヨーロッパ特許24件，PCT出願64件であり，個別の国においても少ない．

　特許で見た場合のアメリカITサービス企業による知財のグローバル化は，企業ごとに特徴はあるものの，基本的にアメリカ国内における研究開発と知財の取得を重視している．アメリカ市場は世界で最大であり，新たな財やサービスが最初に提供される市場であるからである．アメリカ市場がイノベーティブであることが，グローバル市場への展開を視野に入れた場合にも重要であり，先導的なITサービス企業は国内市場における知財の取得と競争優位の確立に資源を集中しているのである．

表12-6 アメリカの知財貿易

（百万ドル）

	2000年	2005年	2010年	2015年	2020年
［輸出］					
知的財産の使用	43,476	64,466	94,968	111,151	113,779
関連会社以外へ	14,168	16,910	34,885	37,859	34,665
関連会社へ	29,308	47,556	60,083	73,292	79,113
米親会社から海外関連会社へ（a）	27,148	43,553	56,694	66,915	67,442
在米関連会社から外国親会社へ	2,160	4,003	3,389	6,377	11,671
［輸入］					
知的財産の使用	16,139	24,127	31,116	35,178	42,984
関連会社以外から	3,745	4,258	9,385	8,642	12,639
関連会社から	12,394	19,869	21,731	26,535	30,345
在外関連会社から米親会社へ（b）	2,348	2,805	3,376	4,080	8,564
外国親会社から在米関連会社へ	10,046	17,063	18,355	22,455	21,781
［収支］					
知的財産の使用	27,337	40,339	63,852	75,973	70,795
米企業内知財貿易収支（a−b）	24,800	40,748	53,318	62,835	58,878

（註）関連会社は直接・間接に10%以上の議決権つき株式を保有している会社を指す.
（出所）Bureau of Economic Analysis https://apps.bea.gov/iTable/iTable.cfm?reqid=62&step=9&isuri=1&6210
=4（2022年9月27日閲覧）より作成.

知財貿易

　主導的なITサービス企業は，研究開発と知財獲得をアメリカに集中させているとはいえ，外国における知財取得によりグローバルな事業をおこなっていることには変わりはない．外国の知財から得ることのできる利潤は，知財使用に関わるロイヤルティやライセンス料，技術サービス料といった形態もあるが，たとえば知財によって形成される参入障壁や市場における独占的地位の確立に基づく高価格での財・サービスの販売を通した超過利潤の獲得という形態もある．ここでは，比較的他の項目と区分しやすいロイヤルティとライセンス料を含む知財貿易を取り上げてみる．

　表12-6は2000年から2020年までのアメリカの知財貿易の推移を示している．知財の輸出（外国における知財の使用により発生する受取）は，2000年には435億ドルであったが，2020年には1138億ドルへと2.6倍に増加している．さらに知財の輸出は，関連会社以外へライセンスしたものと関連会社へライセンスしたもの（内部における知財取引）に区分できる．2020年の輸出額を見ると，関連会社以外への輸出が347億ドル，関連会社への輸出が791億ドルと，知財貿易の70%は企業内貿易によるものであった．2000年からの変化を見ると，関

連会社以外への知財輸出は2.4倍に，企業内部における知財取引は2.7倍に増加しており，内部の知財取引の割合が高くなっているのが特徴である（2000年の企業内知財貿易の割合は67.4％）．なお，企業内知財輸出は，アメリカ企業の本社から外国の関連会社に対しておこなわれたものと，外国企業の在米関連会社が生み出した知財を外国の親会社に輸出したものに分けられるが，前者の割合は2000年には93％であったが2020年には85％まで低下しており，外国企業のアメリカにおける研究開発活動が活発になっていることにも注意が必要である．

　知財輸入は2000年の161億ドルから2020年の430億ドルへ2.7倍に増加している．輸出の場合と同様に，関連会社以外からの輸入と企業内貿易による輸入に分けると，2020年においては前者が126億ドル，後者が303億ドルであり，企業内貿易の割合は70.6％であった．2000年からの変化を見ると，関連会社以外からの輸入は3.4倍に，企業内貿易による知財輸入は2.4倍に増加しており，輸出と異なって内部の知財取引の割合は低くなっている（2000年の企業内貿易の割合は76.8％）．また，知財輸入における特徴の一つとして，アメリカの関連会社からの知財輸入が少ないことが挙げられる．2020年の関連会社からの輸入のうち，在外関連会社からアメリカの親会社への知財の移転は約86億ドル（28.2％）であり，外国企業がアメリカにある関連会社に移転した知財218億ドル（71.8％）よりも小さかった．

　貿易収支を見ると，アメリカの知財貿易は一貫して黒字であり，黒字幅も2000年の273億ドルから2020年には708億ドルへと2.6倍に増加している．中でも注目すべきは，アメリカ企業の企業内貿易収支である．企業内貿易収支は常に黒字であり，アメリカ国内で開発された知財を諸外国の関連企業に移転して事業をおこなっており，諸外国に配置された研究開発拠点からアメリカ本社への知財の移転はあまりないことがわかる．企業内貿易黒字は2000年の248億ドルから2020年には589億ドルに拡大しており，知財貿易黒字に占める割合を単純に計算すると，それぞれ90.1％と83.2％であった．アメリカ政府によるプロパテント政策とイノベーション政策によりアメリカ国内で知財が生み出され，アメリカ多国籍企業がグローバルに事業を展開する基盤となっている姿が浮かび上がる．

参考文献

坂井昭夫（1994）『日米ハイテク摩擦と知的所有権』有斐閣.

―――（2004）「アメリカのビジネス方法特許ブームと特許紛争」『経済論叢』第173巻第4号.

田村考司（2008）「グローバリゼーションと競争力問題の再来」井上博，磯谷玲『アメリカ経済の新展開――アフター・ニュー・エコノミー』同文館出版.

水谷直樹（2000）「ビジネスモデル特許の動向」『映像情報メディア学会誌』第54巻第11号.

森原康仁（2017）『アメリカIT産業のサービス化――ウィンテル支配とIBMの事業変革』日本経済評論社.

―――（2019）「プラットフォーム・ビジネスとGAFAによるレント獲得」日本比較経営学会『新たな産業革命と企業経営――光と影』（比較経営研究第43号）.

藤井光夫（2013）「米国改正特許法とその影響」『ファルマシア』第49巻第12号.

柳澤智也（2020）「米国知的財産システムの現状分析」https://www.jetro.go.jp/ext_images/_Ipnews/us/2020/20200601.pdf（2021年10月19日閲覧）.

山縣宏之（2008）「産業政策」河音琢郎，藤木剛康『G・W・ブッシュ政権の経済政策――アメリカ保守主義の理念と現実』ミネルヴァ書房.

―――（2016）「産業構造と産業政策」河音琢郎，藤木剛康『オバマ政権の経済政策――リベラリズムとアメリカ再生のゆくえ』ミネルヴァ書房.

―――（2021）「産業構造の変化」河﨑信樹，河音琢郎，藤木剛康編『現代アメリカ政治経済入門』ミネルヴァ書房.

Antonipillai, Justin and Michelle K. Lee (2016) Intellectual Property and the U.S. Economy: 2016 Update. Economics and Statistics Administration and Unites States Patent and Trademark Office.

「金融当局，規制の影響考慮を」（経済教室）『日本経済新聞』2021年10月28日付.

第 5 篇

労働，貧困，社会運動

第 13 章

分断されるアメリカ社会と
社会運動的労働運動への注目

伊藤大一

はじめに

　2016年6月，イギリスではEUからの離脱を問う国民投票を実施し，離脱派が勝利を収めた．同年11月，アメリカ大統領選挙で大方の予想を覆しドナルド・トランプが大統領に選出された．さらに2017年5月にはフランスで，反EUを掲げるマリーヌ・ルペンが大統領選挙の決選投票に進んだ．

　これら一連の出来事は，ポピュリズム政治への注目を集めることになった．その象徴となったのがトランプ政権の誕生である．トランプは，選挙公約として反移民を掲げ，メキシコ国境に壁を築き，その建設費をメキシコ政府に払わせると主張した．アメリカの政治エリートはこのような主張を荒唐無稽とした．しかし，トランプはアメリカ国民の一定の支持を集め，大統領に当選した．

　アメリカ，イギリス，フランスでのポピュリズムの躍動は，反移民，反外国人労働者，反グローバリズムを掲げ，移民・外国人排斥の排外主義的な色彩を帯びることになった．ポピュリズムへの注目は，トランプに代表される右派ポピュリズムばかりでなく，アメリカにおいてバーニー・サンダースに代表される左派ポピュリズムもある．サンダースは，2016年アメリカ大統領選挙において，公立大学の学費無償化や最低賃金時給15ドルを掲げ，白人の若年層から支持を集めた政治家である．

　このように，現在，左右のポピュリズムへの注目が集まっているが，その背後に，「中流崩壊」や「経済的格差拡大」が必ず指摘される．2016年のトランプ大統領選挙当選時に指摘されたが，いわゆる「忘れられた人々」や「ラストベルト」の問題である．ラストベルト（Rust Belt：「赤さび地帯」という意味）

は, かつて鉄鋼業や自動車産業の盛んだった地域であり, 労働組合の組織率も高く, 民主党の支持基盤であった. そのような地域が, グローバル化の進展によって工場の海外移転等により寂れ, そこに住む人々から良好な雇用機会が失われ, 失業や貧困が集中することになった. 貧困の拡大, 生活水準の低下に直面した人々の不平, 不満を基盤として, トランプへの支持が広がったとする見方である.

サンダースに代表される左派ポピュリズムも同様である. 最低賃金15ドルの公約は, サービス産業に従事する低賃金マイノリティ労働者の支持を獲得するためのものであり, 同時に, 最低賃金で働く労働者の拡大という経済状況を反映している. このように左右のポピュリズムは経済的格差拡大という経済状況から, ポピュリズムの原動力を受け取る. また, 左右のポピュリズムは政治権力を通して経済状況に影響を与えるなど, ポピュリズムと経済状況の関係は相互作用の関係にある.

さらに, 政権に就いたトランプの差別的言動に刺激され, 黒人の地位向上を求める「黒人の命・生活は大事だ」運動 (Black Lives Matter : BLM) も活発化した. また, コロナ禍を経て, エッセンシャル・ワーカーたちの労働に注目が集まるとともに, アマゾン等で働く労働者たちの労働組合結成の動きも注目を集めている. 現代アメリカ社会を理解するために, 経済状況とポピュリズムや社会運動が相互作用しているメカニズムの解明は不可欠である.

しかし, 与えられた紙幅と筆者の能力では, 上記のメカニズムを全面的に解明することは困難である. そこで本章では, アメリカ社会を理解するために, 次の3点を明らかにしたい. ①そもそも, なぜ経済的不平等の拡大は問題なのか, ②アメリカの経済的不平等の現状, ③社会運動的労働運動への注目とその背景, である. なお, 本章でのポピュリズムの理解は, 河音琢郎による本書第17章に依拠している.

1. なぜ, 経済的不平等の拡大は問題なのか?

なぜ, 経済的不平等の拡大は問題とされるのだろうか. 経済的不平等の拡大は, 必ずその社会の中に貧困問題を発生させる. 貧困問題は, 絶対的貧困と相対的貧困に分けられる. 絶対的貧困は生存を脅かされるような飢餓などの貧困

状態のことを指す．一方，相対的貧困とは，豊かな階級と貧しい階級に相対的に分化した社会状態を指す（阿部　2012）．先進国においては，この相対的貧困を貧困問題として扱っている．では，貧困問題の発生はなぜ問題となるのであろうか．

　これらの問いに端的に答えると，次のようになる．「経済的不平等の拡大は貧困の拡大をもたらし，貧困の拡大は社会を分断し，不安定化させ，最終的に戦争を招来する」と．この考え方に影響され，労働条件の向上により貧困を防止することを目的とした組織が国際労働機関（ILO）である．ILOは，1919年に，第一次世界大戦後のパリ講和会議において，国際連盟とともに発足した．危険な労働環境の放置や低賃金等の問題による貧困拡大が，社会の分断・不安定化を促進し，1914年の第一次世界大戦，1917年のロシア革命を招来したという認識がILO発足の背景にあった．ILOは労働条件の向上を通した貧困のコントロールによって，資本主義体制の安定をめざした（石井 2016）．

　第二次世界大戦後に日本を占領したGHQも，この認識枠組みを継承していた．それを象徴するのが財閥解体，農地解放，労働改革からなる戦後改革である．このGHQによる戦後改革の背後にある認識（考え方）を最もよく表しているのが，1946年1月に「日本財閥に関する調査団」団長として来日したコーウェン・エドワーズの発言である．

　エドワーズは「財閥支配は，政治的な面では，軍国主義に対抗する勢力としての中産階級の勃興をおさえてしまったし，経済的な面では，労働者に低賃金を強制して国内市場を狭隘にし，輸出の重要性を高めて帝国主義的衝動を強めた」と述べている（三和・三和 2021：166）[1]．このようにGHQは，財閥支配による低賃金・貧困の広がりが，日本国内市場を狭めることで，中国大陸などへの侵略の原動力を強めた，と考えていた．そのため，戦後改革の目的は，貧困縮少のための中産階級拡大であり，経済的平等の達成であった．

　貧困縮小のための中産階級確立という認識は，戦後社会の出発点ともなった．この認識に最も適合的であったケインズ主義的経済政策とも結びつき，ケインズ主義的福祉国家とも呼ばれる戦後体制が構築された（武川 1999）．このケイ

1）ただ，三和らは，これはあくまでも当時のGHQの認識であるとして，現実として狭隘な国内市場により帝国主義的衝動を強めたかどうかについては慎重な見方をしている．

表13-1　５分位ごとの純世帯資産（平均額）の変化　1983〜2016年

平均純家計資産	上位0.1%	上位0.5%	上位1.0%	第5分位 上位20%	第4分位 上位20−40%
1983年（a）	43,267.0	16,097.0	10,565.0	1,273.0	196.7
2016年（b）	100,811.0	40,414.0	26,401.0	2,999.0	273.6
変化（b）/（a）	2.33	2.51	2.50	2.36	1.39

（出所）Wolff（2017b: 46）より一部抜粋.

　ンズ主義的福祉国家の下で，日本も含めて資本主義諸国は，黄金の60年代といわれる高度経済成長を経験し，豊かな戦後社会を実現し，貧困のコントロール，経済的格差の縮小に成功した.

　しかし，このケインズ主義的福祉国家は，1970年代にその「危機」に直面する．1970年代に発生したオイル・ショックを契機として，世界経済はスタグフレーション（景気後退と物価上昇の同時発生）に直面した．ケインズ主義的福祉国家はこのスタグフレーションに対応できず，その経済政策をケインズ政策から，現在の主流派経済学である新古典派経済学に譲ることになった.

　この新古典派経済学を採用した政権として，アメリカのロナルド・レーガン政権，イギリスのマーガレット・サッチャー政権，日本の中曽根康弘政権が挙げられる．特に，アメリカ・イギリスでは，これ以降，経済的不平等の拡大，ワーキング・プア問題の発生などに見舞われることになった．日本でこれらの問題が顕在化したのは，1990年代後半以降であった.

　このように，経済的不平等の拡大，貧困問題は，戦後福祉国家体制の下でコントロールされた問題であったが，特に1980年代以降，再び社会問題となり，現在においてもこの問題に直面している．次節では，アメリカにおける経済的不平等の実態について述べていきたい.

２．アメリカの経済的不平等拡大の現状

　アメリカにおける経済的不平等拡大の現状を，ニューヨーク大学のエドワード・ウォルフとハーバード大学のラジ・チェティを代表者とする研究に依拠して展開したい．まず，ウォルフの研究は消費者金融調査（Survey of Consumer Finances）をはじめとする複数の統計データから，経済的不平等の長期的トレ

（単位：千ドル，2016年ドル平価）

第3分位 中位40－60％	第2・1分位 下位40％以下	全体
81.7	6.9	313.0
81.7	-8.9	667.6
1.00		2.13

ンドを示している.

　ウォルフの研究の特徴は，統計データから純世帯資産（household net worth）を求め，この純世帯資産をもとに，長期的な推移を議論している点にある[2]．ウォルフによると，2013年には，上位1％の世帯がアメリカ全体の富の36.7％を所有しており，第5分位（上位80％以上）の世帯でアメリカ全体の富の88.9％を所持していた．さらに第4分位（上位80〜60％）の世帯で9.3％の富を所有しており，第3分位（中位60〜40％）の世帯で2.7％，第2分位（下位40〜20％）の世帯で0.2％，第1分位（下位20％以下）では－1.1％となっている．第1分位のマイナスとは，純世帯資産において，総資産よりも総負債のほうが上回っていることを意味している（Wolff 2017a: 56-57）.

　表13-1は，1983年と2016年を対比させ，純世帯資産の一世帯当たりの平均額（2016年ドル平価）を比較したものである．なお，円表示は2016年の為替レートとして1ドル＝110円で計算した．上位1％で見ると，1983年には純世帯資産平均額では1057万ドル（12億円）であったものが，2016年には2640万ドル（29億円）と，2.5倍になっている．第5分位（上位80％以上）の純世帯資産平均で見ると，1983年に127万ドル（1.4億円）だったものが，2016年には300万ドル（3.3億円）と，2.4倍になっている.

　第4分位（上位80〜60％）で見ると，20万ドル（2200万円）から27万ドル（3000万円）へと，1.4倍になっている．第3分位（中位40〜60％）で見ると，8.2

2）ウォルフの純世帯資産は，その家計の総資産から総負債を控除して求められる．具体的には，総資産として①住宅価格，②他の不動産価格，③現金，④定期預金などの預金類，⑤国債を含む金融証券，⑥生命保険の解約金相当，⑦401Kを含む年金資産，⑧保有する株式，⑨非営利法人に対する出金，⑩信託財産から，総負債として（1）住宅ローン残高，（2）車のローンを含む借入金，（3）教育ローンを含む全ての負債を控除したものである．なお，資産評価額は2016年ドル平価での時価評価となっている.

万ドル（900万円）から全く変化していない．第2分位・第1分位（下位40%以下）で見ると，1983年に7000ドル（76万円）だったものが，2016年にはマイナス9000ドル（98万円の負債）となっている．

このように，1983年から2016年までの33年間，純世帯資産平均額で見ると，所得上位層ほど資産が伸張し，中間層ではほぼ資産の伸張が生じず，40%以下の下位層においては純世帯資産平均額がマイナスになる結果となっている．純世帯資産平均額がマイナスとは，住宅・教育・車・クレジットカードのローン（借入金）などが，資産価格より上回っている，ということを意味している．

ラジ・チェティたちの研究は，アメリカ人口動態調査（Current Population Survey）をはじめとする統計データから，「親よりも豊かになる子どもの割合（rates of absolute income mobility）」を出生コーホートや所得分位（income percentile）ごとに明らかにした[3]．

出生コーホートごとの親よりも豊かになる子どもの割合（平均）を見ると，1940年出生コーホート（1970年に30歳になる年齢グループ）は，90%を超える割合で，親よりも豊かになったコーホートであった．しかし，それ以降の生まれではこの割合が傾向的に低下し，1964年出生コーホート（1994年に30歳になる年齢グループ）でいったん上昇傾向となるも，1971年出生コーホートから再び下落し，1984年出生コーホート（2014年に30歳になる年齢グループ）で，親よりも豊かになる割合は50%になった．

図13-1は，親よりも豊かになる子どもの割合を，所得分位ごとに見た図である．1940年出生コーホートで見ると，所得80%分位まで，親よりも豊かになる子どもの割合は90%を超えている．1950年出生コーホートでは，所得60%分位で親よりも豊かになる子どもの割合は80%弱であり，1960年・70年出生コーホートにおいて所得60%分位で60%前後となっている．1980年出生コーホートで見ると，所得60%分位で40%強となっている．戦後，年数が経つにつれて，親よりも豊かになる子どもの割合は低下しつづけている．所得階層の固定化が進んでいることが示されている．

さらに，州ごとで見ると，ミシガン州やイリノイ州のような中西部旧工業地

3）出生コーホートとは，わかりやすく述べると「集団分析」や「グループ分析」のことであり，たとえば1980年生まれの「集団・グループ」が2010年の30歳時点，2020年の40歳時点などで分析される．

図13-1　親よりも豊かになる子どもの割合（出生コーホート・所得階層別）

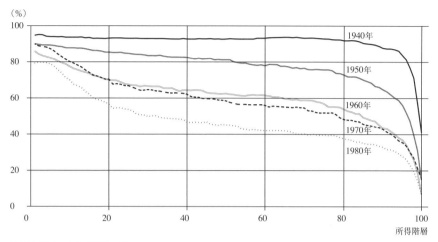

（出所）Chetty et al.（2016: 22）

　帯において，他の州よりも，親よりも豊かになる子どもの割合が低下していることが示された．これらの旧工業地帯の州は，伝統的に製造業を基盤とし，労働組合が強く，政治的には民主党の支持基盤であった．しかし，これらの州は現在，製造業の衰退による経済力の低下から，ラストベルトと形容されている．

　2016年の大統領選挙ではトランプがミシガン州を獲得し注目を集めたように，経済力の低下により現状の政治に不満を持つ人々が増加し，このことがトランプへの支持につながったといわれている．より詳しく述べると，グローバル化の進展によって失われた製造業に従事していた人々の多くは，4年制大学を卒業していない高卒の労働者であり，労働組合を通して民主党の支持基盤を形成していた．しかし民主党は，製造業を保護するのではなく，NAFTAに象徴されるようにグローバル化に賛成し，推進した．そのため，ミシガン州に代表される中西部旧工業地帯に失業が集中し，ラストベルトと呼ばれるようになった．「民主党に裏切られた」と感じる労働者たちは，民主党支持から，トランプ共和党支持に乗り換えたといわれている．この論点について，より詳しくは本書第17章を参照されたい．

　チェティたちの研究は，アメリカン・ドリームの象徴であった「親よりも豊かになる子どもたち」という考え方に反省を迫り，アメリカ社会に衝撃を与え

た．「出自（生まれ）に関係なく，能力さえあれば豊かになれる」という考え方は，多くのアメリカ人に支持される「機会平等」という考え方そのものであった．しかし，チェティたちの研究は，この「機会平等」そのものの縮小を示唆している．

　さらに，チェティたちの研究は，親よりも豊かになる子どもの割合が低下した要因として，GDP拡大の不足ではなく，GDP分配の失敗を指摘している．つまり，アメリカ社会は生み出した富を，より豊かな富裕層に重点的に分配してきた．そのため，中間層や低所得層が豊かになれず，世代を経るごとにますます成長から取り残されるようになった．チェティたちは，「アメリカン・ドリーム」の復活のために公正な富の分配が必要であるとしている（Chetty et al. 2016）．

　ウォルフやチェティたちの研究は，アメリカの経済的不平等の実態を統計的に明らかにしようとした．一方，経済学史の立場から，経済的不平等の拡大を前提にして，「なぜ，多数の経済的に豊かでない人々が，自らの主張を政治的に実現できず，少数の豊かな人々の利害に沿った政治が実現されるのか」との問題に挑んだ研究者がいる．それがマサチューセッツ工科大学名誉教授のピーター・テミンである．

　テミンの議論は，通常，発展途上国の経済を分析するためのモデルであるルイス・モデルを先進国であるアメリカに適用している点に特徴を持つ．テミンはルイス・モデルに従い，アメリカ経済を金融・先端技術・エレクトロニクスからなる「FTE部門」と，それ以外の「低賃金部門」に二分した．FTE部門は豊かな20％の人々からなり，貧しい80％の人々は低賃金部門に所属しているとする．

　FTE部門に所属する20％の人々は，自らの経済的利害を守るために，豊かな経済力を使い，政治過程へのロビー活動や献金などを通して，自らの利害に沿った政治を実現させようとする．また低賃金部門にいる人々に対して，マスコミをはじめとする様々な媒体を用いて，政治的に無力だと思い込ませ，政治権力から排除しようとする．テミンはこのことを「政治の投資理論（Investment Theory of Politics）」と名づけている．

　この政治の投資理論は，公教育，公立大学の学費，医療・保険制度等に適用され，具体的に展開される．公教育では，豊かな人々の住む地域と貧しい人々

の住む地域が明確に分断され，そのために豊かな地域と貧しい地域の財政力に大きな格差が生まれる．豊かな財政力のある学校では充実した教育がおこなわれ，貧しい地域の学校では教員の不足や危険の放置された校舎などで教育がおこなわれているとする．

　テミンの議論は，教育費や自治体の財政など経済的論点に媒介される問題ばかりでなく，人種差別についても，この政治の投資理論で展開している点にも特徴を持つ．つまり，FTE部門に所属する人々は，黒人をはじめとする有色人種を政治過程から排除するために，公設民営化された刑務所を拡大し，そこに有色人種を大量に犯罪者として収監しているとする．そのうえで，主に黒人をはじめとする有色人種を「犯罪者予備軍」として描くことで，白人たちと連帯する可能性を低下させるとしている（テミン 2020）．

　以上述べてきたように，戦後アメリカ社会は，世界でも有数の豊かな国である一方で，経済的不平等の拡大による社会の二極化や，克服されない人種差別の問題に直面してきた．一方の側に富が，他方の側に貧困が集中する状況は社会問題であるし，人種差別も当然，社会問題である．これらの社会問題を解決するために，様々な社会運動が，社会正義の実現を掲げて生み出される．次節では，現在アメリカで展開されている労働運動とBLMに代表される社会運動の関係について述べていきたい．

3．アメリカにおける社会運動の活性化

　2021年のアメリカの労働組合組織率は10.3％であり，日本の組織率16.9％と比べても低く，決してアメリカの労働運動が活発であるとはいえない[4]．この背景として，従来のアメリカ労働運動が，白人，中間階級の利益を擁護する，ビジネス・ユニオニズムと呼ばれる保守的な活動をしてきたことが指摘されている．つまり，アメリカの労働組合は，特定グループの労働条件維持・向上のた

4）アメリカの労働組合組織率については，日本労働研究・研修機構の「諸外国の労働組合組織率の動向」を参照した．https://www.jil.go.jp/kokunai/statistics/shuyo/0702.html（2022年9月27日閲覧．）日本の労働組合組織率については，厚生労働省の「令和3年労働組合基礎調査の概況」を参照した．https://www.mhlw.go.jp/toukei/itiran/roudou/roushi/kiso/21/index.html（2022年9月27日閲覧）

めの組織，わかりやすくいうと「白人・中間層の既得権益擁護のための集団」
と多くの人々に見なされ，支持の広がりに欠けていたといえる．しかし近年，
このビジネス・ユニオニズムではない，社会正義の実現を掲げた社会運動的労
働運動の潮流に注目が集まっている．

　2021年から2022年にかけて，スターバックスやアマゾン，アップル・スト
アにおいて労働組合結成が相次いだ．この背景として，物価上昇による生活水
準の低下，COVID-19拡大のもとでも社会を維持するために働くことの意味の
再発見（エッセンシャル・ワーカーの重要性）等が指摘されている．特にアマゾ
ンでは，倉庫や配達の労働者が過酷な労働環境で働かざるをえない一方で，経
営者のジェフ・ベゾスは巨費を投じて10分間の宇宙飛行を楽しんでいた（松元
2022）．

　労働者一人でも企業と団体交渉をおこなえる日本の労働法・労使関係と，ア
メリカの労働法・労使関係は大きく異なる．アメリカの労働法・労使関係のル
ールは，1935年に制定された全国労働関係法（通称ワーグナー法）によってつ
くられた．ワーグナー法の下では，労働組合は「労働条件を同じくする者」か
らなる「交渉単位」ごとにつくられる．

　この交渉単位において投票をおこない，労働者から過半数の信任を得た組合
が排他的団体交渉権を持つ組合になり，経営者と団体交渉をおこなえる．しか
し，この投票で過半数を得られない労働組合の場合，経営者はこの労働組合と
団体交渉をおこなう義務はない．通常，経営者は労働組合を信任しないように，
巨費を投じて労働者に呼びかける．つまり，日本の労働法に比べて，アメリカ
の労働法のほうが，より労働組合の結成・団体交渉実施のハードルが高いとい
える．しかし，これらのハードルを乗り越え，アマゾンをはじめとする企業で
労働組合が結成され，全米の注目を集めることになった（中窪 2022）．

　この影響は他企業に波及し，労働組合結成を恐れた他企業は次々に労働条件
の向上を表明した．たとえば，ウォルマートは2021年9月に56.5万人の労働者
の時給を1ドル引き上げた（引き上げ後の平均時給は16.4ドル）．コストコは2021
年10月に，最低時給を16ドルから17ドルに引き上げると発表した．ターゲッ
トは最低時給を15ドルから22ドルに引き上げることを，2022年2月に表明した．

　このようにアメリカでは，労働組合の結成やその影響を受けた労働条件の改
善が進んでいる．もちろん，この背景には物価上昇の影響もある．日々の社会

を動かし，生活を支えているのは，労働者の労働である．にもかかわらず，一方の側に富が，他方の側に貧困が再生産されている．この現状に「おかしい」と声を上げ，その力が社会運動として結晶化される．この点は公立学校の教師も同様である．

　2018年2月に，ウェスト・ヴァージニア州で公立学校の教師たちがストライキに突入し，州内全ての学校が閉鎖された．このストライキによって，ウェスト・ヴァージニア州では教師ばかりでなく，全ての公務員の賃上げを獲得した．この後，教師によるストライキは，オクラホマ州，ケンタッキー州，ノースカロライナ州などへ拡大し，さらに2019年にはカリフォルニア州ロサンゼルス，イリノイ州シカゴなど，全米8州に拡大した．

　特にウェスト・ヴァージニア州では，州公務員のストライキが法的に禁止されている．公立学校教師たちのストライキは違法行為であった．教師たちは違法を承知でストライキを決行し，勝利した．この背景には，教師たちの悪化する労働条件，それ以上に学校および生徒を取り巻く劣悪な状況があった．具体的には，貧困な地域の学校では，教科書を人数分用意できない，それどころか，音楽・美術・体育の教師を雇えずに，保護者のボランティアがそれらの授業を担当している学校さえあった（鈴木大裕 2016）．

　このような状況の変化も，教師たちは労働運動を通して求めた．結果として，教師たちのストライキは子どもたちの保護者や地域住民からも支持されて，違法ストライキにもかかわらず勝利した．単に自らの労働条件向上を求めるのみでなく，社会正義を求める労働運動が，社会運動的労働運動と呼ばれる．

　団体交渉でなく社会運動として実施される労働運動もある．それが全米最低賃金時給15ドルを求める運動である（以下，FF＄15）．アメリカの最低賃金は，連邦最低賃金，州最低賃金，市最低賃金の3段階になっており，当該地域で最も高い最低賃金額が適用される．連邦最賃は2009年以来7.25ドルに据え置かれたままである．FF＄15は条例によって州最賃，都市最賃上昇をめざす運動であった．2022年7月にワシントンD.C.の最賃は時給16.1ドル，ロサンゼルス市は時給16.04ドル，サンフランシスコ市・郡は16.99ドル，シカゴ市は15.4ドルなど，すでに時給15ドルを超えている．1ドル＝145円換算で見ると（2022年為替レート換算），時給約2400円程度となっている[5]．このように，FF＄15の運動は，その目的を達成し，低所得層の経済的底上げに貢献しているといえる．

　このように，アメリカの労働運動は全体として見ると，労働組合組織率の低下に苦しんでいるが，一方で社会運動的労働運動と呼ばれる新たな潮流に注目が集まっている．この社会運動的労働運動の特徴として鈴木玲は，①既存の労使関係制度の制約の超越と労働運動の目的の見直し，②労働組合と社会運動団体の協力・同盟関係とそれらの具体的な形態，③労働組合内部の変革，④労働者の国際連帯の4点を指摘している（鈴木玲 2005）．

　わかりやすく述べると次のようになる．ビジネス・ユニオニズムと呼ばれる従来の労働運動の潮流は，大企業・男性白人労働者の労働条件の維持を主要な目的として，女性の地位向上運動や黒人の地位向上を求める公民権運動と「距離」を置き，場合によって「敵対的な」関係ですらあった．そのため低賃金労働者・マイノリティ・女性の労働条件向上に対して，関心を払ってこなかった．その結果として，運動の広がりに制限を持っていた．

　社会運動的労働運動は，このようなビジネス・ユニオニズムの制限を乗り越え，低賃金労働者・マイノリティ・女性を積極的に組織化し，労働運動の目的も大企業・白人男性労働者の労働条件の維持でなく，最低賃金上昇による貧困の撲滅，子どもたちの学習環境の向上など「社会正義」をめざした．この目的を実現するために，労働組合幹部に女性やマイノリティを登用し，さらに他の社会運動との連携を模索した．つまり，社会運動的労働運動は，既存の労働組合運動を乗り越えるために，運動の目的を再定義し，他の社会運動から運動スタイル，運動のあり方を学び，労働運動の「再活性化」をめざした．

　社会運動的労働運動に影響を与えた社会運動は，ウィメンズ・マーチに代表される女性の地位向上運動等であるが，中でも最も影響を及ぼした社会運動は公民権運動であろう．1950〜60年代にキング牧師によって率いられた公民権運動は，デモ行進やバス・ボイコット運動などの非暴力の直接行動主義によって，広く社会に黒人差別の現状を可視化し，公民権運動への世論の支持を広げていった．

　FF＄15に代表される社会運動的労働運動も，団体交渉でなく，街頭でのデモなどの直接行動主義によって，低賃金に苦しんでいるエッセンシャル・ワー

5）日本労働研究・研修機構の「首都やサンフランシスコなどで最低賃金を引き上げ」を参照した．https://www.jil.go.jp/foreign/jihou/2022/07/usa_03.html（2022年9月27日閲覧）

カーたちの現状を可視化し，最低賃金上昇に対する世論の支持を広げようとしている．また，全米に広がった教師たちの労働運動も，保護者たちとの連帯，地域住民との連帯によって，労使関係の枠組みを広げ，教師の労働運動を地域全体にまで広げ，成功を収めた．

　最後に，社会運動的労働運動に影響を及ぼしている黒人の地位向上運動であるBLMの概略について簡単に触れたい．日本においてBLMは，2020年ミネソタ州で起こったジョージ・フロイド事件を通して注目された．その背景には，大坂なおみや八村塁のような有名なプロ・スポーツ選手たちのBLM参加がある．BLMの抗議活動スタイルが確立するのは，2014年8月ミズーリ州ファーガソンで生じた18歳の黒人少年マイケル・ブラウンの白人警察官による殺害事件を契機とした抗議活動であった．ブラウン殺害に抗議する人々の一部は暴徒化し，それを鎮圧するために警察側は催涙ガスを使用し，両者の間に緊張が高まっていった．

　ファーガソンの黒人たちは，街頭に出て，警察の腐敗，黒人住民に催涙ガスを使用する警察のあり方を批判し抗議した．2020年のジョージ・フロイド事件で日本でも知られるようになったBLMは，このように街頭で直接行動主義を用いて，問題の所在を訴え，抗議するという運動をこの時に確立した．（ガーザ 2021）．

　社会正義を求める労働運動，差別と闘う社会運動は，拡大する経済的不平等，構造化された人種差別などの社会問題に対して，その是正を求めて運動を展開させる．その中では，法的に認められていないストライキ，警察の許可を受けないデモ行進等もおこなわれる．アメリカ社会では，労働組合運動は1890年に制定された反トラスト法（シャーマン法）によって制限されていた．アメリカの労働者は法的制限の中でも，自らの労働条件向上のために運動を続け，1935年ワーグナー法によって，労働組合に対する法的保護を獲得した．人種差別解消を求める黒人たちの社会運動も，多くの犠牲者を出しながら，公民権法制定など，権利を生み出していった．経済的格差拡大や人種差別は社会問題であり，その社会問題解消をめざし，社会正義を実現しようとする社会運動は，新しい権利や法律の改正を生み出す原動力そのものをつくりだす．今，私たちの眼前でくり広げられているBLMや社会運動的労働運動は，まさに新しい秩序，法律を生み出すために躍動している．

参考文献

阿部彩（2012）「『豊かさ』と『貧しさ』——相対的貧困と子ども」『発達心理学研究』第23巻第4号.

石井聡（2016）「ILOにおける国際社会政策の歴史（1）」『生駒経済論集』第14巻第2号.

ガーザ，アリシア（人権学習コレクティブ監訳）（2021）『世界を動かす変革の力——ブラック・ライブズ・マター共同代表からのメッセージ』明石書店.

鈴木大裕（2016）『崩壊するアメリカの公教育——日本への警告』岩波書店.

鈴木玲（2005）「社会運動的労働運動とは何か」『大原社会問題研究所雑誌』第562・563号.

武川正吾（1999）『社会政策のなかの現代——福祉国家と福祉社会』東京大学出版会.

テミン，ピーター（栗林寛幸訳）（2020）『なぜ中間層は没落したのか——アメリカ二重経済のジレンマ』慶應義塾大学出版会.

中窪裕也（2022）「アメリカ労働組合運動の再興？」『世界』第960号.

松元ちえ（2022）「新たな歴史を紡ぐアメリカ新世代の労働運動」『世界』第960号.

三和良一，三和元（2021）『概説日本経済史 近現代』第4版，東京大学出版会.

Chetty, Raj, David Grusky, Maximilian Hell, Nathaniel Hendren, Robert Manduca, and Jimmy Narang (2016) "The Fading American Dream" *NBER Working Paper*, National Bureau of Economic Research.

Wolff, Edward N. (2017a) *A Century of Wealth in America*, Belknap Press of Harvard University Press.

———(2017b) "Household Wealth Trends in the United States, 1962 to 2016" *NBER Working Paper*, National Bureau of Economic Research.

第 14 章
産業構造の変化とアメリカの小売業

宮﨑崇将

はじめに

　本章の課題は，産業構造の変化に伴う消費の変化の側面から，アメリカの小売業の特徴を分析することである．

　2000年以降，アメリカの小売業はどのように変化したのだろうか．表14-1は，2000年以降のアメリカ小売業の売上高上位10社の変遷をまとめたものである．2000年に4位のシアーズと5位のKマートが経営悪化し，合併するといったことはあるものの，2000年にランクインしていた企業のうち，ウォルマート，クローガー，ホームデポ，アルバートソンズ，ターゲット，コストコの6社が2019年にもランクインしている．また，ディスカウントストアではウォルマートとターゲット，スーパーマーケットではクローガーとアルバートソンズ，会員制ホールセールクラブではコストコとサムズクラブ（ウォルマートの会員制ホールセールクラブの店舗名）というように各業態の上位2社がランクインする形になっている．この時期，栄枯盛衰が激しい小売業界で比較的安定していたといえる．

　比較的安定した時代の象徴といえるのが，ウォルマートが2000年代以降一貫して首位を占めているということである．これは1990年代から続いており，20年以上にわたってウォルマートはアメリカ最大の小売業でありつづけている．同社は，アメリカの消費者のニーズの最大公約数でありつづけているということである．

　一方でひときわ目立つ変化は，ネット通販アマゾンの急成長である．2015年にランクインして，2019年にはウォルマートに次ぐ第2位になっている．ネット通販そのものが1990年代後半に誕生し，様々な企業がネット通販に挑戦

表14-1　アメリカ小売業売上高上位10社の変遷

順位	2000年	2005年	2010年	2015年	2019年
1	ウォルマート (SuC)	ウォルマート (SuC)	ウォルマート (SuC)	ウォルマート (SuC)	ウォルマート (SuC)
2	クローガー (SM)	ホームデポ (HC)	クローガー (SM)	クローガー (SM)	アマゾン (EC)
3	ホームデポ (HC)	クローガー (SM)	ターゲット (DS)	コストコ (MWC)	クローガー (SM)
4	シアーズ (DPS)	コストコ (MWC)	ウォルグリーン (DgS)	ホームデポ (HC)	コストコ (MWC)
5	Kマート (DS)	ターゲット (DS)	ホームデポ (HC)	ウォルグリーン (DgS)	ウォルグリーン (DgS)
6	アルバートソンズ (SM)	アルバートソンズ (SM)	コストコ (MWC)	ターゲット (DS)	ホームデポ (HC)
7	ターゲット (DS)	ウォルグリーン (DgS)	CVS (DgS)	CVS (DgS)	CVS (DgS)
8	JCペニー (DPS)	ロウズ (HC)	ロウズ (HC)	ロウズ (HC)	ターゲット (DS)
9	コストコ (MWC)	シアーズ (DPS)	ベストバイ (SS)	アマゾン (EC)	ロウズ (HC)
10	セイフウェイ (SM)	セイフウェイ (SM)	シアーズ (DPS)	セイフウェイ (SM)	アルバートソンズ (SM)

（註）企業名の右の括弧は主力業態を示している．SuC=スーパーセンター，SM=スーパーマーケット，HC=ホームセンター，DPS=百貨店，DS=ディスカウントストア，MWC=会員制ホールセールクラブ，DgS=ドラッグストア，SS=Specialty Store，EC=ネット通販．
（出所）全米小売業協会（NRF）の売上高上位100社リストに基づき作成．

し，ネット通販市場が拡大する中で，同社は一頭地を抜く存在となっている．また，他に目立つ変化としてはウォルグリーンやCVSといったドラッグストア業態の成長が挙げられる．ドラッグストアは一般的に都心立地の小型店舗である．ディスカウントストアに代表される郊外型の大型店舗中心から都心型へ，ニーズが変化していったことを示している．

　以上のようにこの20年間の小売業の盛衰を見た時，ウォルマートはなぜ不動の地位にありつづけることができているのか，またアマゾンはなぜ急成長を遂げることができたのか，という2つの課題が出てくる．流通は生産と消費を架橋する役割を果たしており，それらの影響を受けながら変化している．以下では，主に消費の側面から，この2つの課題について論じる．

図14-1　アメリカ所得五分位シェアの推移

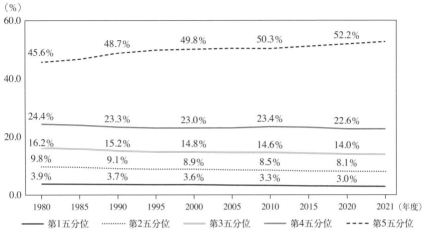

（出所）U.S. Census Bureauの資料に基づき筆者作成.

1．中間層の衰退と格差の拡大

所得格差の拡大

　消費の基礎となる所得の変化について見ていく.

　図14-1は，1980年以降の所得五分位の構成比の推移を示したものである. 所得五分位とは，所得に応じて20％ごとに5つにグループ化したもので，第5五分位が最も高い所得グループ，第1五分位が最も低い所得グループである. それを見ると，第5五分位の比率が1980年度の45.6％から，2020年度には52.2％まで増加しており，これは最も所得の高い20％のグループが所得全体の半分以上を占めるようになっていることを示している. それに対して，それ以外の第1五分位から第4五分位までの比率が減少しており，特に第2五分位と第3五分位は漸進的に比率を落としており，2020年度までにそれぞれ2ポイント程度低下している. また，第1五分位と第2五分位を合わせた下位40％のグループは，2021年度では11.1％と全体のおよそ10％にすぎず，非常に低い割合である. ここから，高所得層の比率が増大する一方で，中間層が減少して二極化が進んでいることがわかる.

表14-2　消費支出の構成比の推移

	2000年度	構成比	2005年度	構成比	2010年度	構成比
食料	5,158	13.6%	5,931	12.8%	6,129	12.7%
アルコール飲料	372	1.0%	426	0.9%	412	0.9%
住居	12,319	32.4%	15,167	32.7%	16,557	34.4%
衣服	1,856	4.9%	1,886	4.1%	1,700	3.5%
交通	7,417	19.5%	8,344	18.0%	7,677	16.0%
保健	2,066	5.4%	2,664	5.7%	3,157	6.6%
娯楽	1,863	4.9%	2,388	5.1%	2,504	5.2%
理美容製品・サービス	564	1.5%	541	1.2%	582	1.2%
印刷物	146	0.4%	126	0.3%	100	0.2%
教育	632	1.7%	940	2.0%	1,074	2.2%
タバコ製品・喫煙用品	319	0.8%	319	0.7%	362	0.8%
諸雑費	776	2.0%	808	1.7%	849	1.8%
寄付	1,192	3.1%	1,663	3.6%	1,633	3.4%
保険料・年金	3,365	8.8%	5,204	11.2%	5,373	11.2%
年間平均支出	38,045	100.0%	46,409	100.0%	48,109	100.0%

（出所）U.S. Bureau of Labor Statisticsの資料に基づき作成．

　この格差の拡大の背景には，産業構造と雇用の変化がある．初めて大衆車を生産したフォードが工場労働者の賃金を5ドルに引き上げたことで大量消費を生み出したことに代表されるように，かつてアメリカは自動車や電機，鉄鋼といった製造業を基幹産業とする工業大国であり，そこで働く労働者が中間層を形成していた．しかし1970年代以降，復活したヨーロッパや，成長した日本との競争の激化により，安価な労働力を求めて工場の海外移転などがおこなわれた．それによりアメリカ国内の工場が閉鎖され，そこで働く労働者が解雇されることになった．その代表的な地域が，北東部から中西部にかけてのラストベルトである．ラストとは赤さびの意味で，使われなくなった工場や機械を表しており，かつては石炭や鉄鋼，自動車といった工業の中心地として栄えていたが，工場の閉鎖などにより著しく衰退してしまった[1]．

　こうした苦境の中で成長したのがIT産業である．1960年代から企業でメインフレーム型のコンピュータが使用されるようになり，その後1980年代に個人向けのPCが発売された．その後，Windows95の登場により，PCがオフィスや個人に普及していった．それによりマイクロソフトやインテル，アップルと

1）ラストベルトの実態についてはヴァンス（2017）などで詳しく描かれている．

2015年度		2021年度	
	構成比		構成比
7,023	12.5%	8,289	12.4%
515	0.9%	554	0.8%
18,409	32.9%	22,624	33.8%
1,846	3.3%	1,754	2.6%
9,503	17.0%	10,961	16.4%
4,342	7.8%	5,452	8.1%
2,842	5.1%	3,568	5.3%
683	1.2%	771	1.2%
114	0.2%	114	0.2%
1,315	2.3%	1,226	1.8%
349	0.6%	341	0.5%
871	1.6%	986	1.5%
1,819	3.2%	2,415	3.6%
6,349	11.3%	7,873	11.8%
55,978	100.0%	66,928	100.0%

いったIT企業が成長していった．2000年代に入ると，スマートフォンやタブレットが開発され，グーグルやフェイスブックなどのSNSやクラウドサービスを提供する企業が成長していった．このように自動車などに代わりITが成長したが，IT産業は他分野と同様かそれ以上に生産工程をアウトソーシングしており，半導体やCPU，メモリ，HDDなどの製造や組立はほとんどが海外でおこなわれている．そのため，アメリカ国内では研究開発，設計，マーケティングといった付加価値の高い業務が中心となり，自動車産業などの現場労働者の雇用の受け皿にはなっていない．

　IT産業の発展は，アメリカ企業の組織構造や働き方にも大きな変化をもたらした．競争優位の回復を図るアメリカ企業はリストラクチャリングやダウンサイジングに取り組んでいたが，そこにコンピュータを中心としたITが導入され，それまでの多くのミドルマネージャーからなるピラミッド型の組織から，よりフラットな組織へと変化するなど，企業の組織構造や働き方が変化していった．

生活必需品に対する消費の抑制
　消費支出の傾向から，所得の用途の特徴を見る．
　表14-2は，2000年以降のアメリカの消費支出の内訳をまとめたものである．

表14-3　所得階級別の消費支出の内訳

	第1五分位		第2五分位		第3五分位	
	2011年	2019年	2011年	2019年	2011年	2019年
食料	15.8%	14.8%	14.2%	14.8%	13.2%	13.5%
アルコール飲料	0.8%	0.6%	0.9%	0.6%	0.8%	0.8%
住居	40.0%	41.2%	38.0%	41.2%	35.5%	35.0%
衣服	3.5%	2.6%	3.7%	2.6%	3.1%	2.6%
交通	14.6%	16.2%	16.3%	16.2%	17.9%	18.0%
保健	7.3%	10.0%	8.2%	10.0%	8.0%	9.2%
娯楽	4.3%	3.9%	5.0%	3.9%	4.8%	4.1%
理美容製品・サービス	1.1%	1.1%	1.3%	1.1%	1.2%	1.2%
印刷物	0.2%	0.2%	0.2%	0.2%	0.2%	0.2%
教育	3.9%	2.5%	1.4%	2.5%	1.3%	1.5%
タバコ製品・喫煙用品	1.4%	1.0%	1.1%	1.0%	0.9%	0.7%
諸雑費	1.9%	1.3%	1.6%	1.3%	1.7%	1.5%
寄付	3.1%	2.5%	3.0%	2.5%	3.0%	2.9%
保険料・年金	2.1%	2.0%	5.3%	2.0%	8.3%	9.0%

（出所）表14-2と同じ.

　それを見ると，アメリカの消費支出は2000年度の3万8045ドルから6万6928ドルに2倍近く増加している．その中で，著しい増加を示しているのが住居で，1万305ドル増加している．もともと住居は2000年時点で32.4％と最大の割合を占める項目であったが，2021年度には33.8％にさらに割合が増加している．他に増加傾向にあるのが，保健と個人についての保険料・年金である．保健が3386ドル，個人についての保険料・年金が4508ドル増えており，構成比もそれぞれ3ポイント程度上昇している．

　衣服や印刷物といった項目は減少を示しており，アルコール飲料やタバコ製品・喫煙用品といった奢侈品の支出も横ばいとなっている．

　以上のように，アメリカの消費者にとって，住居に関する支出は非常に割合が高く，かつ上昇している．消費者の支出の中で，保健や年金といった分野に対する支出が増加する一方で，食品や衣服などの生活必需品や，アルコール飲料やタバコ製品といった奢侈品に対する支出が減少している．

　表14-3に基づき，所得五分位階級別の消費支出を見ると，すべての階級で住居の比率が最も高く，さらに2011年から2019年にかけて若干増加している．しかし，その比率には大きな差があり，最も所得の低い第1五分位では40％程度であるのに対して，最も所得の高い第5五分位では30％程度と，10ポイント

第4五分位		第5五分位	
2011年	2019年	2011年	2019年
13.4%	12.5%	11.4%	10.9%
1.0%	0.9%	1.0%	1.1%
32.4%	32.3%	30.2%	31.6%
3.6%	2.5%	3.3%	2.6%
18.1%	18.2%	16.2%	14.9%
7.0%	8.5%	5.7%	7.0%
5.0%	4.9%	5.5%	4.8%
1.3%	1.1%	1.2%	1.0%
0.2%	0.1%	0.2%	0.1%
1.5%	1.7%	3.0%	3.3%
0.6%	0.5%	0.3%	0.2%
1.4%	1.2%	1.7%	1.3%
3.5%	3.0%	4.3%	4.3%
11.1%	12.4%	16.0%	16.9%

もの開きがある．また，交通の比率も全ての階級で高い割合を示しており，特に第3五分位と第4五分位という中間層で高くなっている．食料の比率も高くなっているが，所得に応じて比率が変わっており，第1五分位がおよそ15％なのに対して，第5五分位では11％程度である．

　このように，衣食住と交通という生活に必要な項目の合計が，第1五分位ではおよそ75％と全体の4分の3を占めるのに対し，第5五分位ではおよそ60％と，15ポイントもの差がある．2019年の数値を見ると，第2五分位も第1五分位に近似した割合を示している．

　その一方で，下位の所得グループでは娯楽や寄付，個人の保険料・年金といった割合が低いのに対して，所得の高いグループではそれらの割合が高い．とりわけ，第5五分位では個人の保険料・年金が食料を上回り，高い割合を示している．

　これらのことから，所得の低いグループでは，衣食住といった生活に最低限必要なものの比重が大きく，その節約が重要になっていることがわかる．

　以上のように，産業構造や企業構造が変化する中で中間層が減少し，格差が拡大している．その中で，とりわけ低所得層にとって，食品や衣料品といった生活必需品への支出の節約が重要な課題になっている．

図14-2　ウォルマートの売上高と店舗数の推移

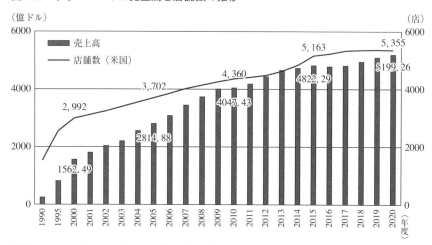

（出所）ウォルマートのAnnual Report各年版に基づき作成.

2．価格訴求型小売業としてのウォルマート

ウォルマートの概要

　生活必需品に対する需要が低下し, 価格敏感性が高まる中で成長を遂げたのがウォルマートである. 同社は, 1962年に創業者サム・ウォルトンがアーカンソー州に出店したことを皮切りに, 主に田舎の人口5000〜2万人程度の小規模な商圏をターゲットに出店を続けた. 当初は非食品を中心としたディスカウントストアのみであったが, 1980年代に入り会員制ホールセールクラブ, スーパーセンター, ネイバーフッドマーケットと業態開発をおこなった. 特に1990年代以降は食品と非食品の両者を取り扱うスーパーセンターを原動力として成長していった. 図14-2が示すように, 1990年代以降右肩上がりに成長を続けており, 2000年度に売上高1562億4900万ドル, 店舗数（アメリカ国内のみ）2992店から, 2020年度には5199億2600万ドル, 5355店まで増加し, アメ

2）アメリカでは食品と非食品の取り扱いが明確に分かれており, 食品ではスーパーマーケットが, 非食品ではディスカウントストアが主要な業態であった.

リカ全国に店舗展開している.

ウォルマートの低価格販売

　ウォルマートの強みは，低価格販売である．チャールズ・フィッシュマンは同社の低価格について，「ウォルマートの価格は，他の食品小売店で売られているまったく同じ商品よりおよそ15パーセントも安いのだ．新鮮なサケが，ウォルマートなら1ポンド4ドル84セントで売られている．信じられないくらいの安さだ．月に500ドル食費につかう四人家族の世帯であれば，他より15パーセント安いウォルマートで買い物をすれば，1年では何百ドルもの節約になる」（フィッシュマン 2007：6）と，驚きをもって描いている．同社の主力業態であるスーパーセンターのターゲット層は2万5000〜7万5000ドルと中・低所得層に設定されており，この圧倒的な低価格で訴求している.

　ウォルマートの価格訴求の特徴が，EDLP（Every Day Low Price）である．EDLPとは，一般的なスーパーマーケットなどでイメージされるハイロープライシングとは異なり，一時的な特売をせず，年間を通して可能なかぎり低価格で販売するという価格戦略である.

　このEDLPを成立させているのが，販売管理費率の低さである．アメリカの小売業の販管費率の平均が21％程度であるのに対して，ウォルマートは17％程度である．この低い販管費率を可能にするのが，優れた物流システムや情報システムを活用したローコストオペレーションである.

　前述のように同社は創業から田舎町に出店を続けていたため，自社で物流センターやトラックといった物流を整備せざるをえず，物流センターを中心に一定の地域に出店をおこなうというドミナント出店をおこなっていた．その結果，同社は配送効率の高い店舗網になっている．各店舗へは自社所有の大規模物流センターを活用して，積載効率を重視した大ロット大量輸送をおこなっており，効率的な物流になっている.

　ウォルマートの情報システムは，自社の情報システムであるリテールリンクによるサプライヤーとの情報の共有化，VMI，自社物流インフラによる大量配送を特徴としている.

　これらの物流システムや情報システムを活用することで，低賃金の低技能な従業員であっても正確なオペレーションが可能となっている．同社の低賃金は

議会でも議論になっており，議会に提出された資料（Miller 2004）によると，同社の店舗従業員の2001年の平均時給は8.23ドルで，年収は1万3861ドル，同年のアメリカの貧困線1万4630ドルを下回っている．結果的に，アメリカ小売業の人件費の割合が12～16％であるのに対して，ウォルマートは8％ときわめて低い割合に抑えられている．

　ウォルマートはNB商品を低価格で販売することを基本的な姿勢としており，プライベートブランド（PB）商品の比率は相対的に低い．しかし，中国を拠点にした国際調達網を利用してグローバルに調達することで，非常に低価格のPB商品を展開している．

　このようにウォルマートは，優れた物流システムや情報システム，低賃金に基づく仕組みで圧倒的な低価格を実現し，全米を席巻している．

3．クリエイティブクラスの成長と消費の特徴

クリエイティブクラスの成長

　第1節で述べたように産業構造や労働のあり方が変化する中で成長したのがクリエイティブクラスである．クリエイティブクラスとは，リチャード・フロリダが脱工業化の中で経済成長の鍵となる存在として注目した階級である．フロリダ（2014）は，クリエイティブクラスを「意義のある新しい形態を作り出す」仕事に従事する者と定義して，具体的には，科学者や技術者，大学教員，詩人，小説家，芸術家，エンターテイナー，俳優，デザイナー，建築家などの「スーパークリエイティブ・コア」と，ハイテクや金融，法律，医療，企業経営など，様々な知識型産業で働く「クリエイティブ・プロフェッショナル」との2つに大別している．彼は，クリエイティブクラスはアメリカの労働人口の30％，約4000万人存在していると推計している．

　表14-4は，フロリダがまとめたクリエイティブクラスの割合の上位10州と下位10州の一人当たり収入を並べたものである．クリエイティブクラスの割合で1位と2位であるコロンビア特別区とマサチューセッツ州が，収入の面でも1位，2位であるように，クリエイティブクラスの割合が高い州は総じて一人当たりの収入も上位になっている．また，上位10州の内訳を見ると，北東部が6州，西部が2州，中西部と南部がそれぞれ1州ずつと，北東部の割合が高

表14-4　州別のクリエイティブクラスの割合と一人当たり個人所得

クリエイティブクラスの割合　上位10州

	地域	クリエイティブクラスの割合（2010年）	順位	一人当たり個人所得（ドル，2021年）	順位
コロンビア特別区	南部	57.8%	1	96,477	1
マサチューセッツ州	北東部	39.0%	2	83,653	2
メリーランド州	北東部	38.0%	3	69,817	10
コネチカット州	北東部	37.0%	4	83,294	3
バージニア州	北東部	36.4%	5	66,305	13
コロラド州	西部	35.9%	6	70,706	9
ニューハンプシャー州	北東部	34.8%	7	73,200	8
ニューヨーク州	北東部	24.7%	8	76,837	5
ワシントン州	西部	34.7%	9	73,775	7
ミネソタ州	中西部	34.6%	10	66,280	14

クリエイティブクラスの割合　下位10州

	地域	クリエイティブクラスの割合（2010年）	順位	一人当たり個人所得（ドル，2021年）	順位
サウスカロライナ州	南部	28.50%	41	52,467	44
インディアナ州	中西部	28.40%	42	56,497	35
ルイジアナ州	南部	28.20%	43	54,217	42
サウスダコタ州	中西部	28.10%	44	64,462	17
アーカンソー州	南部	28.10%	45	50,625	47
ミシシッピ州	南部	27.50%	46	45,881	51
ワイオミング州	西部	27.40%	47	69,666	11
ノースダコタ州	中西部	27.40%	48	64,524	16
ウェストバージニア州	南部	27.30%	49	48,488	50
ミズーリ州	中西部	27.10%	50	55,325	41
ネバダ州	西部	24.20%	51	60,213	25

（出所）フロリダ（2014：225）の図表11-6とU.S. Bureau of Economic Analysisの資料に基づき作成.

い．反対に，クリエイティブクラスの割合が下位の州は，サウスダコタ州やワイオミング州などの例外はあるものの，こちらも総じてクリエイティブクラスの割合が低い州は収入が低くなっている．内訳を見ると，南部が5州，中西部が4州，西部が2州となっており，北東部は入っていない．このようにクリエイティブクラスは，もともと相対的に富裕な北東部の都市部に多く，貧困な中西部や南部に少ない傾向にあり，地域的に偏在している．

クリエイティブクラスの消費の特徴

　これらのクリエイティブクラスの働き方は工場労働などとは異なり，勤務時間などが柔軟な一方で，しばしば長時間労働になっている．そのため，日常生

活の中で消費に割くことができる時間が限定される傾向にある．また，その多くが住む大都市圏では，住宅価格が年々上昇を続けており，物価も高い．そのため一定の生活を送るための生活費も高額になるため，相対的に高い所得であっても余裕のある生活を送ることはできない．さらに，クリエイティブクラスには大卒者も多いが，アメリカの大学の学費は非常に高額で，多くの学生が返済の必要な奨学金を受けており，その返済が必要な人も多い．

　このように新しく成長してきたクリエイティブクラスと呼ばれる層は，一定以上の所得はあり，消費にこだわりはあるが，買い物に行く時間やタイミングが制約されている．また，必ずしも消費に使えるお金に余裕があるわけではない．このように時間などの点で不自由な消費を強いられており，時間を選ばずに買い物ができる便利さが求められる[3)]．これに応えるのが，スマートフォンなどから時間を選ばずに商品を探し，買い物ができるネット通販である．

4．時間の不自由さに対応したアマゾン

アマゾンの概要

　アマゾンはジェフ・ベゾスが1994年に創業したネット通販企業である．図14-3のように，1997年にはナスダックに上場し，その後順調に成長を続け，近年はコロナ禍を追い風にしてさらに拡大を続けており，2020年度の売上高は3860億6400万ドルとなっている．同社のネット通販の売上高は米国ネット通販市場において40％を超える市場シェアを占め，圧倒的な地位にある．同社のもたらす経済的・社会的影響を指して「アマゾン・エフェクト」という言葉が生み出されるなど，社会的影響は非常に大きい[4)]．

　アマゾンはもともと，広く普及する以前からインターネットを利用可能であった技術者や大学教員など，専門的な知識があり，相対的に高所得の層をター

3）これまでも時間節約のニーズは存在していたが，ここでは時間の短さではなく，特定の時間に拘束されない自由さに着目している．

4）本稿の目的から，アマゾンのネット通販の側面だけを取り上げるが，同社はクラウドサービス市場でも世界最大であり，他にも同社の提供する動画配信サービスPrime Videoや音楽配信サービスPrime Musicが映像や音楽の消費のあり方に影響を与えるなど，ネット通販以外の側面でも様々な社会的影響を及ぼしている．

図14-3　アマゾンの売上高と営業利益の推移

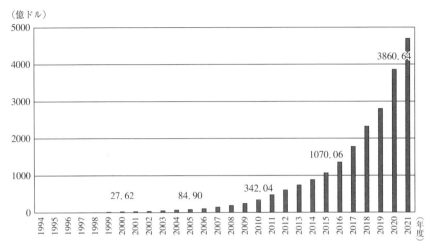

（出所）アマゾンのAnnual Report各年版に基づき作成.

ゲットとしていた. 彼らは専門的な書籍が必要だが, 実店舗まで買いに行く時間的余裕がない. さらに実店舗では品揃えに限界があり, 店舗に行っても欲しい書籍が確実に手に入るわけではない. そうしたニーズに対応して書籍の通信販売を始めている. 現在でもアマゾンの利用者の平均的な所得は6万2900ドルと, ウォルマートの5万6000ドルに比べてかなり高くなっており, 同社の有料会員であるプライム会員は平均6万9900ドルと非常に高くなっており, 10万ドル以上の高所得層が多い. このように, アマゾンは, 前節で述べたクリエイティブクラスのように比較的高所得層で, 専門書のような実店舗での取り扱いが限られている商品に対するニーズ, 買い物にかけられる時間が限られている消費者への対応を軸に成長していったといえる. それではアマゾンは, どのような仕組みでそれを可能にしているのだろうか.

アマゾンの競争優位

　アマゾンのネット通販の強みは, 品揃えの幅の広さと, 優れた配送サービスである.

　アマゾンは企業理念として「地球上で最も豊富な品揃え」を掲げ,「エブリ

シングストア」をめざしている．書籍の取り扱いに始まり，CDやDVD，電気製品，DIY，アパレル，食品など商品カテゴリーを拡大している．アメリカでは自社取り扱い商品だけで約1200万品目，マーケットプレイスを合わせると3億5000万品目を超える商品種類があるといわれており，消費者はアマゾンで多様な商品をワンストップで購入することができる．

　もう一つの強みが，優れた配送サービスである．アマゾンは一定金額以上の購入かプライム会員であれば，送料無料となった．同時に，アマゾンは「当日配送」や「同一配送」など配送サービスの水準を高めている．ネット通販は実店舗での販売とは異なり，自宅まで個別に商品を配送するため必然的に追加の配送費が必要となり，それがネット通販のデメリットになっている．しかし，アマゾンは配送品質の高さに反して無料配送にすることで，消費者に利用しやすくしている．同社が，ネット通販の配送スピードや配送料に対する消費者の意識を変えたのは間違いない．

　アマゾンは，ネット通販の強みである品揃えの広さと，ネット通販の弱みとなる配送の利便性や費用を両立させることで，強力な競争優位を持っているのである．では，どのようにして，品揃えの広さと配送の利便性や費用の両立を実現しているのだろうか．配送コストを自社で負担するためには，コストの削減は不可避である．それは自社物流インフラを活用した大量物流によって可能になっている．同社は，2017年時点で，全米に110カ所以上のフルフィルメントセンター（FC），4000台以上の大型トレーラー，さらに航空機まで保有するなど，物流関連に対して積極的に投資をおこなっている．さらにハードに加えて，在庫管理や需要予測や庫内業務を効率化する情報システムといったソフトも自社で開発している．

　アマゾンはFCを中心とした自社物流インフラを活用して，大量に商品を処理することにより物流コストを低下させている[5]．

　産業構造の変化などにより経済的な格差が拡大する中で，増加する低所得者層に対してウォルマートのような価格訴求型の小売業が，もう一方の経営者やクリエイティブクラスという中高所得層に対しては時間的な自由度の高い消費

5）アマゾンの物流センターにおける労働の問題に関しては，宮﨑（2022）やMims（2021）などで論じられている．

を可能にするアマゾンのような小売業が対応して成長している.

　ウォルマートとアマゾンの両社に共通するのは，物流システムなどを自社所有し，低賃金労働者で成立する仕組みをつくりだしているという点である. これは，システムを企画・運営する相対的に所得の高い一部の労働者と，低賃金で働く大多数の労働者で構成された仕組みであり，アメリカ社会の縮図といえる. そして，それは低賃金であっても働かざるをえない数多くの労働者の存在によって成り立っているのである.

参考文献

ヴァンス，J.D.（関根光宏・山田文訳）（2017）『ヒルビリー・エレジー——アメリカの繁栄から取り残された白人たち』光文社.

河﨑信樹，河音琢郎，藤木剛康編（2021）『現代アメリカ政治経済入門』ミネルヴァ書房.

ストーン，ブラッド（井口耕二訳）（2014）『ジェフ・ベゾス　果てなき野望』日経BP.

フィッシュマン，チャールズ（中野雅司監修）（2007）『ウォルマートに呑みこまれる世界』ダイヤモンド社.

フロリダ，リチャード（井口典夫訳）（2014）『新クリエイティブ資本論——才能が経済と都市の主役となる』ダイヤモンド社.

宮﨑崇将（2022）「アマゾンのネット通販事業の競争優位と問題点」夏目啓二編『GAFAM支配と民主的規制』学習の友社.

山縣宏之（2021）「産業構造の変化」河﨑ほか編（2021）.

吉田健三（2021）「雇用構造の変化」河﨑ほか編（2021）.

Miller, George (2004) "Everyday Low Wages: The Hidden Price We All Pay for Walmart," Democratic Staff of the Committee on Education and the Workforce.

Mims, Christopher (2021) *Arriving Today: From Factory to Front Door*, Harper Business.

第 15 章
貧困問題とオバマケア

長谷川千春

はじめに

　アメリカは，今日に至るまで，国民全てを対象とした公的医療保険がなく，医療保険に加入せず，また公的医療扶助も受給していない「無保障者」が存在している．無保障率は65歳未満，特に19〜64歳の就労世代，黒人，ヒスパニック，貧困・低所得層が高い．就労世代を含む65歳未満の非高齢者にとっては，雇用主提供医療保険が医療保障を得る手段として期待されるが，実際に加入しているのはその6割に満たず，低所得層ほど加入できていない現状がある．公的医療扶助（メディケイドおよび児童医療保険プログラム）は，自らの稼ぐ力で民間保険を得ることができない層に対してのみ，選別主義的に提供されてきた．

　2010年にオバマ政権のもとで医療保障改革法が成立し，その主要規定は2014年に施行された（医療保障改革法に基づく改革を，通称「オバマケア」という）．オバマケアは，それまでの基本的な医療保障システムを変えるものではないが，初めて医療保険への加入を義務化した．そのうえで，貧困層を対象とした公的医療扶助の拡充と，低・中所得層を対象とした民間保険の加入可能性と医療費負担可能性を向上させる仕組みを導入した．オバマケアにより，無保障者数は劇的に減少したが，依然として所得，人種間での医療格差は残存しており，また連邦と州・地方との分権構造の中で，新たな医療格差要因が生まれることにつながっている．

図15-1　無保障者数および無保障率の推移（2008〜21年）

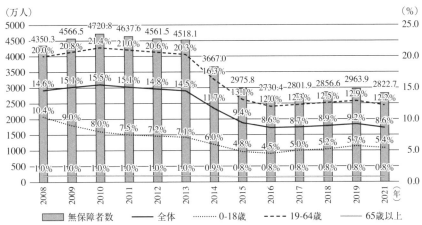

（註）無保障者数（棒グラフ）は左軸，無保障率（折れ線グラフ）は右軸．2020年は調査が実施されていない．
（出所）U.S. Census Bureau, 2008-2021 American Community Surveys より筆者作成．

1．アメリカ医療保障における「貧困」と格差

1990年代，2000年代の無保障者の状況

　1990年代以降の無保障者の状況を確認すると[1]，無保障者数は3000万人を超え，年々増加していた．ニューエコノミーともいわれた長期の景気拡大で，失業率も低下していたが，無保障率は悪化の一途をたどっていた．1990年から1998年までの間に，無保障者数は約1千万人増加し（3472万人→4428万人），無保障率は13.6％から16.3％へと悪化した．

　無保障者数は，20世紀末の数年間は統計上初めて減少に転じたが，2000年代に入って再び増加した．2007年からは世界同時不況の影響もあって，2010年の非高齢者の無保障者数は約4721万人に上り，無保障率は15.5％に達していた（図15-1）．

---

1 ）U.S. Census Bureau, Current Population Survey ASESによる．

図15-2　人種別，所得層別の無保障率（2010，2014，2020年）

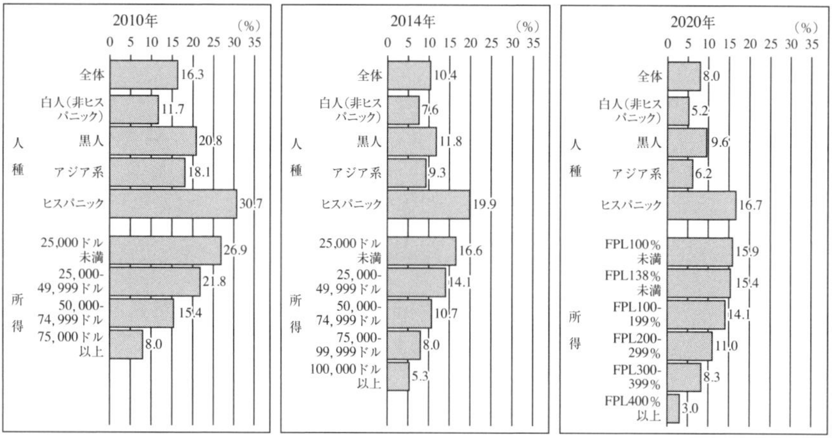

（出所）U.S. Census Bureau, Current Population Survey, 2011. 2015. 2021 Annual Social and Economic Supplement. より筆者作成.

諸特徴別に見た無保障者

　図15-1の年齢階層別の無保障率に着目すると，公的医療保険であるメディケアの対象となる65歳以上の高齢者の無保障率が非常に低い一方で，65歳未満の非高齢者においては，18歳以下の子どもと19〜64歳の就労世代の無保障率に大きな差がある．2008年から2010年までの3年間で見ると，子どもの無保障率が2.4ポイント減少する一方で，就労世代のそれは1.4ポイント上昇していた．無保障者問題は，もっぱら65歳未満の非高齢者の問題といえる．

　図15-2は，人種および所得階層別に，無保障率の状況を示したものである．人種別で見ると，白人（ヒスパニック除く，以下同様）と比較して，黒人やヒスパニックの無保障率が高く，2010年では白人の11.7％が無保障状態であるのに対し，黒人の20.8％，ヒスパニックの30.7％が無保障状態に置かれていた．また，貧困・低所得層は無保障者の割合が高く，2010年では家計所得2万5000ドル未満の所得層の26.9％，2万5000〜5万ドル未満の所得層の21.8％が無保障状態である一方で，5万ドル以上の所得層では15.4％，7万5000ドル以上の所得層では8.0％であり，所得が低いほど無保障率が高くなっていた．

アメリカの医療保険の加入構造

　アメリカ医療保障システムの特徴は，国民全体を対象とした公的医療保険が
なく，民間医療保険，特に雇用先で提供される民間医療保険が主軸となってお
り，それに加入することが難しい高齢者や障害者を対象とした公的医療保険
（メディケア），貧困・低所得世帯を対象とした公的医療扶助プログラム（メデ
ィケイドおよび児童医療保険プログラム）が補足的に存在しているということで
ある．65歳未満の多くの国民にとっては，雇用主提供医療保険が主な保険加
入先として存在しており，それに加入できなければ，個人で民間医療保険を購
入することとなる．しかし，いずれの民間医療保険にも加入せず，また公的医
療保険や公的医療扶助の受給もしていない「無保障者」が，構造的に存在する
ということも特徴としている．

　2010年の非高齢者の医療保険加入状況を見てみると（図15-3），無保障率は
18.5％である一方で，雇用主提供医療保険が58.7％，個人購入医療保険が7.1
％，メディケイドが16.9％である（重複加入を排除していないため，合計は100％
とならない）．所得階層別に雇用主提供医療保険への加入率を見ると，家計所
得が連邦貧困基準100％未満所得層で12.5％，100〜149％所得層で27.5％であ
るのに対し，200〜300％未満層では60.1％，300％以上所得層では81.8％とな
っている．つまり，低所得層ほど雇用主提供医療保険に加入できていない，と
いうことである．また，連邦貧困基準100％未満所得層の47.3％，100〜149％
所得層の33.7％がメディケイドを受給しているが，それぞれ33.4％，32.6％は
無保障のままである[2]．

　国民の約5割が雇用主提供医療保険に加入している一方で，雇用主提供医療
保険への加入資格が得られない，あるいは加入資格があっても保険料負担等が
重く加入できない場合，無保険となるリスクが非常に高い[3]．雇用主提供医療保

2）Fronstin (2011).

3）2019年のNational Health Interview Surveyによると，無保険の被用者（65歳未満）の
　　72.5％が，雇用主によって医療保険を提供されていなかった（Tolbert et al. 2020）．
　　また，雇用主提供医療保険の保険料は，常に全般的な物価上昇率および賃金の伸びを
　　上回って上昇していた（Kaiser Family Foundation 2010-2022）．そのため，加入資格
　　があったとしても，保険料負担を理由として加入をしていない無保険被用者も少なく
　　ないと考えられる．

図15-3　非高齢者の医療保険の加入構造（所得階層別，2010年）

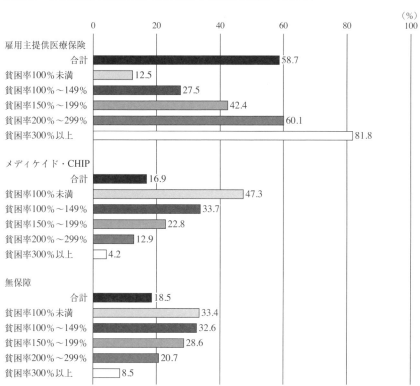

（出所）Fronstin (2011: Figure.18) より作成.

険に加入できない場合，個人で民間医療保険に加入するという選択肢がある．
しかし，団体保険である雇用主提供医療保険に比べ，個人購入医療保険の保険
料は相対的に高く，また保険料も労使折半ではないため，負担が重い．また，
既往症等を理由として保険加入そのものを拒否される，あるいは追加的な高額
保険料を負担しなければ加入できないという問題もあった．

2．オバマケア以前のアメリカの医療扶助政策

連邦による医療扶助プログラムの規定

　アメリカにおける主な医療扶助プログラムは，第一にメディケイド，第二に

児童医療保険プログラムである.

　メディケイドは，1965年の社会保障法修正法に基づく医療扶助プログラム
である．メディケイドの所管は州政府であり，それを実施するか否かも含め，
州に裁量があるものであった．最後に残っていたアリゾナ州が1982年から実
施することとなり，現在は全ての州（ワシントンD.C.含む）が実施している.

　連邦法では最低限の受給要件と提供すべき基本サービスについて規定してお
り，州はその規定を満たすことで連邦補助金が交付される．ただし，州政府は，
この連邦政府のガイドラインに基づきつつも，受給要件（資格要件や所得要件
など）や給付範囲・期間，診療報酬支払いなどについては，独自に規定・運営
してきた.

　医療保障改革法以前の連邦が定めるメディケイドの最低限の受給要件では，
適格対象者が限定されており，旧AFDC（要扶養児童のいる貧困家庭向け公的扶
助）の経済基準を満たす貧困家族，連邦貧困基準（FPL）133％未満の妊婦（出
産後60日まで）および5歳以下の子ども，生活扶助であるSSI（Supplemental
Security Income）を受給する高齢者および障害者，FPL100％未満の6〜18歳の
子ども，等であり，扶養児童のいない成人は低所得であっても対象外であった.[4]
2013年1月時点でウェイバー・プログラム[5]や州独自のプログラムとして，扶養
児童のいない成人にメディケイドを提供している州は，わずかに7州のみであ
った.[6]

4）1980年代半ばから連邦政府は州政府に対しメディケイドの子どもおよび妊婦の受給要
　　件の寛大化を義務づけてきた．詳しくは，長谷川（2010；2012）.
5）州政府が連邦政府からの補助金の交付を受けてメディケイドとCHIP（後述の児童医
　　療保険プログラム）を運営する場合，社会保障法のウェイバー条項の適用を受ける実
　　験的プロジェクト（ウェイバー・プログラム）として申請・承認されれば，連邦政府
　　の規定に縛られない運営が可能となる．社会保障法のウェイバー条項は，メディケイ
　　ドおよびCHIPのプログラム構成や運営について，州による新たな実験的取り組みを
　　促すことを目的に，連邦・保健福祉省長官の承認に基づき，連邦政府からの補助金を
　　交付する際に課す規定を連邦政府が放棄するというものである．ウェイバー条項には，
　　メディケイドおよびCHIPのプログラム構成や運営について，州による新たな実験的
　　取り組みを促す第1115条項以外に，メディケイドにおけるマネジドケアの活用を認め
　　る第1915(b)条項，在宅介護や地域介護を促進する第1915(c)条項がある.
6）Heberlein et al.（2013）.

　児童医療保険プログラムは，1997年に創設された，メディケイドの受給要件を満たさない低所得世帯の無保険の子ども（18歳以下）を対象とした医療扶助プログラムである．設立当初はSCHIP（States Children's Health Insurance Program）といわれ，州は，メディケイドと一体的に運営するか，独立したプログラムとして運営するか，あるいはその両方を実施するか，選択できる．メディケイドと同様，児童医療保険プログラムも州が所管して，財政的には連邦と州との協同関係に基づいて実施されるが，メディケイドよりも多くの連邦補助金が交付される．

　オバマ政権に移行した直後の2009年2月には同プログラムの再承認法が成立し，新たにCHIP（Children's Health Insurance Program）と名称変更して，メディケイドとともに低所得世帯の子どもへの医療保障を拡大する方向が打ち出された．同法により，州はCHIPの対象に妊婦を加えることができるようになり（以前は「胎児」を対象とすることで，実質的に妊婦を対象としていた），合法的移民の子どもおよび妊婦については5年の待機期間を免除することができるようになった．また，メディケイドやCHIPの受給開始や更新にあたっての手続きを簡素化し，アウトリーチ支援の財源を確保することで，受給要件を満たす無保険の子どもがメディケイドあるいはCHIPの受給につながるよう，州の取り組みを促した．

州政府による医療扶助プログラムの多様性

　医療保険改革法以前において，各州でおこなわれている医療扶助プログラムは，州ごとに異なる運用をしており，その制度編成や運営方法も非常に幅があるものとなっていた．

　まず，連邦規定がある子ども，妊婦については，所得要件を寛大に設定している州が多い．2012年時点での運用状況を見てみると，乳児（0歳），幼児（1〜5歳），児童・生徒（6〜18歳）で異なる所得要件としている州が多く，所得要件の幅は連邦が定める最低基準であるFPL133％（乳児・幼児の場合．児童・生徒はFPL100％）〜FPL300％となっていた．また，CHIPをメディケイドとは独立したプログラムとして運用している州では，CHIP（独立型）の所得要件は，メディケイドよりも寛大に設定していた（CHIP（独立型）の所得要件の幅は，FPL160％〜FPL400％[7]）．

3．オバマ医療保障改革の枠組み

個人への加入義務づけと医療保険取引所の創設

　オバマ政権による無保障者問題への政策の特徴は，主に3点指摘できる．第一に，国民全体を対象とした公的医療保険の創設は断念し，民間医療保険（雇用主提供医療保険および個人購入医療保険）への加入を原則として義務化したこと，第二に，民間医療保険の負担可能性と加入可能性の向上をめざす様々な仕組みを導入したこと，第三に，それでもなお民間医療保険への加入が困難な貧困・低所得層に向けて，医療扶助プログラムを拡充したことである．

　第一の個人に対する保険加入義務づけとは，具体的には，ほぼ全てのアメリカ国民および合法居住者に対し，雇用主提供医療保険，個人購入医療保険をはじめとした医療保障改革法で規定する「適格な医療保険」に加入しない場合は，罰則金（Tax Penalty）を科すことで，保険加入を促すものである．個人への加入義務づけは2014年から施行され，その罰則金の額は，成人一人当たり645ドル，子ども一人当たり347.5ドル（最大一世帯当たり2085ドル）あるいは家計所得の2.5％のいずれか高いほうとされた[8]．

　第二に，民間医療保険の加入可能性および費用負担可能性を高める手段として，新たに医療保険取引所を州ごとに創設するとした[9]．医療保険取引所は，基本的にウェブを介した個人購入医療保険の購入支援プログラムであり，州政府は自ら医療保険取引所を設立し運営するか，連邦・保健福祉省が設立・運営する医療保険取引所に委ねるか，あるいは保険加入登録のインターネットポータルとして連邦政府が創設するHealthcare.govを利用したうえで州独自の運営を

7）詳しくは，長谷川（2012）参照．

8）2014年，2015年については罰則金の軽減措置がとられた．2014年は成人一人当たり95ドル，子ども一人当たり47.5ドル（最大一世帯当たり285ドル）あるいは家計所得の1％，2015年は成人一人当たり325ドル，子ども一人当たり162.5ドル（最大一世帯当たり975ドル）あるいは家計所得の2％とされた（内国歳入庁（IRS）ウェブサイトによる）．

9）医療保障改革における医療保険取引所の位置とその実態，意義については，長谷川（2021）で詳細に検討しているので参照されたい．

おこなうかなど，複数の選択肢の中から選ぶことができるとされた．

　医療保険取引所で提供される民間医療保険は，保険給付水準に応じて，4つの保険カテゴリー（ブロンズ，シルバー，ゴールド，プラチナ）に区分される．ブロンズに区分された保険プランは保険給付率60％であり，金属の色が上位になるにつれ，10％ずつ保険給付率が高くなり，プラチナに区分された保険プランは保険給付率90％である．ブロンズプランは相対的に保険料が低いが，実際に医療サービスを利用する際の患者自己負担が高い（保険給付開始前の定額控除，給付開始後の患者一部負担分）．加入希望者は保険料と給付内容，利用できる医療機関等を比較しながら保険プランを選択することができる．また，30歳未満あるいは個人への加入義務免除者のみが加入可能な高額医療費保険は，補償内容が抑えられ，コストシェアリングを高く設定することで，比較的低い保険料で提供される．

　さらに，医療保険取引所を通じて医療保険に加入する場合，低・中所得層を対象として，保険料補助（Premium Tax Credit）およびコストシェアリング補助（Cost sharing subsidies）をおこなうこととした．医療保険取引所を通じて保険加入しようとする場合，メディケイドやCHIPなどの医療扶助の受給資格に該当するかどうかも判定される．その結果，医療扶助の受給資格に該当せず，また自らの雇用主あるいは家族の雇用先で雇用主提供医療保険の加入が可能であったとしても，「手ごろな価格“Affordable”」ではないあるいは「最低給付基準“Minimum value”」を満たしていないと見なされる場合[10]，所得に応じた保険料補助とコストシェアリング補助が受けられる．

　保険料補助は，FPL100％〜400％未満の所得層を対象としたものであり，保険料補助の額は，その地域の医療保険取引所で提供されるシルバー・プランの2番目に低い保険料（ベンチマーク・プラン）と，所得に応じた負担上限額と

10）当該雇用主が提供する基礎的医療給付（Essential health benefits）をおこなう最も安価な単身保険で見た時に，被用者分の保険料拠出が家計所得の9.5％（インフレ調整により2019年は9.86％）以上である場合，あるいは保険プランの保険給付率が60％に満たない場合，雇用主提供医療保険ではなく医療保険取引所を通じた保険加入に際して，保険料補助を受けることができる．フルタイム被用者数50名以上の雇用主に対しては，フルタイム被用者のうち1名でも保険料補助を受けている場合は罰則金が科されることとなった（雇用主に対する分担責任条項）．詳しくは，長谷川（2022）．

の差額として計算される．具体的には，医療保険取引所を通じた医療保険への加入申込の際に，次の年の予想所得額に応じて保険料補助額と毎月の保険料負担が算出され，補助分については直接保険会社等に支払われることで，毎月の保険料負担が軽減されることとなる（年末の確定申告に際して，実際の課税総所得に応じて税額控除額が調整・確定され，所得が少ない階層には還付つきの税額控除となる）．所得に応じた負担上限額は，連邦貧困基準に応じて2〜10％の範囲で計算される（FPL100〜150％では，所得の2〜4％が負担上限額）．

　コストシェアリング補助は，FPL100％から250％までの所得層を対象に，シルバー・プランへの加入を条件に費用補助をおこなうものである．コストシェアリングとは，実際に医療機関などを利用した際に発生する医療費の自己負担のことであり，保険給付開始前の自己負担である定額控除の額を所得に応じて減額し，あるいは年間負担上限額を上回った場合にはその分を補助するとした．実際には，医療保険取引所を通じてシルバー・プランに登録した時に，所得基準を満たす場合には自動的に保険給付率が引き上げられ，年間自己負担上限額が引き下げられたプランに変更される．シルバー・プラン以外の保険プランに加入する場合は，保険料補助は受けられるが，コストシェアリング補助は対象外である．

　保険者に対しては，家族保険への扶養家族の対象者拡大（従来は18歳以下までだったが，25歳以下まで，親の医療保険に加入できるようにした），健康状態に基づく加入資格要件の設定の禁止などにより，リスク調整の仕組みを持ったうえで保険引き受けを強化させた．

メディケイドの拡充

　以上の民間医療保険の加入可能性および負担可能性を高める試みは，広く中所得層までを射程に入れたものといえるが，連邦貧困基準を下回る貧困層そして連邦貧困基準を若干上回る低所得層に対しては，公的医療扶助であるメディケイドの拡充をおこなった．

　医療保障改革法によるメディケイドの拡充とは，第一にメディケイドの連邦基準の適用拡大，すなわちメディケアの受給権を持たない低所得の非高齢者に適用対象を拡大し（これまでは，子ども，妊婦，親のみが対象であり，扶養家族のいない成人は適用対象外であった），第二にその所得要件をFPL133％以下にまで

寛大化したことを指す．所得要件を審査する際，FPL5％に相当する所得控除
が認められるため，実質的にはFPL138％以下が対象となった（2020年は単身1
万7609ドル（年間），4人家族3万6156ドル（年間）以下の所得層が対象．アラスカ州，
ハワイ州除く）．

　先述のように，州政府がメディケイドを実施する場合，連邦規定に基づき実
施することで連邦補助金が交付されるが，拡充により増加するメディケイド給
付の費用については，その連邦補助率を，2014～16年は100％，2017年は95
％，2018年には94％，2019年には93％，それ以降は90％とした．従来のメデ
ィケイドの連邦補助率（50～73％）よりも，連邦政府がその費用の多くの部分
を負担することとした[11]．その一方で，メディケイドの拡充を実施しない，ある
いは実施できない州に対しては，メディケイドに関わるすべての連邦補助金を
交付しないという制裁措置が盛り込まれた．しかし，この制裁措置については，
後に違憲訴訟の争点の一つとされ，2012年の最高裁判決により，メディケイ
ドの拡充を採用するかどうかは州政府の裁量ということになった．

4．オバマケアの成果と医療格差

無保障者数の減少と無保障率の低下

　2010年3月末に医療保障改革法が成立し，2014年に主要な諸規定が施行され
た後，無保障者数，無保障率ともに劇的に改善した（図15-1参照）．オバマケア
の撤廃を掲げるトランプ政権に移行した2017年には，オバマケア廃絶・代替
法案がすべて否決されたが，2017年12月に成立した減税・雇用法において，
個人への加入義務づけが実質的に廃止された（保険未加入の場合の罰則金を0ド
ルに変更．2019年から適用）[12]．無保障者数，無保障率ともに2017年以降は悪化傾
向にあったが，バイデン政権に移行した2021年の無保障者は約2823万人，無

---

11) 加藤（2015）．
12) 州によっては加入義務を継続している．たとえば，ニュージャージー，ワシントン
　　D.C.，マサチューセッツ，カリフォルニア，ロードアイランドは罰則金つきの加入義
　　務を継続しており，バーモントおよびメリーランド州は罰則金なしの加入義務を課し
　　ている．マサチューセッツ州は，2006年に成人を対象とした加入義務と罰則金を科し
　　ており，引き続き有効である．

保障率は8.6％と改善している.

　医療保険取引所での医療保険加入も，2014年には約800万人，その後も年々増加して2016年には約1270万人となった[13]．うち8割以上が保険料補助を受け，約5割がコストシェアリング補助を受けており，個人購入医療保険市場における保険加入可能性および負担可能性の向上に一定寄与しているといえる．また，医療保険取引所を利用開始する際の登録内容に基づき，他の公的医療保障，たとえばメディケアやメディケイド，CHIPの適格条件を満たしていないかどうかを審査し，これらの適用ができると判断されるとそちらの手続きに移行する仕組み[14]により，メディケイド，CHIPに適格であるが支援につながっていなかった貧困・低所得層が受給につながる可能性が高まったと考えられる.

　メディケイドの連邦基準の適用拡大により，新たに受給資格を得た1480万人の成人がメディケイドの受給を開始し，医療保障改革法施行以前から受給資格があった約390万人の成人も新たに受給につながった．ニューヨーク州およびミネソタ州のみで実施されている医療保障改革法に基づくBasic Health Program[15]の加入者約100万人も加えると，医療保障改革法に基づく医療保険への加入が2021年には約3100万人と，法施行後最大となった[16]．

残存する医療保障格差と新たな格差要因

　全国的な無保障者数は2010年以前と比べて激減したとはいえ，年齢，人種，所得階層間での医療保障格差は依然として残存している．黒人，ヒスパニック，

---

13) U.S. Department of Health and Human Services, Office of the Assistant Secretary for Planning and Evaluation (ASPE), Health Insurance Marketplace Open Enrollment Reports for 2014, 2015, and 2016.

14) 医療保険取引所における適格性審査の段階で，メディケイドあるいはCHIPの適格要件を満たすかどうかを評価し，さらにその適用を決定するかどうかは，その州における医療保険取引所の機能選択によって異なる．もし適用決定をおこなう場合は，医療保険取引所がメディケイドあるいはCHIPの手続きに責任を持つことになり，評価にとどまる場合は，メディケイドあるいはCHIPの担当部署に必要な情報を伝達し，最終的な適用決定を仰ぐこととなる（Fernandez and Mach 2012）．ただ，不法滞在者は，医療保険取引所を通じて保険に加入することができない.

15) Basic Health Programは，メディケイドの受給資格の所得上限を超えるFPL138～200％の成人を対象とした，医療保障改革法に基づく医療扶助プログラムである.

就労世代（19〜64歳），貧困，低所得層の無保障率は，他と比べて相対的に高いままである（図15-1，15-2参照）．

　また，州間での無保障率の差も大きい．2021年の無保障率は8.6％であるが，州別で見ると，子どもの無保障率は，テキサス州の11.8％が最も高く，最も低いマサチューセッツ州は1.0％である（アメリカ全体では5.4％）．就労世代の無保障率も同様に，テキサス州が最も高く（24.4％），マサチューセッツ州は3.5％である（アメリカ全体では12.2％[17]）．さらに，FPL100％未満の子どもの無保障率は，2.9％（ニューヨーク州・プエルトリコ）〜18.8％（ノースダコタ州），同就労世代の無保障率は，6.3％（マサチューセッツ州）〜46.9％（テキサス州）と，州間で大きな差がある．地域分布で見ると，南部の無保障率が依然として高く，それらの州の多くがメディケイドの拡充を拒否している州である．

　2012年の連邦最高裁判決により，メディケイドの拡充については州政府の裁量により採用・不採用が決まるということになった．2014年のメディケイド拡充の連邦規定発効時点では，ワシントンD.C.を含む25州のみが採用した．その後徐々に採用州が増え，2022年4月時点では38州およびワシントンD.C.が採用しているが，不採用州が12州となっている．

　医療保障改革法の施行後，メディケイド拡充の不採用州も含め，子ども，妊婦に対するメディケイドおよびCHIPの所得要件はそれ以前と比べて寛大化している一方で，メディケイド拡充不採用州では「扶養家族のいない成人」は対象外のままであり（ウィスコンシン州のみFPL100％以下を対象としている），扶養家族のいる成人に対する所得要件はFPL100％よりもはるかに低い州が大半である（最も低いのがテキサス州のFPL17％以下．12州のうち9州がFPL50％以下の低い所得上限設定としている（2021年））．医療保障改革法によるメディケイドの拡

16）U.S. Department of Health and Human Services, Office of the Assistant Secretary for Planning and Evaluation (ASPE) (2021). ただし，医療保障改革法による若年層に対する家族保険の加入拡大や，医療保障改革法以前から適用対象となっていた子どもやその親のメディケイド受給の増加（「ウェルカムマット効果」）の影響は含まれていない（メディケイドの受給増加への「ウェルカムマット効果」については，Hudson and Moriya 2017）．

17）Kaiser Family Foundation, State Health Facts による．https://www.kff.org/state-category/health-coverage-uninsured/health-insurance-status/（2022年10月30日閲覧.）

充を採用するか否かにより，特に成人におけるメディケイド受給可能性の州間
での格差が大きくなったといえる．

　メディケイドの適用拡大を採用していない12州では，Coverage Gapといわ
れる，メディケイドも適用されず，医療保険取引所での保険料補助も受けられ
ない無保障者が数多く存在することが指摘される．つまり，メディケイドの所
得要件が厳しくFPL100％よりも低い場合，その所得基準を超えているが，保
険料補助を得られるFPL100％には満たない所得層の人々が，公的支援制度の
"隙間（Gap）"に陥っているのである．2021年4月時点で約220万人と推計され
ており，地域的にはテキサス，フロリダ，ジョージア，ノースカロライナ州の
4州にその4分の3が居住している（97％が南部に居住）[18]．

おわりに

　2020年3月以降のCOVID-19感染拡大は，アメリカにおいても多くの感染者，
死亡者を生み，経済社会に多大なる悪影響を及ぼすこととなった．2021年に
就任したバイデン大統領は，オバマケアの拡充を掲げ，アメリカ救済計画法
（ARPA）により，医療保険取引所を通じて保険加入する際の保険料補助を拡充
した．具体的には，保険料負担の上限を引き下げることで（家計所得の9.83％
→8.5％），保険料補助額を増額した．また，保険料補助の対象外であった
FPL400％以上の所得層にも保険料補助が適用されることとなった[19]．2021年8
月時点で，ARPA成立により設けられた特別加入期間を経て，2021年のオープ
ン加入期間終了時よりも加入者は8％増の1220万人となり，加入者の44％が毎
月の保険料負担が10ドル以下で加入している[20]．

　そしてARPAでは，オバマ医療保障改革法に基づくメディケイド拡充により
増えた支出分に対する連邦補助金を，通常の補助率（90％）に加えて5％上乗
せする（採用時から2年間）というインセンティブを提示し，不採用州に対して
メディケイドの適用拡大を促した[21]．これを受け，2021年7月には新たにオクラ

18）Rudowitz et al. (2021).

19）U.S. Centers for Medicare & Medicaid Services (2021). 保険料補助の拡充措置は，イ
　　ンフレ抑制法（2022年）により，さらに3年延長されることとなった（～2025年）．

20）Cox et al. (2021).

ホマ州とミズーリ州がメディケイドの拡充を開始した.

　メディケイドの拡充による医療扶助プログラムと，医療保険取引所を通じた保険料補助の拡充により，貧困・低所得層だけではなく，中所得層に対しても，医療保障改革法が医療のセーフティネットとして一定機能しているといえる.ただ，バイデン政権によるオバマケアの拡充は，あくまで非常事態に対する対応であり，メディケイド不採用州が依然として10州あり，2021年7月に開始した2州についても継続するかどうかは不透明である.また，保険料だけでなく，実際に医療サービス等を利用した際に発生する定額控除（保険給付開始前の自己負担分）や患者一部負担（保険給付開始後も求められる自己負担分）が所得の10％を超えるような「低保障（Underinsured）」[22]の問題も指摘されており，医療費負担可能性の問題は依然として大きい.

参考文献

加藤美穂子（2015）「アメリカのメディケイド補助金とオバマ医療改革」『香川大学経済論叢』第88巻第3号.

長谷川千春（2010）『アメリカの医療保障——グローバル化と企業保障のゆくえ』昭和堂.

———（2012）「オバマ医療保険改革——無保険者問題の地域性と分権的な無保険者対策」渋谷博史，根岸毅宏編『アメリカの分権と民間活用』日本経済評論社.

———（2021）「医療保険取引所の検証」『生命保険論集』第214号.

———（2022）「産業・雇用構造の変化と医療保障」『アメリカ医療保障制度に関する調査研究【2021年度版】』医療経済研究機構.

Agency for Healthcare Research and Quality: AHRQ (2019) *Medical Expenditure Panel Survey Insurance Component 2018 Chartbook*. Rockville, Maryland.

Collins, Sara R., Munira Z. Gunja, and Gabriella N. Aboulafia (2020) "U.S. Health Insurance Coverage in 2020: A Looming Crisis in Affordability," *The Commonwealth Fund Survey Brief*.

21）Musumeci (2021).

22）コモンウェルス・ファンドは2001年以降，19〜64歳を対象に，調査時点での保険加入の有無，前年における保険加入状況，そして定額控除や自己負担により低保障になっていないかどうか，を調査している（Collins et al. 2020）．低保障問題に関しては，長谷川（2021）を参照.

Cox, Cynthia, Robin Rudowitz, Juliette Cubanski, Karen Pollitz, MaryBeth Musumeci, Usha Ranji, Michelle Long, Meredith Freed, and Tricia Neuman (2021) "Potential Costs and Impact of Health Provisions in the Build Back Better Act." https://www.kff.org/health-costs/issue-brief/potential-costs-and-impact-of-health-provisions-in-the-build-back-better-act/（2022年10月30日閲覧）

Fernandez, Bernadette, and Annie L. Mach (2012) "Health Insurance Exchanges Under the Patient Protection and Affordable Care Act (ACA)," *CRS Report.*

Fronstin, Paul (2011) "Sources of Health Insurance and Characteristics of the Uninsured: Analysis of the March 2011 Current Population Survey," *EBRI Issue Brief* (362).

Kaiser Family Foundation (2010-2022) *Employer Health Benefits Annual Survey.*

Heberlein, Martha, Tricia Brooks, Samantha Artiga, and Jessica Stephens (2013). "Getting into Gear for 2014: Shifting New Medicaid Eligibility and Enrollment Policies into Drive," *KFF Report.*

Hudson Julie L., and Asako S. Moriya (2017) "Medicaid Expansion for Adults Had Measurable 'Welcome Mat' Effects on their Children," *Health Affairs*, 36(9).

Musumeci, MaryBeth (2021) "Medicaid Provisions in the American Rescue Plan Act," https://www.kff.org/medicaid/issue-brief/medicaid-provisions-in-the-american-rescue-plan-act/（2022年10月30日閲覧）

Pollitz, Karen (2020) "Pre-existing Conditions: What are They and How Many People Have Them?," Kaiser Family Foundation.

Rudowits, Robin, Rachel Garfield, and Larry Levitt (2021) "Filling the Coverage Gap: Policy Options and Considerations," Kaiser Family Foundation.

Tolbert, Jennifer, Kendal Orgera, and Anthony Damico (2020) "Key Facts about the Uninsured Population," *KFF Issue Brief.*

U.S. Census Bureau (2009-2022) 2008-2021 *American Community Survey.*

U.S. Census Bureau (2011-2021) *Current Population Survey Annual Social and Economic Supplements.*

U.S. Centers for Medicare & Medicaid Services (2021) "American Rescue Plan and the Marketplace," *Fact Sheet.*

U.S. Department of Health and Human Services, Office of the Assistant Secretary for Planning and Evaluation: ASPE (2021) "Health Coverage Under the Affordable Care Act: Enrollment Trends and State Estimates", *Issue Brief*, No.HP-2021-13.

第 6 篇

政治と政策

第 16 章
WTO体制から米中新冷戦へ

増田正人

はじめに

　2000年代の世界経済は,「チャイナメリカ」という造語も生まれるほどの米中の蜜月の下で拡大を続けてきたが,現在は「米中新冷戦」という真逆の状況が生まれることで,世界経済の分断化が一気に進むように変化した.2022年2月に始まるロシアによるウクライナへの侵攻は,世界経済の分断と対立構造をさらに進めることになり,世界経済に深刻な打撃を与えている.

　本章の課題は,現代の世界経済を特徴づける米中新冷戦という対立と分断の構造がなぜ生まれたのかを明らかにすることにある.そのためにまず,現代のグローバル経済の基本的構造をWTO体制として特徴づけ,それが1990年代以降の国際経済秩序の基本枠組みとして機能していることを示す.次に,その構造の下で,アメリカが中国の改革開放政策に積極的に関与協力して,アメリカ経済と中国経済が相互依存関係を深めながら大きく成長をしてきたことを述べる.そのうえで,アメリカが協力してきた中国の経済成長と大国化は,次第に両国の関係を厳しいものに変えることにつながり,2017年に登場したトランプ政権以降,アメリカは中国を唯一の戦略的競争相手国と見なすようになり,米中新冷戦といわれる事態が生まれたことを明らかにする.最後に,米中新冷戦が従来型のブロック化をもたらすものではないことを指摘したうえで,米中新冷戦が今後どのような世界をもたらすと思われるのかを考察することにしたい.

1．グローバル経済と世界貿易機関（WTO）

　現代のグローバル経済の大きな特徴は，世界貿易機関（WTO）が形づくる国際経済秩序の中で，多国籍企業を中心とした国際分業関係によって世界各国が緊密に結びつき，各国経済の相互依存関係が著しく強まっている点にある．そこで，WTOがどのようにして現代のグローバル経済を形づくっているのかを明らかにしていこう．

　WTOは1995年に発足した国際機関で，GATT（関税および貿易に関する一般協定）のウルグアイ・ラウンドで合意したマラケシュ協定によって設立された．世界貿易機関という名称のために，貿易を扱う国際機関のように思われているが，実態は貿易をはるかに超えた内容を持っている（滝川 2005）．ここではWTOの3つの大きな特徴を述べておきたい．

　第一の特徴は，表16-1にあるように，WTOは本協定に加えて付属協定を含み，対象領域が非常に広いという点である．付属書1Aの第一協定はWTOが発足した時点で引き継いだGATTのことである．第二協定以下の全項目は新たに追加されたもので，WTOの対象範囲が広い点が如実に示されている．対象は財に関するものだけでなく，サービス取引も付属書1Bとして含まれている．また，貿易関連の側面ということで，投資措置（直接投資と現地生産は，原材料や製品の輸出入を伴うため，投資は必ず貿易に関連する）や，知的所有権（知的所有権の保護のあり方，制度の相違は必ず貿易に関連する）も対象とされた．特に，知的所有権については，従来の世界知的所有権機構（WIPO）からWTOに移された点が重要である．その理由は，WIPOでは国家主権の権利として各国の制度的な相違は認められていたが，WTOではそれを認めず，制度の共通化を求めており，その点で本質的に異なっているからである．

　第二の特徴は，一括受諾方式というもので，WTO協定は付属書も含めて全ての協定が一まとまりにされ，加盟国は協定のどの項目についても留保をおこなうことができないことである．そのため，加盟国は自国の法令がWTO協定に反するときは，一定の移行期間（通常は10年間）内で法令を改めることが義務づけられている．仮に改定をおこなわなければ，次に述べる仕組みによって経済制裁を受けることになる．

表16-1　WTO協定の構成

●世界貿易機関を設立するマラケシュ協定（本協定）
　付属書1
　　付属書1A　物品の貿易に関する多角的貿易協定
　　　　　1994年の関税及び貿易に関する一般協定（GATT）
　　　　　農業に関する協定
　　　　　衛生植物検疫措置の適用に関する協定
　　　　　繊維及び繊維製品（衣類を含む）に関する協定
　　　　　貿易の技術的障害に関する協定
　　　　　貿易に関連する投資措置に関する協定
　　　　　1994年GATT第6条（ダンピング防止措置）に関する協定
　　　　　1994年GATT第7条（関税評価）に関する協定
　　　　　船積み前検査に関する協定
　　　　　原産地規制に関する協定
　　　　　輸入許可手続きに関する協定
　　　　　補助金及び相殺措置に関する協定
　　　　　セーフガードに関する協定
　　付属書1B　サービスの貿易に関する一般協定
　　付属書1C　知的所有権の貿易関連の側面に関する協定
　付属書2
　　紛争解決にかかわる規則及び手続きに関する了解
　付属書3
　　貿易政策検討制度
　付属書4　複数国間貿易協定
　　民間航空機貿易に関する協定
　　政府調達に関する協定
　　国際酪農品協定
　　国産牛肉協定

（註）付属書4は，当該協定の締約国でなければ，一括受託しなくてもよい.
（出所）外務省経済局（1995）.

　第三の特徴は，貿易紛争に関する独特の紛争処理の仕組みがつくられた点である．WTOでは，ある加盟国が他の加盟国の経済政策によって損害を受けた時，WTOがその措置をWTO協定違反であると認定した場合，損害国の対抗的な制裁措置を合法化している．この時，損害国は相手国の品目を自由に選ぶことができるため，相手国の重要品目（経済的に重要で，国内で政治問題化しやすい品目）を選ぶことで，相手国に対して政策の撤回を求めることができる．つまり，各国はWTO協定違反があれば，相手国から経済制裁を受けることになるので，WTO協定に反する政策や制度を維持しにくくなっているのである．先に述べた一括受諾方式とこの紛争処理メカニズムによって，各国の制度的な相違は取り除かれ，共通の制度，いわゆるグローバル・スタンダードが世界で

実現することになる（増田 2008）.

　グローバル経済は，このようなWTOの仕組みと各国の新自由主義的な自由化政策との相乗効果で経済の自由化と制度の共通化が進展してきた．重要な点は，多国籍企業の持つ知的所有権が世界各国で保護され，その「独占」がグローバルに保証されるために，多国籍企業に莫大な収益が持続的にもたらされる構造になっている点である．新技術の導入とそれによる新商品の独占は，先行企業の場合はその利益を独占することで巨額の投資資金の回収を可能にするが，競争に負けた企業は研究開発の資金を回収できず，開発競争からの撤退を余儀なくされる．この競争の仕組みは，先行企業と後発企業との格差を拡大・固定化し，先行する企業にとってより有利なものであり，後発企業にとってはその部門から撤退するか，先行企業優位の下で下位の生産に組み込まれていくかしかない．ネットワーク効果が大きな意味を持つITや情報通信産業ほど，こうした先行することのメリットは大きい．コンピュータやIT等，先端技術で先行したアメリカ企業にとって，このWTO体制は世界中で高収益を上げつづけるための制度的な保証になっている．

　このWTO体制は，1990年代のアメリカの知的所有権戦略を反映し，アメリカの強いイニシアチブによって形成された．それ以前のアメリカ企業は，日本企業等との価格競争に直面する中で，保護主義的な政策を政府に求めたり，アメリカ市場における価格競争力を強化するために，低賃金の発展途上国での在外調達を拡大したりするという戦略をとってきた．しかし，そうした競争力強化の戦略は，延々と続く価格競争のため企業収益の回復には結びつかず，アメリカ製造業の空洞化はさらに進むこととなった．そこで重視されたのが，優位性を持つ知的所有権の独占戦略であり，それを収益の中心にするというものである．技術独占をもたらす研究開発を重視し，ブランド戦略によって差別化を図る一方で，生産そのものは外部化し，委託生産を拡大していくという戦略がとられたのである．実際に物をつくる部門は自社の外部に置き，厳しい価格競争の世界を実現して可能なかぎり安価な調達を実現する一方で，知的所有権と市場支配力に企業収益の基盤を置くようになる．いわゆるスマイルカーブと呼ばれる付加価値構造が成立し，自社の生産基盤を持たないファブレス企業が登場するのは，WTOという新たな国際的枠組みが誕生したことにも依存している．

　こうしたグローバル化の進展は，同時に地域主義の動きも拡大させている．グローバルな競争に組み込まれた発展途上国は，防波堤の役割を果たすものとして地域主義的な対応を求めるようになり，また，先進国への市場アクセスを改善し，多国籍企業の誘致を推進するために，自由貿易協定網にも積極的に参加してきている．アメリカやEU諸国のような先進国は，より自国に有利な通商関係を先行的に形成しようとして，FTA網や地域主義的関係を強化している．それがグローバル経済における制度間競争に役立ち，次のグローバルな制度化競争の勝利をもたらすと考えられているからである．特に，気候変動危機に対応した社会経済制度のあり方，デジタル社会への転換における基準等における制度間競争がきわめて激烈におこなわれている．

２．米中蜜月によるグローバル経済の発展

　WTO体制の下で世界貿易は，景気変動をくり返しながらも拡大を続け，世界の経済成長を実現してきた．世界の輸出総額は，1995年の5兆1676億ドルから2020年の22兆1765億ドルまで4.3倍に拡大した（WTO 2022）．アメリカや日本，EU諸国等の先進国だけでなく，中国や新興諸国の対外直接投資額も拡大し，進出先の経済成長を促進しながら，多国籍企業によるグローバルなサプライチェーンが拡大しつづけている．

　アメリカ経済は，1990年代以降，物価の安定と低金利を享受し，低い失業率と高い経済成長率を実現してきた．アメリカ国内では先端産業や付加価値の高い部門に経済の基盤を移し，消費財等のモノづくりに関しては海外からの低価格品の輸入によって賄うという形に変化することで，アメリカ経済の構造を変えることに成功したからである．

　アメリカ経済に組み込まれた輸入拡大の実態を見てみよう．アメリカの経常収支の赤字額は1984年に初めて1000億ドルを超え，1990年代前半に一時減少するものの，1990年代半ば以降，その赤字額は拡大しつづけている．2021年のアメリカの財・サービス貿易収支を見ると，輸出額2兆5566億ドル（財1兆7614億ドル，サービス7953億ドル），輸入額3兆4017億ドル（財2兆8517億ドル，サービス5500億ドル）で，財部門では1兆903億ドルの赤字となり，初めて1兆ドルを超えるに至った（U.S. Department of Commerce 2022a）．サービス部門で

は2452億ドルの黒字であるが，財・サービス部門全体では8450億ドルの赤字である．経常収支赤字が累積した結果，アメリカは1987年前後に純債務国に転落し，現在は世界最大の累積債務国である．アメリカの対外資産，負債を見ると，2021年末のアメリカの対外資産は35兆655億ドル，対外負債は53兆1897億ドルで，18兆1243億ドルの対外純債務になっている（U.S. Department of Commerce 2022b）．

　こうした巨額の貿易赤字という不均衡を拡大させながら，アメリカ経済は先進諸国で有数の高成長を続けている．この成長のメカニズムの中で指摘しておきたい点は，以下の2点である．

　第一は，知的所有権に根拠を置くアメリカ企業の蓄積構造がグローバル経済の中で維持されているかぎり，アメリカの企業収益は，金融危機によって一時的に大きな打撃を受けることがあっても世界経済の成長とともに回復し，それが株価の回復と持続的な上昇を生み出すと考えられていることであり，かつ，実際にそれがくり返し起きていることである．もちろん，その根底には，バブルの崩壊時にアメリカ政府による財政支出の拡大とFRBによる救済，金融緩和策が実施されるという深刻なモラルハザードが存在している点は大きな問題である．さらに，知財重視で財については輸入で賄うというあり方は，巨額の貿易赤字を必要としているが，それは逆説的に国際的な資本移動を活発化させ，国際通貨であるドル建て金融市場を発展させている．国際資本移動の活発化は，国際的なドル資金需要を高め，グローバルな金融仲介機能を担う金融機関の高収益と金融市場を発展させる条件となり，アメリカの金融覇権の基盤も形づくっている．アメリカIT企業の株式市場における巨額の資金調達は，アメリカ金融市場の発展によって支えられている．

　第二は，アメリカの裏側でモノづくりの中心となってきた地域が東アジア諸国であり，その最大の恩恵を受けた国が中国であったということである．冷戦体制の崩壊後，アメリカは中国の改革開放政策を支援する「関与政策」と呼ばれる政策を推進してきた．そのねらいは，中国が市場経済化を進め経済成長を続けていけば，政治的な自由を求める中間層が拡大し，それが民主化や自由化を求め国内体制の変化につながると期待した点にある．その政策の下，アメリカは中国のWTOへの加盟を支持し，中国に対する輸出規制を緩和し，成長する中国市場に積極的に進出した．巨大な人口を有し，急速に経済成長する中国

は，単に，アメリカ製造業にとって「世界の工場」としての生産と調達の場であるだけでなく，巨大なマーケットとしてもきわめて重要であった．もちろん，アメリカの内部で安全保障や軍事分野では一定の懸念が示されていたが，IT 等の先端分野においても中国への進出がおこなわれたのは，それがアメリカ IT 企業の収益拡大に直結し，その高収益が研究開発資金を支え，結果的に，アメリカ企業の優位性をさらに強固なものにすると解釈されていたからである．こうしたアメリカの関与政策の下で，中国経済は拡大するグローバル経済の一環として急速に発展することができたわけである．

3．中国の高成長とアメリカの危機感

　GATT の締約国ではなかった中国は，1986 年に GATT への加盟申請をおこない，WTO の創設後は WTO と加盟交渉をおこなって，2001 年に正式に加盟国となった．中国の改革開放以後の基本的考え方は，従来の反帝国主義と国際共産主義運動の推進という政策を改め，「韜光養晦（とうこうようかい）」政策といわれるように，アメリカとの衝突を避け，経済協力を発展させながら冷静に国益を追求するというものであった．こうした国際環境の下で，中国経済は長期にわたって高成長を続け，中国の GDP は 2009 年に日本を抜いて世界第 2 位となった．2021 年の GDP は世界経済全体の 17％を超え，世界第 1 位のアメリカの約 77％に達する経済大国となった．

　2000 年代の米中の相互依存関係の深化を，アメリカの対中国投資と貿易額の変化で見てみよう．アメリカの対中国投資残高は，WTO 加盟前である 2000 年末には 111.4 億ドルであったが，2010 年には 590 億ドルへ，2021 年には 1182 億ドルへと急増した．アメリカの対中国貿易は，輸出では 163.5 億ドル（2000 年）から 1525.4 億ドル（2021 年）に，輸入では 1002.3 億ドルから 5053.4 億ドルに拡大している．輸出入全体に占める中国の比重を見ると，輸出では 2.1％（2000 年）から 8.7％（2021 年）に，輸入では 7.9％から 17.7％に拡大し，アメリカの輸入が急増する形で両国経済の相互依存関係が深化していることがわかる（U.S. Department of Commerce 2022a）．

　アメリカの中国からの輸入品は，当初は衣料品や消費財などの軽工業品が中心であったが，次第にコンピュータや通信機器，機械・電気機器などが過半数

を占めるように変化した．中国経済の発展に応じてコンピュータや電気機器の輸入が急激に増え，その金額が大きく増大することで，輸入品目における比率も大きく上昇した．

　こうしたアメリカの輸入拡大は，単に中国との関係によってのみ生じているものではなく，アジア太平洋地域の「三角貿易」と呼ばれる貿易構造によって担われ，その中心には多国籍企業が存在している．三角貿易の内容は，日本，韓国，台湾，ASEAN諸国から中国に中間製品が輸出され，中国で加工・組み立てがおこなわれた後に，最終製品として欧米諸国，世界に輸出されるというものである．実際，2000年代を通じて中国の輸出額のほぼ半分は外資系企業によって担われており，外資系企業の加工貿易が中国の貿易を特徴づけている．もっとも，中国企業の高成長の中で外資系企業がその比率を低下させてきていることは，自律的な発展をめざしてきた中国の特徴である．

　さらに，奥村皓一によれば，この中国企業の高成長は，国営企業の再編成と改革，経営基盤と国際競争力の強化において，世界銀行やアメリカの投資銀行の果たした役割が大きいことが指摘されている（奥村 2020）．中国の市場重視の改革は国有企業の民営化につながり，資本主義経済への移行につながるとして，それらに協力をしてきたというわけである．重要な点は，アメリカの大手IT企業が株式市場で巨額の資金調達をしてきたのと同じメカニズムを助言し，実際にそれを実現し，そのことで自らも巨額の富を手にしてきた点である．しかしながら，中国側は，アメリカ投資銀行が望んだ国有企業の完全民営化はおこなわず，部分的な民営化にとどめ，経済と安全保障に必要な主力産業を育成し，経済の基幹部門の経営支配権は維持しつづけた．中国における証券取引所の設立と株式市場の発展は，株式売却による部分的民営化のためだけでなく，巨額の資金調達を実現することを可能にした．そして技術的依存度を引き下げるために，中国への進出企業には技術供与を強力に要求し，中国企業の競争力の強化を図ってきた．付加価値の低い下請け構造の下位に甘んじるのではなく，高付加価値化をめざして技術力を高めようと努めてきたということができる．

　中国は，2015年に「中国製造2025」という長期的な産業政策を公表し，「5つの基本方針」と「4つの基本原則」を掲げた．その内容は，2049年までに3段階で中国経済を強化するというもので，第一段階として2025年までに製造強国への仲間入りを果たす，第二段階として2035年までに世界の製造強国の

中等レベルへ到達する，第三段階として2049年（中国建国100周年）までに製造大国の地位を固め製造強国のトップとなることをめざすこととした．そして，この「中国製造2025」はアメリカに対抗するものとしてアメリカは大きく反発することになる．

　国際経済関係の面では，中国はアジアとヨーロッパを陸路と海路でつなぐ巨大な経済圏をめざすという「一帯一路」構想を打ち出し，積極的に国際経済秩序の形成に乗り出した．中国はWTOへの加盟後，2003年にASEANとの間で初めてのFTAを締結し，2006年以降積極的にFTAを推進してきたが，一帯一路構想は，先進諸国がより有利なFTA網を形成しようとしていることへの対応という側面と，環太平洋パートナーシップ協定（TPP）に見られるような大国化する中国を除外する動きへの対抗という意味も持っている．巨大な人口を有し，持続的な経済成長を実現していくためには，エネルギー資源や農産物，原材料等の輸入先と輸出可能な販売市場を確保し，さらに安定的な輸送の手段を確保できる国際経済環境が必要だからである．中国が主導して2015年に創設されたアジアインフラ投資銀行（AIIB）は，発展途上国のインフラ整備のための投資資金を供給するという国際開発金融機関であるが，中国の一帯一路構想を金融面から支えるものでもある．こうした一連の政策は，アメリカに依存しない形で，世界各国から必要な資源を手に入れ，安定的な輸送を実現し，輸出先を確保するという積極的な施策に中国が踏み出したことを示している．

　こうした積極的な対外政策は，国際社会における積極的な外交政策とも時期を同じくしている．習近平国家主席は，「中華民族の偉大な復興」という夢の実現を中国のめざすものとして位置づけ，2013年の米中首脳会談では，米中による新型の大国関係の構築を呼びかけた．中国としては，アメリカと対等な大国として自国を認めさせることをめざしたものであったが，しかし，こうした一連の動きは国際秩序の変更を意図するものではないかというアメリカ側の懸念を強めるものであった．

4．米中による特別な「新冷戦」の構図

　2017年に誕生したトランプ大統領は，貿易不均衡の解消，特に，対中貿易赤字の解消を公約に掲げて当選し，大統領就任後，中国との通商交渉をすぐに

開始した．2017年4月に米中首脳会談をおこない，アメリカの対中輸出拡大と貿易赤字縮小を目的とした「100日計画」の策定で中国と合意する．同時に，トランプ大統領は1974年通商法第301条に基づき，中国の政策等についての調査を通商代表部（USTR）に指示した．USTRの調査結果は2018年3月に公表され，そこでは中国の法律，政策，慣行，行動が不合理，差別的で，アメリカの知的財産権，イノベーション，技術開発に危害を加えているとされた．

　それを受けて，米中の貿易交渉が5月からおこなわれたが合意には至らず，アメリカは一方的に中国からの産業機械や電子部品など818品目（340億ドル相当）に対して25％の関税率をかけることを6月に宣言し，7月からそれを実施した．さらに，アメリカは第2弾として，プラスチック製品や集積回路等の160億ドル相当の輸入品に対する追加関税を8月から実施した．アメリカの措置に対し，中国も直ちに報復関税を課すと宣言し，7月からは大豆等の農産物，自動車など545品目（340億ドル相当），8月からは化学工業製品，医療設備，エネルギー製品等で160億ドル相当の輸入品に対し25％の追加関税を実施した．この報復合戦はさらに拡大し，アメリカの関税追加措置は第4弾にも及び，最終的に中国製品の5745品目で2000億ドル規模に制裁関税を課し，中国側は5207品目，620億ドル規模で対抗した（内閣府 2019）．

　こうした関税引き上げ措置によって，アメリカの対中輸入額は約910億ドル減少（2019年の対前年比）したが，それらはアメリカ国内生産に回帰したわけではなく，ベトナム等のアジア諸国，メキシコなどに輸入先が一定程度置き換わったにすぎない（中本・松村編 2022）．現在のグローバル・サプライチェーンが中国に過度に依存してきた点の修正は必要とされるものの，経済合理性に反して中国を排除した形に再編することは現実的ではないのである．そのため，一般消費財等の依存度が高い部門においては，依存度はある程度低下すると想定されるが，中国からの輸入を全て他に代替することはできない．同様に，アメリカの中国向け輸出もアメリカにとって必要不可欠であり，中国側も輸入を必要としているため，両国間の貿易関係が縮小しデカップリングが進むということはありえないだろう．

　他方で，USTRの報告書で問題にされた知的財産権や技術開発の問題は，より深刻な覇権争いへと転化した．アメリカ企業の高収益の源は，最先端技術を生み出し，その知的所有権を独占することにあり，また，それがグローバル経

済におけるアメリカの経済覇権を支える根幹であるからである．デジタル通信革命の今後，MaaSをはじめとした新しい経済社会の技術覇権をどこの国のどの企業が握るのかが決定的に重要になっている．逆にいえば，それを失えば経済成長の原動力を失うことになり，巨額の貿易赤字を計上するアメリカ国民経済の再生産が困難になるからでもある．また，先端技術はデュアルユース技術として軍事技術と一体のものであり，それは中国の軍事力の増強に貢献し，そのことを背景にした中国の大国主義的な外交政策を支えることになると見なされたからである．

　こうした中国を競争相手とする見方が明確に示されるのは，2017年12月の国家安全保障戦略であり，そこでは，中国とロシアはアメリカのパワー，影響力，利益に挑戦しているとして，中国を信頼できるパートナーになれると見なすこれまでの考え方を転換すべきであると結論づけた．2018年1月の国防省による国家防衛戦略では，中国は「戦略的競争者」として位置づけられ，「米中新冷戦」といわれる対抗関係がこうして本格化することとなった．

　「新冷戦」における経済面での考え方は，先端産業におけるグローバルなサプライチェーンから中国を排除し，新たなサプライチェーンを構築することで中国企業と中国経済を封じ込め，アメリカの先端産業の優位を維持しようとするものである．先に述べたように，WTO体制を構想し，その下で繁栄を続けているアメリカにとっての死活的利益がこの点にあるからである．

　アメリカ商務省は2018年4月に，中国通信機器大手のZTEがイランや北朝鮮に対し通信機器を違法に輸出していたとして，アメリカ企業によるZTEへの製品販売を7年間禁止すると発表し，10月に中国DRAM大手のJHICCが産業スパイをおこなったとして経営幹部を起訴するとともに，輸出規制対象リストに加え，JHICCとの取引を禁止した．2019年5月には，世界最大の5G関連企業であり，「中国製造2025」の中核企業でもあるファーウェイをセキュリティ上のリスクがあるとして上記リストに追加した．さらに，人工知能（AI）やドローン製造企業をはじめとして，デジタルテクノロジー企業の多くを対象リストに加え，日本，欧州諸国に対しても追随を求めた．ハイテク技術覇権をめぐる競争は，グローバル経済全体を舞台にして，米中両国の死活的な利益をめぐる競争に発展している．

　他方で，こうしたアメリカの封じ込め戦略に対して，中国は一定の対抗的な

措置も取りながら，「中国製造2025」を推進し，半導体や先端産業の国内生産基盤を強化し，中国封じ込め政策の中での生き残りのための施策を追求している．ファーウェイなどの中国企業は，独自技術の開発を進めるとともに，事業売却による別会社を設立するなどして制裁措置を回避するように努めている．同時に，基本的にはアメリカからの農産物輸入の要請には応え，中国におけるアメリカ企業の活動には制限を基本的に課さず，また，中国政府による巨額の米国債保有も継続しており，アメリカとの貿易や投資の関係を維持することで，中国経済の封じ込め戦略に対応しようとしている．

　2022年に始まったロシアによるウクライナ侵攻は，これまで述べてきた米中新冷戦のあり方に大きな影響を与えている．最も大きな変化は，欧州諸国によるロシア評価が劇的に悪化したことに関わって，欧州諸国の中国に対する見方がより厳しい方向に変化している点である．アメリカは強力な核戦力を維持するプーチン政権に対して一定の距離を置き，ロシアへのエネルギー資源などでの依存を高めないように欧州諸国に求めていたが，欧州諸国はそうした懸念に配慮を見せつつも，ロシアからの天然ガスパイプラインの拡充を進め，ロシアへのエネルギー依存を高める道を進んでいた．また，欧州はこれまでアメリカによる中国封じ込め戦略に対しても一定の距離を取っていたが，ロシアのウクライナ侵攻を契機にして，ロシアへの経済制裁に参加せず通商関係を拡大する中国に対して厳しい目を向け，アメリカに追随する動きを見せはじめている．結果的に，アメリカによる中国封じ込め戦略と欧米諸国のロシアへの経済制裁の動きは連動するようになってきた．

　第二の変化は，欧米諸国によるロシアへの経済制裁，特に金融制裁がグローバル経済からのロシアの排除を進めるというものになっているために，中国も含めて金融制裁に対して懸念を持つ国々が，制裁の影響を回避するためにドルによる決済への依存を減らす動きを始めている点である．仮に米中の対立がより深刻化し中国が制裁対象になれば，中国を主要な取引相手国としている多くの国にとって，経済関係の継続が欧米による制裁対象となる可能性があることになり，それが現実のものとなれば各国経済にとってきわめて深刻な事態を招くことになるからである．アメリカによるロシアへの金融制裁は，単にロシア取引に影響するだけでなく，中国との取引をおこなう多くの国に対して影響を与えている．中国が人民元の国際化を進め，人民元による国際決済システム

（CIPS）の構築を進めようとしているのは，経済安全保障の観点からドルへの依存リスクを低下させるためでもあり，多くの国や企業が参加するのもこうした懸念があるからである（中田・長内 2022）.

　こうした欧米諸国による経済制裁や封じ込め政策の動きは，グローバル経済における主要国間の対立と緊張を高め，欧米諸国の主導する世界とそこから排除された国々との地政学的な対立という形で，先端技術分野を中心に世界の分断を今後も進めることにつながっていくと予想される.　しかし，アメリカのグローバル企業の多くが中国市場に進出し，その成長と深く結びついており，アメリカ経済と中国経済の相互依存関係は引き返せないところまで強まっていることも現実である.　米中貿易摩擦に対応して，アメリカ企業の調達先が中国から他のアジア諸国にシフトしてきてもいるが，それは中国のみに依存することへのリスク回避ということであり，中国を排除する形のグローバルな生産ネットワークを構築しようとしているわけではない.　米中新冷戦の特徴は，対立をしつつも，1930年代の戦間期のようなブロック経済化や米ソの冷戦時代のような全面的な経済関係の縮小が生じることはないという点にある.

おわりに

　本章で検討してきたように，米中新冷戦という関係は，密接な相互依存関係を持つ世界第1位と第2位の経済大国同士が，デジタルテクノロジーを中心にした先端産業分野で世界各国を巻き込んで覇権争いをおこなっているというものである.　また，それらの最先端技術はデュアルユース技術として軍事技術に直結し，安全保障の問題として見なされるもので，経済的な面だけでなく軍事的・政治的な面においても対立が際立つようになっている.　アメリカが中国を唯一の戦略的競争相手と見なし，中国がそれに対抗する姿勢を示す以上，グローバル経済において経済的軋轢や摩擦はより深刻化し，多くの国に悪影響を与えていくことになろう.

　しかし，その対立の根底にある経済的利害は，先端技術の覇権を握り，その知的所有権を独占することが現代のグローバル経済において決定的に重要なものとなっているからであり，いわゆる「第4次産業革命」における技術覇権をどの国が握るのかをめぐる覇権争いになっているからである.　そして，本章で

見てきたように，知財重視の蓄積体制を追求してきたアメリカにとって，現在の技術覇権を維持することがアメリカ経済の成長にとって死活的な利害を持つものになっているからである．WTO体制下では，現代のような知財に対して異常なまでの独占利潤が保証されることになっているが，果たしてこうした国際経済秩序は望ましいものなのであろうか．デジタルテクノロジーの発展をいかに国際社会全体に還元していくのか，気候変動危機に対する施策にどのように生かしていくのかを，本来は検討すべきであろう．より良いグローバル経済と国際社会を生み出すために，WTO体制を根本的に改め，新たな国際経済秩序を構築することが，真に求められていることであると思われる．

参考文献

尾木蔵人（2020）『2030年の第4次産業革命——デジタル化する社会とビジネスの未来予測』東洋経済新報社．

奥村皓一（2020）『米中「新冷戦」と経済覇権』新日本出版社．

外務省経済局監修（1995）『世界貿易機関を設立するマラケシュ協定』日本国際問題研究所．

滝川敏明（2005）『WTO法——実務・ケース・政策』三省堂．

内閣府（2019）『世界の潮流 2019年I——米中貿易摩擦の継続と不確実性の高まり』

中田理恵・長内智（2022）「人民元決済システム（CIPS）はSWIFTの代替手段となり得るか」『金融・証券市場・資金調達』（2022年9月28日）大和総研．

中本悟・松村博行編（2022）『米中経済摩擦の政治経済学——大国間の対立と国際秩序』晃洋書房．

増田正人（2008）「グローバリゼーションとアメリカ経済」『経済』第148号．

U.S. Department of Commerce (2022a) U.S. International Trade in Goods and Services, July 2022, Retrieved at Bureau of Economic Analysis Data.

U.S. Department of Commerce (2022b) U.S. International Investment Position, First Quarter 2022 and Annual Update, Retrieved at BEA News Release.

World Trade Organization: WTO (2022) Statistics on Merchandise Trade, Retrieved at The WTO Stat.

第 17 章

現代アメリカの政治構造

——イデオロギー的分極化とポピュリズムの台頭——

河音琢郎

はじめに

　今日，アメリカ政治と国民世論の分断に注目が集まっている．分断されたアメリカが叫ばれはじめたのは，ドナルド・トランプの登場と同政権の誕生以降のことである．しかし，その成立は歴史的により遡ることができるし，トランプ退陣後の今日においても，分断されたアメリカ政治の構図はいや増す傾向にある．

　分断されたアメリカの構造について，本章では以下2つの側面から検討する．第一に，保守とリベラルとのイデオロギー的分極化が二大政党間の対立に収斂しているという，左右の対立の側面である．第二に，議会や政権の指導部に代表される政治的エリートに対する草の根政治の不信と反発によるポピュリズム政治の台頭という，上下の対立の側面である．

　まず，現在のアメリカの政治構造を，左右におけるイデオロギー的分極化と，政治エリート対草の根政治という上下における対立という見地から概観する．そのうえで，イデオロギー的分極化とポピュリズム政治台頭の過程についてそれぞれ検討し，その経済的，社会文化的背景について検討する．そのことにより，分断された今日のアメリカ政治の基本的メカニズムとそのゆくえについて考えていきたい．

1．今日のアメリカの政治構図——4つの党派？

　Packer（2021a）は，今日のアメリカ政治が4つの党派勢力に分かれていると

図17-1　現代アメリカの政治構造

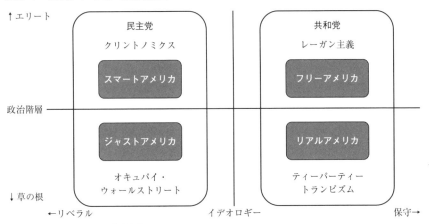

（出所）Packer (2021)を基に筆者作成.

いう.「フリーアメリカ」,「スマートアメリカ」,「リアルアメリカ」,「ジャス
トアメリカ」がそれである. 第一の「フリーアメリカ」は, レーガン政権以来
の共和党の支配的な支柱をなした勢力であり, 個人の自由を連邦政府に対置し,
「小さな政府」と減税により自由主義的なアメリカ政治経済を構築しようと主
張する. これに対して第二の「スマートアメリカ」は, 個人の自由の尊重とい
う点では「フリーアメリカ」と目的を同じくするものの, 知識社会化と多文化
社会の進展というアメリカ社会の現実理解の下, 政府による適切な支援こそが
自由主義社会にとって必要だと考える. 1990年代以降の新興産業を支持基盤
とした民主党エスタブリッシュメントを支える勢力である.

　これらに対して, 後者の2つの勢力は, それぞれのエスタブリッシュメント
政治に対する反発を原動力としている.「リアルアメリカ」は, 19世紀前半の
アンドリュー・ジャクソンによる大衆主義にこそアメリカ民主主義の源流があ
るとし,「フリーアメリカ」,「スマートアメリカ」によって置き去りにされた
白人労働者階級の利益を代弁しようとする勢力である. ティーパーティー運動
から始まりトランプのアメリカ第一主義に至る今日の右派ポピュリズムを基盤
とし, 既存エリートからの政治の奪還を訴える. これに対して「ジャストアメ
リカ」は, 既存のエリート政治に対する反発を原動力としている点では「リア
ルアメリカ」と同じくしつつも, アメリカン・ドリームからこぼれ落ちた若い

世代の不満を代弁する勢力である．「ジャストアメリカ」は，今日のアメリカ
が多文化社会であるとの前提理解に立ち，自由主義に対して社会的正義が最優
先されるべきだとし，勝者総取りの実力主義（メリトクラシー）を推進して富
と政治を独占してきた「スマートアメリカ」，「フリーアメリカ」を批判する．

　上記のようなPacker（2021a）による政治諸勢力の分類を，保守とリベラル
のイデオロギー対立という左右の軸と，エスタブリッシュメントと草の根との
対立という上下の軸という見地から整理したのが図17-1である．同図によれば，
保守とリベラルとのイデオロギー的対立が，民主党と共和党という二大政党間
の党派間対立ということになる．他方で，両党ともに，エリート政治に対する
草の根政治という内紛を抱えており，近年草の根政治の勢いが増し，これが左
右のポピュリズムの台頭として注目を集めている．このように今日のアメリカ
政治の構図を捉えるならば，そのメカニズムを解明するには，第一に左右のイ
デオロギー的分極化とその党派間対立，第二に各党内部における既存のエリー
ト政治に対するポピュリズムの台頭，という2つの側面からの考察が必要であ
ろう．以下，それぞれ検討していきたい．

2．保守とリベラルのイデオロギー的分極化

2大政党のイデオロギー的分極化の実態

　まず，近年における保守とリベラルとのイデオロギー的分極化が，民主，共
和両党の党派間対立となっている現実を確認しておこう．図17-2は，アメリカ
連邦議会両院の議員の投票行動に基づき，各議員のイデオロギー的立場——リ
ベラル志向か保守志向か——を数値化し，政党ごとに集計したものである．
1982年には党派をまたいでイデオロギー志向が分散しており，党派間のイデ
オロギー的異質性が相対的に少なかったのに対し，すでに2013年にはイデオ
ロギー的立場は所属政党とほぼ一致し，政党間のイデオロギー的分極化が極端
に進展していることがわかる．党派間のイデオロギー的分極化の進展により，
超党派での取引や妥協による立法手法をとることが困難となって立法・政策過
程が滞るという，いわゆる「決められない政治」が支配的となっている．その
結果，毎年議会で成立する法案は近年激減している．

図17-2　アメリカ政治の分極化の進行

(a)1982年

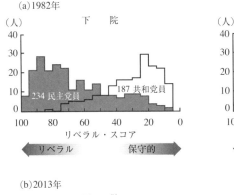

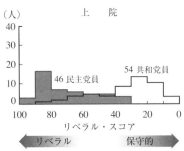

(b)2013年

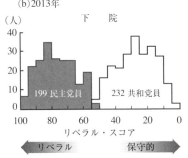

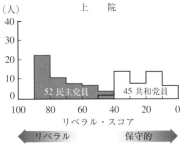

(出所) 藤木 (2017: 72).

イデオロギー的分極化のメカニズム

　民主，共和両党がリベラルと保守とにイデオロギー的に分極化していった歴史的プロセスについて，政治連合の変容，政策手法の変化，連邦政治を取り巻く内外の環境変化という3点から考えてみたい．

　第一は，1964年の公民権法を契機としたニューディール連合の解体と政党の地域的再編である．フランクリン・ローズヴェルト以降，連邦議会においてほぼ多数派の地位を占めてきた民主党は，北部の労働者層から南部の保守層をも巻き込んだ巨大なニューディール連合によって支えられてきた．ところが，リンドン・ジョンソン政権と民主党指導部が公民権法制定へと舵を切ったことは，南部の白人保守層の民主党からの離反を招くこととなった．逆に共和党は，南部白人保守層を取り込もうと「南部戦略」を展開し，公民権法を契機として南部の政治地図は民主党から共和党へと再編されていった．

　同時に，公民権法は民主党をマイノリティ擁護のリベラル政党へと収斂させ，共和党はそれに対抗する保守主義を理念とした政党へと向かった．それゆえ公民権法制定は，政党の地域的再編とイデオロギー的凝集化の一大契機となった．

　第二は，連邦政府，議会の政策形成手法の変化である．1960年代までの高度成長期は，自然増収を無前提に期待できるイージーファイナンスの時代であり（Brownlee 2015），政策・立法過程は，党派を超えた利益分配政治が支配的原理であった．ところが，低成長時代には，課題は利益の分配から「痛み」の押しつけあいへと変わった．利益分配に替わって政策理念（イデオロギー）が政策形成のメイン・イシューとなった（河音 2006）．また，財政制約にいかに取り組むのかという課題は，個々の委員会独自に解決できる問題ではなくなり，政策形成のアリーナは個々の省庁や委員会から議会各党指導部や政権へと移っていった．

　第三は，政策・立法過程の内外の環境変化である．藤木（2017：74-76）は，アメリカの政策過程の変容を，ニューディール期以来の「制度化された多元主義」から「流動化した多元主義」への変化として特徴づけている．その含意は，政策過程が連邦政府・議会の閉じられた空間から，政党とその支持者，さらには利益集団やシンクタンクといった外部からの作用にさらされる開放化されたプロセスへと変容したという点にある．

　ニューディール体制下では，個々の政策決定はそれぞれ専門化された省庁と議会の委員会においてクローズドな形でおこなわれた．ロウィ（1981）は，これを「委員会による政府」と「鉄の三角形」と呼んだ．すなわち，政策決定は，委員長を中心とした議員，業界団体や労働組合などの有力利益集団，委員会が所管する行政機関スタッフによる「鉄の三角形」によって構成されてきた．

　こうしたクローズドな政策決定は，議会の委員会改革（先任権に基づいた委員長独占政治の改革），政党内部における予備選挙の実施等の改革によって掘り崩されていった．その結果，これまで「鉄の三角形」から排除されていた階層の政策過程への参画が可能となり，政府，議会，政党は，外部からの影響を受けやすい状況が生み出された．

　とはいえ，連邦政府，議会，政党に外部から働きかけるアクターは，中立的なものではない．むしろ，イデオロギー色が強く，政治的関心の高い個人や団体ほど積極的に関与することとなる．その結果，政策・立法過程は開放的では

あるものの，よりイデオロギー色の濃い対立の場へと変わっていった[1]．

　以上を要約すると，第一に公民権運動を契機とした政党の地域的，イデオロギー的再編，第二に利益分配政治からイデオロギーの政治への転換，第三にクローズドな意思決定環境から外部の政治的イデオロギーにさらされやすい「開放的な」政策過程環境への変化，以上のメカニズムを通じて，党派間のイデオロギー的分極化が進んできた．

分極政治と「決められない政治」

　アメリカでは，立法には議会両院での一本化された法案可決が必要であり，加えて大統領の署名が必要である．それゆえ，超党派合意が許されない状況においては，政権，下院，上院ともに与党である統一政府の状況でなければ党派的な立法は困難である．表17-1にあるように，統一政府であったのはビル・クリントン政権の2年間，ジョージ・W・ブッシュ政権の6年間，バラク・オバマ政権の2年間，トランプ政権の2年間と限られている．さらに，上院では一般の立法を採択に付すには，過半数ではなく5分の3以上の賛成が必要とされており，そのような政治環境にあったこと——これを完全統一政府という——はほぼ皆無である．それゆえ，一政党のみでの立法化のハードルはきわめて高い．

　それにもかかわらず，前節に見たように，両党内のイデオロギー的凝集化と党派間対立の進展により，これまでアメリカ政治において支配的であった超党派での取引や妥協による合意は困難となった．それゆえ，党派間のイデオロギー的分極化は立法活動の停滞を招いた．いわゆる「決められない政治」である．

　「決められない政治」は，立法化される法律の減少にとどまらない．予算立法をはじめ，議会には期限内に必ず立法化させなければならない法律が存在する（マスト・パス法と呼ばれる）．党派間対立の下ではマスト・パス法の立法すら成立がままならない状況が常態化している．

　さらに，党派間対立の激化により，マスト・パス法案を人質にとって相手政党を窮地に追い込む瀬戸際政治が常態化している．たとえば，2011年のオバ

1）藤木（2017）が指摘する政策過程の「流動化した多元主義」への転換による「開放性」の進展は，党派間のイデオロギー的分極化のみならず，次節に見るポピュリズムの台頭の重要な契機でもある．

表17-1 歴代大統領と議会の政党別議席数の推移（1965～2023年）

議会会期（年）	大統領（所属政党）	上院			下院		
		民主党	共和党	その他	民主党	共和党	その他
89（1965-67）	ジョンソン	68	32	0	295	140	0
90（1967-69）	（民主党）1963-69	64	36	0	247	187	0
91（1969-71）	ニクソン	57	43	0	243	192	0
92（1971-73）	（共和党）	54	44	2	255	180	0
93（1973-75）	1969-74	56	42	2	242	192	1
94（1975-77）	フォード（共和党）1974-77	61	37	2	291	144	0
95（1977-79）	カーター	61	38	1	292	143	0
96（1979-81）	（民主党）1977-81	58	41	1	277	158	0
97（1981-83）		46	53	1	242	192	1
98（1983-85）	レーガン	45	55	0	269	166	0
99（1985-87）	（共和党）1981-89	47	53	0	253	182	0
100（1987-89）		55	45	0	258	177	0
101（1989-91）	G・H・W・ブッシュ	55	45	0	260	175	0
102（1991-93）	（共和党）1989-93	56	44	0	267	167	1
103（1993-95）	クリントン	57	43	0	258	176	1
104（1995-97）	（民主党）	48	52	0	204	230	1
105（1997-99）	1993-2001	45	55	0	206	228	1
106（1999-2001）		45	55	0	211	223	1
107（2001-03）	G・W・ブッシュ	50	50	0	212	221	2
108（2003-05）	（共和党）	48	51	1	205	229	1
109（2005-07）	2001-09	44	55	1	202	232	1
110（2007-09）		49	49	2	233	202	0
111（2009-11）	オバマ	57	41	2	257	178	0
112（2011-13）	（民主党）	51	47	2	193	242	0
113（2013-15）	2009-17	53	45	2	201	234	0
114（2015-17）		44	54	2	188	247	0
115（2017-19）	トランプ	47	51	2	194	241	0
116（2019-21）	（共和党）2017-21	45	53	2	235	199	0
117（2021-23）	バイデン	48	50	2	222	212	0
118（2023-）	（民主党）2021-	48	49	3	213	222	0

（註）1. 各政党の議席数はいずれも，各会期直前の通常選挙結果の数値である．時々の政党議席数は，議員の死去や辞任，補欠選挙の実施，議員の所属政党の変更，により会期中に変化する．
2. 網掛け部分は各院内において多数派であった政党を示す．
3. 第107議会（2001-03年）の上院においては，2001年5月までは政権与党であった共和党が多数派であったが，同月に共和党議員1名が独立系（民主党会派所属）に転じて共和党議席数が49となったため，それ以降は民主党が多数派となった．
4. 第117議会（2021-23年）の上院においては，独立党派議員2名が民主党会派に属しているため，民主党50，共和党50となり，民主党のカマラ・ハリス副大統領が上院議長を務めるため，民主党が多数派となっている．
5. 第118議会（2023年-）の上院においては，独立党派議員3名のうち2名が民主党会派に属しているため，民主党50，共和党49，独立派1となり，民主党が多数派となっている．
（出所）U.S. House, Party Divisions of the House of the House of Representatives: 1789 to Present（https://history.house.gov/Institution/Party-Divisions/Party-Divisions/，2023年1月23日閲覧），U.S. Senate, Party Division, 2021（http://www.senate.gov/pagelayout/history/one_item_and_teasers/partydiv.htm，2023年1月23日閲覧）より作成．

マ政権下，下院で多数派であった共和党は，国債の上限規定を定めた債務上限法を人質にとって，大規模な支出削減をオバマ政権と上院民主党多数派議会に突きつけた．両党のイデオロギー的分極化に起因した瀬戸際政治は，今日のアメリカ政治の常態となって，政策運営をきわめて不安定なものにしている．

　それゆえ，「決められない政治」や瀬戸際政治による政策運営の不安定化は，既存の連邦政治に対する国民の不信と反発を招いている．すなわち，分極政治は「決められない政治」を介して国民の政治不信とポピュリズム台頭の要因となっている．

3．ポピュリズム政治の台頭とその背景

現代アメリカのポピュリズムの台頭

　2016年大統領選挙におけるトランプ政権の誕生は全世界を驚かせ，自由民主主義の本丸であるアメリカにおけるポピュリズム台頭の象徴となった．他方，民主党側においても，エリート政治に反旗を翻したバーニー・サンダースが健闘し，依然その影響力を保っている．こうした左右のポピュリズムの台頭はともに，既存のアメリカ政治に対する草の根政治からの不満を基盤としている．それゆえ，本節においては，第一に，現代アメリカにおけるポピュリズム台頭の背景を，経済的側面と社会文化的側面に区別して検討する．

　第二の論点は，ポピュリズムと民主主義の関係理解である．ポピュリズム政治はしばしば民主主義に対する脅威として論じられる（ミュラー 2017；レビツキー＆ジブラット 2018）．実際にトランプは2020年の大統領選挙が不正だとして，連邦議会襲撃という暴挙をはじめ，アメリカ民主主義を脅かす行動を幾度となくくり返してきている．

　他方で，トランプの暴挙に対して合衆国憲法の下，アメリカ民主主義がその

2）アメリカでは，1917年自由公債法により，連邦政府が発行できる国債発行総額は議会の立法によって定めることとされており，財務省は議会の定めた法定債務上限を超えて国債を発行することはできない．現実の国債発行額が法定債務上限に迫った2011年，下院議会共和党は，大規模支出削減をおこなわないかぎり，法定債務上限の増額には応じないとの瀬戸際政治をくり広げ，連邦政府は債務不履行の瀬戸際まで追い込まれた（ウッドワード 2013；河音・藤木 2016：88-92）．

原理に従って自らの理念と制度を保持してきたのも現実である．さらに，サンダースら左派ポピュリズムの運動が，アメリカ民主主義のルールを前提に展開されているという現実にも着目する必要がある．以上のような現実をふまえて，ポピュリズムと民主主義の関係を考える必要がある．

なお，本稿においてポピュリズムとは，ミュデ&カルトワッセル（2018）の議論に依拠している．彼らによれば，ポピュリズムとは，既存政治エリートから人民の一般意志へと政治を奪還することを目的として，他のイデオロギーと結びついて多様な形態をとる政治的イデオロギーである（ミュデ&カルトワッセル 2018：14）．すなわちポピュリズムとは，第一に，エリート対人民という対立構図の下，エリートから政治権力を奪還する政治運動であり，第二に，それが具体的に有するイデオロギーは，排外主義的な右派ポピュリズムから，富裕層や巨大企業を非難する左派ポピュリズムまで，多様な形態をとる[3]．

ポピュリズム台頭の経済的背景

トランプ現象，サンダース現象という左右のポピュリズムの台頭には，ともに前史がある．いずれの源流も2008年の世界金融危機にまで遡る．世界金融危機によって露呈した中間層以下のアメリカ国民の経済的苦境と，その下でとられた大企業・大銀行優先の救済策が，草の根の不満と政治運動が台頭する契機となった．さらにその背景には，1980年代の新自由主義政策の展開により進展してきた所得格差の極端な拡大という経済的現実があった（本書第13章を参照）．

右派ポピュリズムの発端となったのはティーパーティー運動であった．"Too Big To Fail（大きすぎてつぶせない）"という論理の下，GMをはじめとした巨大企業や巨大金融機関の救済を優先したジョージ・W・ブッシュ政権のスキームを継承したオバマ政権に対して，保守派はティーパーティーを立ち上げ反オバマの論陣を展開した．ティーパーティー運動はそれにとどまらず，2010年の中間選挙で自らの政策を支持する候補者を多数擁立し，下院共和党の多数派奪還を実現するとともに，議会共和党指導部に対する攻勢を展開した．反オ

3）このようなポピュリズムと民主主義の関係理解についてより詳しくは，ミュデ&カルトワッセル（2018），河音（2020）を参照されたい．

バマを軸にしたティーパーティー運動は，共和党内での求心力を高めた．当時泡沫候補と目されていたトランプが大統領選挙の共和党候補者となるに及び，ティーパーティー運動，さらには議会政治の主軸となるフリーダム会派はトランプ現象と結びついた．

　トランプは，自身の政権発足後，ティーパーティー運動に依拠しつつ，アメリカ第一主義の名の下に共和党のトランプ党化を推し進めた（Noonan 2017）．とりわけ，中西部ラストベルトの白人労働者にターゲットを絞り，彼らがこの30年間の脱製造業化，グローバル化の下で忘れられた存在だったことを訴え，彼らの長年にわたる経済的困窮に光を当て，白人労働者階級の支持基盤を構築した（Judis 2016）．その結果，トランプ退陣後も共和党はトランプ抜きには支持基盤を維持できない状況に追い込まれた．共和党指導部は，トランプおよびトランプ支持者の荒唐無稽な要求に辟易としながらも，自身の支持基盤獲得のためにトランプ派に依存せざるをえないというジレンマに陥っている．

　左派ポピュリズムの糾合の発端となったのは，2011年に展開されたオキュパイ・ウォールストリート運動であった．オキュパイ運動は，「われわれ一般庶民99％対ウォール街に巣くう富裕層1％」という対立構図をスローガンにして，ニューヨークのウォール街近辺の公園に拠点を構え，約半年間にわたってテント村を張って抗議運動を展開した．その中心となったのは，メリトクラシー社会の下で日の目を見ず，アメリカン・ドリームが幻想にすぎないと実感した若年層であった．注目すべきは，この運動が直接民主主義的なプロテスト運動のみで終わらず，その後，代議制民主主義に自分たちの代表を送り込む運動として継続していったことである．オキュパイ運動は2012年の上院議会選挙でエリザベス・ウォーレンを担ぎ出し，その当選を果たしたことをきっかけに，2016年大統領選挙におけるサンダース支持運動へと発展した．サンダースの予備選での敗北後も，連邦・州・地方政府での選挙活動を積極的に展開する政治運動へと発展を遂げ，民主党内部の連邦政治においてプログレッシブとしての地位を確保し，ジョー・バイデン政権の政策にも影響を及ぼす存在にまでなっている．

　このように見ると，左右のポピュリズムの台頭はともに，2008年の世界金融危機を発端とした国民の経済的苦境と，それに対する政府の無策に対する不満を直接的契機とした草の根の政治運動を発端としている．さらに，直接民主

主義的な草の根運動から出発しながらも，既存の政治権力に代議制民主主義の
枠内において対抗し，その奪還をそれぞれの党内において展開している点も特
徴といえよう．

ポピュリズム台頭の社会文化的背景

　とはいえ，左右のポピュリズムの台頭は経済問題のみに還元できない．この
点についてフクヤマ（2019）は，近年のアメリカ国民の不満は，単に経済的な
苦境に還元して理解されるべきではなく，人々の仕事のやりがいやその尊厳に
対する社会的な無視に起因しているという．こうした主張はフクヤマに限らな
い．既存政治への不満やトランプ，サンダースへの期待には，単に自身の経済
的問題のみならず，自らが社会的にぞんざいに扱われているという自己認識が
複雑かつ多様に作用している．この点は，トランプ現象以降多くの論者が指摘
している（ゲスト 2019；ホックシールド 2018；ウィリアムズ 2017）．

　社会文化問題におけるファクターは，ポスト公民権運動の多様化するアメリ
カをどのように評価するかで，左右のポピュリズムにとって真逆に作用する．

　トランプは，白人労働者階級に対して，公民権法以降に進行してきたアメリ
カ社会の多様化が白人のマイノリティ化に導くと危機感を喚起し，公民権法以
来の多文化主義が伝統的なアメリカを掘り崩し，白人労働者階級の生活を脅か
している根源であるとの物語をつくりあげ，彼らの圧倒的支持を得た．すなわ
ち，われわれ人民を脅かしている敵は，伝統的なアメリカ社会を変質させてい
るマイノリティであり，それを促進している連邦政府であるとした．

　こうした排外主義的右派ポピュリズムに対して，若年層を主たる支持基盤と
したサンダースら左派ポピュリズムは，多様化するアメリカ社会はすでに定着
している当たり前の現実であるとする．彼らは，そうした認識の下，実力主義
（メリトクラシー）の名の下に富と政治を独占している1％の富裕層と，それを
支援している既存のエリート政治を最大の敵として設定した．

　すなわち，人種，宗教，性などの違いに関わらず，全ての個人が平等に扱わ
れるべきとしたアメリカ社会の理念に対して，白人によってつくられた伝統的
なアメリカ観の復興を求める層と，公民権法以降に進展した多様化社会の延長
線上にアメリカの理念があるとする層とで，左右のポピュリズムは対照的な立
場に立っている．アメリカ合衆国憲法は，全ての個人は平等であるとの近代啓

蒙主義の普遍的理念を謳っているが，建国当初，その対象は白人のみであることは暗黙の了解であった．南北戦争での奴隷解放，さらには公民権法制定による人種平等を経て，憲法の普遍的理念は実質的に拡大適用されてきた．アメリカの憲法理念は，歴史的にその対象を拡大してきた普遍的理念を体現すべきなのか，それとも実質的には特定の民族・人種に限定されたものなのか．そのことの当否が，左右のポピュリズム運動において問われている．

ポピュリズムとアメリカ民主主義のゆくえ

　一般にポピュリズムは民主主義に対する脅威と捉えられがちである（ミュラー 2017：レビツキー＆ジブラット 2018）．確かに，トランプ政権下ではアメリカ民主主義を毀損させる事態が進行した．その特徴は，公民権法以降アメリカ民主主義の国是とされてきた多文化原理に真っ向から対抗してきたことである．白人至上主義に対する曖昧な態度，イスラム諸国からの入国制限，ブラック・ライブズ・マター（BLM）運動に対する攻撃など挙げればきりがない．すなわち，トランプ政治とは，何よりもまず公民権法以降に苦難の末形成されてきた人種，民族，宗教的な平等に依拠したアメリカ民主主義に対するバックラッシュであり，そのことがアメリカ社会の分断を深めることとなった．

　トランプによるアメリカ民主主義の毀損はそれにとどまらない．トランプは自身の利益を最優先させ，自身に都合の悪い民主主義制度に真っ向から対抗した．その象徴は，2020年大統領選挙結果が不正であるとの主張であり，民主主義の砦である連邦議会への襲撃に至った．以降現在に至るまでトランプとその支持者は，2020年大統領選挙が不正であったとの立場を変えていない．

　とはいえ，アメリカ合衆国憲法は，人民主権を前提とした民主主義体制を構想していた．すなわち，アメリカ的伝統において，民主主義とポピュリズムはそもそも同居していたわけである．この点で，ポピュリズムは民主主義の友とも敵ともなりうるというミュデとカルトワッセルのポピュリズム理解は，現代アメリカのポピュリズムを考える出発点を提供している．すなわち，トランプ治世の4年間が民主主義を毀損させてなお，アメリカは建国以来の民主主義制度を維持しているという事実にも着目する必要がある．

　同時に，ポピュリズムと民主主義の関係を考える場合，左派ポピュリズムのあり方にも注目する必要がある．ムフ（2019）は，左派にとって民主主義の回

復のためにこそポピュリズム戦術が有効であるという．これまでのところ，サンダースら左派ポピュリズムの政治運動は，民主主義制度を前提としており，ムフの主張する枠内で展開されている．

以上から，トランプ政権の4年間とその後のトランプ派の行動は，アメリカ民主主義をかつてなく毀損させたものの，それでもアメリカ民主主義はなんとか持ちこたえているというのが現状ではないか．それゆえ，トランプの民主主義破壊と分断にばかり着目するのではなく，アメリカ民主主義の修復力とレジリエンスにも着目する必要がある．

おわりに——分断されたアメリカのゆくえ

本章では，今日の分断されたアメリカ政治の構図を，分極政治の進展とポピュリズムの台頭という2つの側面から考察してきた．イデオロギー的分極化が「決められない政治」によって国民の政治不信を高め，それがポピュリズム台頭の一つの要因となっている一方，左右のポピュリズムはワシントン政治を超えて国民レベルでの分断を加速させ，これが党派間対立を激化させている．よって両者は相互作用しながらアメリカ社会の分断を招いている．

とはいえ，分極政治をもたらした主要因である「政治の開放化」自体は不可逆的である．同時に，国民が連邦政治に参加する道筋が開かれているという意味では，「開放化された政治」自体は肯定的に受けとめるべきである．それゆえ，クローズドなエリート政治への復帰はありえず，「開放化された政治」を前提に，それへのアプローチが実質的にアメリカ国民に平等に保証されているのか否かが問われるべき課題である．

さらに，ポピュリズム政治の台頭は，単にそれが民主主義を毀損するという側面のみならず，アメリカ民主主義を鍛え直す契機でもあるとの理解に立ってポピュリズムと民主主義の関係を考えることが必要である．その焦点は，ポスト公民権法においてアメリカが追求してきた多文化主義の下でのアメリカの統合という課題に対する，再度の問い直しであろう．この課題を突きつめるには，ポピュリズム台頭の背景である伝統的中間層の没落とアメリカン・ドリームの回復という課題への対応が必要不可欠である．

参考文献

会田弘継（2017）『破綻するアメリカ』岩波書店.

───（2019）「アメリカが心酔する『新ナショナリズム』の中身──保守主義の
　　『ガラガラポン』が起きている」『東洋経済オンライン』https://toyokeizai.net/
　　articles/-/288843（2023年1月23日閲覧）

ウィリアムズ，ジョーン・C（山田美明，井上大剛訳）（2017）『アメリカを動かす
　　「ホワイト・ワーキング・クラス」という人々──世界に吹き荒れるポピュリズ
　　ムを支える"真・中間層"の実体』集英社.

ウッドワード，ボブ（伏見威蕃訳）（2013）『政治の代償』日本経済新聞出版社.

金成隆一（2017）『ルポ・トランプ王国』岩波書店.

───（2019）『ルポ・トランプ王国2』岩波書店.

河音琢郎（2006）『アメリカ予算過程と財政再建』日本経済評論社.

───（2020）「現代アメリカポピュリズムの特徴とその経済的・社会的背景（1）」
　　『立命館経済学』第68巻第5・6号.

───（2021）「政治システム──分断されたアメリカの構図」河崎信樹，河音琢郎，
　　藤木剛康編著『現代アメリカ政治経済入門』ミネルヴァ書房.

河音琢郎，藤木剛康編著（2016）『オバマ政権の経済政策──リベラリズムとアメリ
　　カ再生のゆくえ』ミネルヴァ書房.

ゲスト，ジャスティン（2019）『新たなマイノリティの誕生──声を奪われた白人労
　　働者たち』弘文堂.

佐々木毅（1993）『アメリカの保守とリベラル』講談社.

シュレジンガー Jr.，アーサー（都留重人監訳）（1992）『アメリカの分裂──多元文
　　化社会についての所見』岩波書店.

バーダマン，ジェームズ・M（森本豊富訳）（2020）『アメリカ黒人史──奴隷制か
　　らBLMまで』筑摩書房.

藤木剛康（2017）「決められない政治──政策形成プロセスの変容と経済政策」谷口
　　明丈，須藤功編著『現代アメリカ経済史──「問題大国」の出現』有斐閣.

フクヤマ，フランシス（山田文訳）（2019）『アイデンティティ──尊厳の欲求と憤
　　りの政治』朝日新聞出版.

ホックシールド，A.R.（2018）『壁の向こうの住人たち──アメリカの右派を覆う怒
　　りと嘆き』岩波書店.

水島治郎（2016）『ポピュリズムとは何か──民主主義の敵か，改革の希望か』中央
　　公論新社.

ミュデ，カス，クリストバル・ロビラ・カルトワッセル（永井大輔，高山裕二訳）

（2018）『ポピュリズム ―― デモクラシーの友と敵』白水社.

ミュラー，ヤン・ヴェルナー（板橋拓己訳）（2017）『ポピュリズムとは何か』岩波書店.

ムフ，シャンタル（山本圭，塩田潤訳）（2019）『左派ポピュリズムのために』明石書店.

リラ，マーク（夏目大訳）（2018）『リベラル再生宣言』早川書房.

レビツキー，スティーブン，ダニエル・ジブラット（濱野大道訳）（2018）『民主主義の死に方 ―― 二極化する政治が招く独裁への道』新潮社.

ロウィ，Th・J.（村松岐夫監訳）（1981）『自由主義の終焉 ―― 現代政府の問題性』木鐸社.

渡辺靖（2022）『アメリカとは何か ―― 自画像と世界観をめぐる相克』岩波書店.

Arnsdorf, Isaac, and Marianna Sotomayor (2022) "New Class of Combative MAGA Candidates Poised to Roil House GOP," *Washington Post*, Nov. 2.

Brownlee, W. Elliot (2015) *Federal Taxation in America: A History, 3rd ed.*, Cambridge University Press.

Edsall, Thomas B. (2019a) "The Trump Voters Whose 'Need for Chaos' Obliterates Everything Else," *New York Times*, Sept. 4.

―― (2019b) "Red and Blue Voters Live in Different Economies," *New York Times*, Sept. 25.

Judis, John B. (2016) *The Populist Explosion: How the Great Recession Transformed American and European Politics*, Columbia Global Reports.

Noonan, Peggy (2017) "Trump Tries to Build a 'Different Party'," *Wall Street Journal*, Jan. 30.

Packer, George (2021a) "How America Fractured into Four Parts," *Atlantic*, July/Aug.

―― (2021b) *Last Best Hope: America in Crisis and Renewal*, Jonathan Cape Ltd.

第 18 章
新型コロナウイルスに対する財政対策

河音琢郎

はじめに

　新型コロナウイルスが世界中に蔓延する下，アメリカの感染者総数は1億人超，死者数110万人と，世界最大の感染大国となっている（2022年末時点，CSSE at JHU）．他方で，アメリカ連邦政府による新型コロナウイルスに対する財政対策は総額5兆ドル超に上り，歴史的にも国際的にも最大の金額である（2022年3月時点，Parlapiano et al. 2022）．この両者の関係をどのように考えるか．この問いに対して本章では，以下のような仮説的見地からアプローチしていきたい．すなわち，アメリカ経済社会は，自立自助を旨とした自由主義的ワークフェア原理の典型であるとされてきた（宮本 2013）．それゆえ，政府によるセーフティネットが先進国中最小限にしか整備されていなかったことが，世界最大の新型コロナウイルスの人的被害を招き，同時にそのことが世界最大規模の財政対策を必要としたのではないか．

　以上のような仮説的見地を検証するために，本章では，以下のプロセスで検討を進めたい．第一に，アメリカ連邦政府によりとられた新型コロナウイルスに対する財政対策について概観する．そのうえで第二に，一連の財政対策が経済的に果たしたインパクトを，主として国民生活の所得保障という側面に焦点を当てて考察する．第三に，新型コロナウイルスに対する財政対策の政策形成過程をトレースする．これらの検討を通じて，新型コロナウイルスに対する一連の財政対策が，自立自助と勤労の規範を旨とする自由主義的なアメリカの原理と対極にあることを明らかにし，両者の対立が，ウィズ・コロナ，アフター・コロナと称される平時において継続されていくのか否かが，目下バイデン政権下での政策対立の中心をなしていることを示す．

1．アメリカ連邦政府による新型コロナウイルス財政対策の概要と特徴

新型コロナウイルス財政対策の概要

　アメリカ連邦政府による新型コロナウイルスに対する財政対策の基本的フレームワークとなったのは，パンデミックが必至との認識が当時のドナルド・トランプ政権，連邦議会で共有され，超党派で2020年3月28日に成立した，コロナウイルス支援・救済・経済安全保障法，通称CARES法である．その構成要素は，おおむね以下3点に大別される．

　まず，個人や家計の所得を保障するための様々な臨時的政策措置である．その中でも，金額的にも内容的にも以下2つの政策措置が大きな役割を果たした．第一は，失業補償の寛大化である．CARES法は，連邦基準で26週に限定されていた給付期間を50〜70週に延長した．同時に，失業補償の受給対象者を，失業保険加入者に加え，これまで労働者として扱われなかったフリーランス，ギグワーカーなどの独立請負契約者や，中小自営業者にも拡大適用することとした．さらに，これら全ての受給資格者に対して，週600ドルの給付額を上乗せした．対個人所得保障の第二は，全米国民（居住者）に対する一律給付金（1200ドル）である．一律給付金は，立法化後速やかに大統領がサインした小切手として給付された．その他，CARES法により，納税猶予，住宅ローンや家賃の延滞保証，教育ローンの返済猶予等の様々な対個人・家計救済措置が盛り込まれた．

　次に，企業向けの救済措置が，大企業，中小企業の別に以下のような形で盛り込まれた．まず，大企業（および州・地方政府）に対しては，雇用の8割を維持することを条件として，政府による融資保証プログラムが設けられた．対して，中小企業に対しては，独自により寛大な返済猶予条件の下での融資プログラム（Paycheck Protection Program：PPP）が設けられた．企業向け救済プログラムがこのようなフレームワークとなったのは，2008年の世界金融危機時に採られた企業救済策が，もっぱら巨大企業優先の救済プログラムだとの批判を受けたのを教訓としてのことであった．

　最後に，州・地方に対する臨時補助金，ワクチン，新型コロナウイルス薬品の開発支援を含めた医療・公衆衛生関連の補助金が盛り込まれた．

表18-1　アメリカ連邦政府による新型コロナ財政対策の主要立法と使途

新型コロナウイルス対策の主要財政立法 （単位：10億ドル）

法律名	制定年月日	予算額
2020年度補正歳出予算・コロナウイルス準備対策法	2020年3月6日	83
家庭ファーストコロナウイルス対策法	2020年3月18日	191
CARES法	2020年3月27日	2,100
PPP，医療高度化法	2020年4月24日	483
2021年度包括歳出予算	2020年12月27日	920
ARPA	2021年3月12日	1,900
総計		5,677

主な使途（2022年3月時点）

対個人・家計	1,798		対州・地方政府支援	745
給付金	817		直接補助支援	393
失業補償上乗せ	678		初等・中等教育支援	201
児童税額控除上乗せ	93		メディケイド州負担分の代替	72
SNAP：食料支援	71		トランジット	69
教育ローン延滞	39		交通インフラ	10
児童ケア補助	28		その他	0
児童ケア施設向け補助	24		医療関連	481
その他（財政支出）	10		医療機関への補助	156
その他（減税措置）	38		ワクチン等供給	64
対企業・事業者	1,706		ワクチン開発	45
PPP	835		検査等	46
経済的被害支援貸付	376		メディケイド上乗せ	56
法人税損金控除制限の緩和	193		メディケア支援	38
事業者の社会保障税の延期	85		その他	76
航空業界社への支援	80		その他	288
レストランへの支援	29		災害給付	78
連銀貸付支援	25		大学への補助	59
その他（財政支出）	24		住宅プログラム	39
その他（減税措置）	59		運輸プログラム補助	21
			対農家補助	41
			その他	50
			総額	5,018

（出所）河音（2021），Parlapiano *et al.*（2022）より作成.

　以上のようなCARES法のフレームワークは，パンデミックが長期化する中で，各種救済策の延長か，平時経済社会への早期復帰かをめぐる党派間対立が顕在化する中，2020年夏から秋にかけて一部措置が期限切れ失効となった．そうした紆余曲折を経ながらも，CARES法のフレームワークは，2020年12月の包括歳出予算法，さらにはバイデン政権下で成立したアメリカ救済計画法（ARPA）へと基本的に継承された．CARES法からARPAに至る連邦政府によ

る新型コロナウイルス対策は，総額5.7兆ドルに上り，そのうち5兆ドル強が実際に支出された．その内訳は，対個人・家計向けが1.8兆ドル，対企業・事業者向けが1.7兆ドル，その他が1.5兆ドルと推計されている（表18-1を参照）．

新型コロナウイルス対策のアメリカ的特徴

　CARES法からARPAに至るアメリカの新型コロナウイルス財政対策の特徴は，対個人・家計の所得保障に大きな比重がかけられた，家計救済策であったという点にある．財政対策がもっぱら個人・家計救済として，しかも大規模に展開された理由の第一は，感染症のパンデミックという根本原因に起因する．すなわち，新型コロナウイルスの感染拡大防止には，感染者に限らず全世界規模での移動の制限が必至とされ，それが現にソーシャル・ディスタンス，ロック・ダウン等の措置として実施された．移動の制限は当然のことながら，従来的な経済活動を抑制することとなる．すなわち，ロック・ダウンをはじめとした人的移動の制限は，国家が経済活動を科学の名の下に意図的に抑制する政策をとったということであり，資本主義国家が資本蓄積の抑制を実施するという，史上初の事態であった．それゆえ，資本蓄積の抑制に伴う所得の損失の下で資本主義社会を維持するためには，政府が大規模な所得保障を実施することが不可欠であった．そうしたパンデミック対策を大胆に実施したのが，CARES法であり，ARPAであった．

　第二の理由は，アメリカの既存のセーフティネットの脆弱性に起因する，特殊アメリカ的要素である．アメリカが巨大なCARES法を必要とした理由について，トゥーズ（2022：182）は次のように述べている．

　　　CARES法が莫大な規模でなければならなかったのは，アメリカの社会構造が労働と雇用の上に成り立っているからであり，公共部門が長年にわたって攻撃を受け続けてきたせいで，福祉制度が脆弱で，すり切れてしまっていたからだ．

　すなわち，アメリカの既存のセーフティネットが脆弱であったからこそ，さらにはそうしたアメリカ社会が「労働と雇用」に依拠して成り立っていたからこそ，それとは対立する，政府による大規模な財政対策が必要とされたわけで

図18-1　新型コロナウイルスパンデミック期の個人所得，支出，貯蓄，失業率の状況

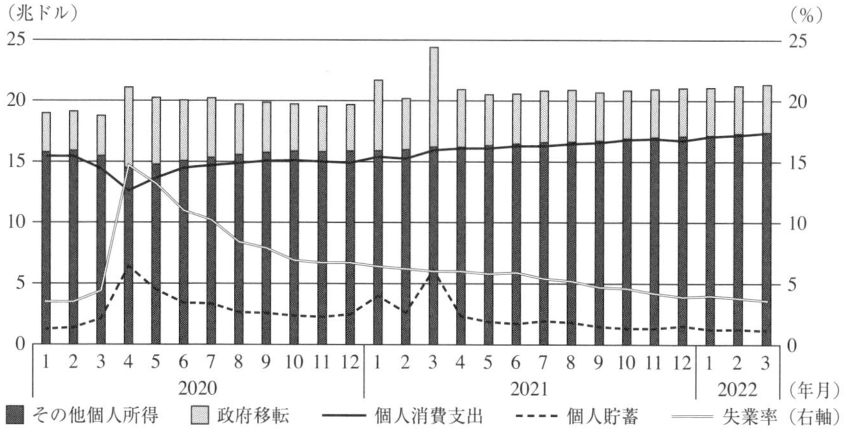

（兆ドル）　　　　　　　　　　　　　　　　　　　　　　　　　　　　　　（％）

（出所）U.S. Bureau of Economic Analysis (a), U.S. Bureau of Labor Statisticsより作成.

ある.

　以上のような側面から連邦政府の新型コロナウイルス財政対策を位置づけるなら，それは，アメリカ経済社会を支える自立自助と勤労の規範，さらにはそれに依拠するがゆえの自由主義的ワークフェア原理と対極にあるものであった. こうした対策が，コロナ禍の下でいかなる役割を果たしたのか. その実績について，個人・家計救済という側面を中心に以下で検討していこう.

2．新型コロナウイルス財政対策の果たした役割

財政対策による家計所得の維持

　マクロ経済的に見れば，CARES法からARPAに至る巨額の財政対策は，ロック・ダウン措置をはじめとした経済制約によって生じた失業者の急増，所得の急減に対して，家計の所得を補い，その結果，社会経済の大混乱の下で景気後退を短期的，軽微なものにとどめることに寄与した. 図18-1によれば，パンデミックとそれに伴うロック・ダウン措置により，失業率は世界大恐慌以来の急拡大を見せたものの，CARES法による所得保障が個人所得を補完し，個人消費支出の減少も比較的短期かつ軽微なものにとどまった. 図18-2によれば，

図18-2　連邦政府による対個人移転支出：2020年1月〜2022年3月

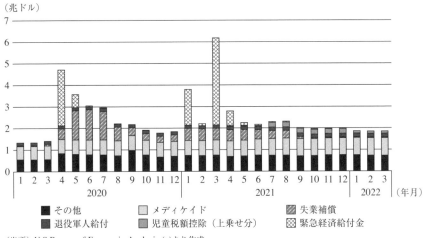

（出所）U.S.Bureau of Economic Analysis (a)より作成.

個人の所得保障に寄与したのは，主として，小切手で迅速に届けられた緊急経済給付金（一人当たりCARES法で1200ドル，2021年度包括歳出予算法で600ドル，ARPAで1400ドル）と失業補償の寛大化であったことがわかる[1].

　図18-1と図18-2とを併せて見ると，家計の所得維持に規模的に大きな役割を果たしたのは一律給付金であるが，家計は一律給付金をもっぱら貯蓄に回し，将来の生活に備えた．これに対して，失業補償の寛大化は，とりわけ中低所得層の安定的な生活の維持にとって不可欠の役割を果たした．大統領経済諮問委員会（2022：93）は，ヨーロッパ諸国における既存の雇用維持プログラムでの対応とは対照的なアメリカ的特徴として，失業補償の寛大化措置が果たした役割を強調している．

低中所得層の生活改善と貧困率の減少

　第二に，新型コロナウイルスに対する財政対策は，超格差社会が進展する下で置き去りにされてきた，中低所得層の生活改善に寄与した．表18-2はアメリ

1）2021年以降は，これにARPAにおいて時限的に新設された児童税額控除の寛容・拡大措置が加わる．この点は後述する．

表18-2　相対的貧困率の推移

（単位：％）

	公式	SPM			
		SPM平均	フルタイム	非正規	無職
2019年	10.5	11.8	3.9	14.6	27.0
2020年	11.4	9.1	1.9	9.8	22.9
2021年	11.6	7.8	2.0	8.7	21.5
増減	1.1	−4.0	−1.9	−5.9	−5.5

註）勤労形態別は，19～64歳の勤労者を対象とし，フルタイムは年間通じてフルタイムでの労働者，非正規は年間でフルタイム未満の労働期間があった労働者，無職は労働期間が1週間未満の労働者.
出所）Fox and Burns (2021)，Creamer et al. (2022) より作成.

カの相対的貧困率——全米平均所得の5割以下の所得で生活している個人の割合——のコロナ禍での変化を見たものである．政府移転前の所得に政府による現金給付を加えた公式の貧困率はコロナ禍において悪化している一方で，現物給付や納税猶予，負債猶予等の措置を加えた補足的貧困率（Supplemental Poverty Measure：SPM）を見ると，コロナ禍の2年間で貧困率は4ポイント低下している．さらに，就業形態別に見ると，非正規労働者の改善率は5.9ポイント，無職者の改善率は5.5ポイントとなっている．コロナ禍での財政対策が，ワークフェア原理と切り離された政府支援が実施されることにより，いわば「災害ユートピア」的状況を生み出した点は，アメリカ経済社会の新たなトレンドとして注目してよい.

　しかし，表18-2のような新たな傾向が現れているとしても，そのことによってアメリカの超格差社会の拡大トレンドが変わったわけではない（Semega and Kollar 2022）．また，こうした統計的数値は所得レベルで見たものであって，パンデミックによる人的被害がもっぱら経済的弱者に襲いかかったという現実も忘れてはならない．さらに，非正規滞在移民など連邦財政による所得保障措置からこぼれた人々にこそ，世界最大の感染の被害が及んだことも事実である（マハリッジ 2021）.

　それでも，自由主義的ワークフェア原理に依拠してきたアメリカ社会において，それとは対極にある，労働とは切り離された対個人所得保障を大規模に展開し，それが中低所得層の生活改善に一定の寄与をもたらしたという事実は，今後のアメリカ社会を展望するにあたり大きなインパクトを与えた．しかしながら，新型コロナウイルスのパンデミックが長期化の様相を見せる中，大規模

財政対策による所得保障の継続か，平時経済への回帰かという政策対立は，政治的な党派間対立として顕在化することとなる．この点について，一連の新型コロナウイルス財政対策の政策形成プロセスをトレースすることにより，以下で検討したい．

3．新型コロナウイルス財政対策の政策形成過程と党派間対立

CARES法の立法過程

　アメリカの新型コロナウイルスに対する初期対応が遅れたのは，もっぱらトランプ大統領が，WHOや疾病対策センター（CDC），政権幹部らによる度重なる警告を無視し，コロナ軽視の姿勢を続けたからであった．CDCには，2009年時点ですでに，新型インフルエンザやSARS等のパンデミック時を想定して，ソーシャル・ディスタンスやロック・ダウン等の厳しい隔離措置をとるマニュアルが存在していた（ルイス 2021）．しかしながら，大統領が難色を示す下，その実施には相当の時間を要した．2020年3月11日のWHOのパンデミック宣言を受け，同月13日にトランプ大統領は国家非常事態宣言を発したものの，彼のコロナ軽視は変わらなかった．

　トランプ大統領が現実をなんとか認めたのは，3月16日のことだった（トゥーズ 2022：114-16）．大統領の説得になんとか成功した政権幹部は，厳しい隔離措置の実施と，それに伴う経済的被害を救済するための対策に乗り出した．ラリー・クドロー経済諮問委員長が，スティーブン・ムニューシン財務長官，ラッセル・ヴォート行政管理予算局長とともにミッチ・マコーネル上院院内総務と会談し，大規模な新型コロナウイルス財政対策の必要性を訴えた．これを受け，マコーネルは，3月18日，一人当たり1200ドルの一時金給付，企業の救済措置を柱とした1兆ドルの財政対策法案を公表し，同時に民主党との協議のため，超党派のタスクフォースを設立し，3月23日までの立法化を目標に法案の具体化を進めた（Stone 2020）．

　しかしながら，その時点ですでに民主党は，失業補償の上乗せ給付，大企業と中小・自営業とを厳格に区別した企業救済スキームを，上院，下院ともに準備しており，マコーネルの案とは折り合いがつかず，マコーネルは23日に共和党案を上院本会議でクローチャー（審議を打ち切り，採決に入ることの承認）

にかけるも，あえなく否決となった．マコーネルの失敗を受け，一日も早い立法化が必至の状況にあって，超党派交渉は，ムニューシン財務長官と，チャック・シューマー民主党上院院内総務とに委ねられた（Bresnahan *et al.* 2020）．時間的制約のゆえに，ムニューシンは，大企業救済に対する議会監視委員会の設置，失業給付上乗せ期間の延長など，民主党の要求を丸呑みし，これをCARES法として策定し，1.9兆ドルに膨らんだCARES法は，上院では反対ゼロ，下院では発声投票にて，超党派立法として制定された．

CARES法制定以後——党派間対立の再燃

　しかしながら，超党派でのコロナ対策は長くは続かなかった．すぐに資金が枯渇した中小企業向けの救済策（PPP）こそ超党派で追加資金供給が決まったものの，パンデミックの長期化がほぼ確実視される状況の下，厳格なロック・ダウンの継続とそれに対するさらなる救済策を求める民主党と，早期の平時復帰を求める共和党およびトランプ大統領の間の対立が顕在化していった．

　その対立が顕著に現れたのが，失業補償の寛大化と連邦上乗せ給付の期限切れ失効（2020年7月末）への対応であった．CARES法の失業補償拡大給付措置の継続を求める民主党に対し，共和党は週600ドルの上乗せ給付は大きすぎるとしてその減額を求めた．さらに，フロリダ州のロン・デサンティス知事（共和党）が早々に移動規制の解除を宣言するなど，共和党知事たちは，コロナ規制の緩和と早期の平時復帰へと動きだしていた——その結果，カリフォルニア州，ニューヨーク州など民主党知事州において顕著だった感染拡大は，共和党知事州へと移っていった．

　こうしたコロナ対策をめぐる党派間対立の結果，議会両党は合意に至らず，7月末での失業補償の寛大化措置の期限切れ失効が現実のものとなった．パンデミックの真っ只中での失業補償寛大化措置の打ち切りによる被害の甚大さに鑑み，かつ，大統領選挙を目前に控えていたこともあいまって，トランプ大統領は，失業補償給付の上乗せ額を週300ドルに減額しての実施を大統領令にて指令した（その原資は国土安全保障予算の転用によるものとされた）ものの，議会の議決を得られない下での延長措置は長くは続かず，9月初旬にはこの拡大措置も資金が枯渇して打ち切りとなった．

　議会では，両党幹部により，CARES法の失業補償上乗せ給付の再開につい

図18-3　新型コロナ感染拡大期の失業補償の仕組み（ARPAの場合）

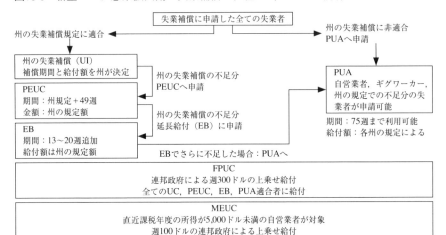

（出所）Isaacs and Whittaker (2022: 9)を基に作成.

て引き続き議論が続けられたものの，大統領選挙の最中，さらには大統領選挙後もその結果をトランプが受け入れない下で，交渉は12月へと持ち越された．12月20日になってようやく議会両院両党幹部が，2021年度の包括歳出予算法案に，週300ドルに減額した失業補償給付上乗せ措置と，個人に対する600ドルの一時給付金などを盛り込むことで合意した．これらを含んだ9000億ドルの追加財政対策が超党派で成立したのは，クリスマスを越えた12月27日のことであった．

州間での政策対立

　新型コロナウイルスに対する対個人救済策の柱の一つとされた，失業補償の寛大化措置は，ロック・ダウン措置を含めた隔離措置の徹底とそれに代替する失業補償の拡充を最大限活用しようとする民主党知事州と，経済の早期の平時復帰を求め，連邦政府による失業補償寛大化措置に対して後ろ向きな共和党知事州との州間対立としても顕在化した．

　失業補償制度は，そもそも州政府がその制度設計と実施の権限を有している．CARES法（およびその後のARPA）は，この制度基盤に立脚した上で，受給対象者の失業保険加入者以外への拡大（ギグワーカーやフリーランス，個人自営業

図18-4　失業率と人口当たり失業補償給付月額2020年Q2〜Q4

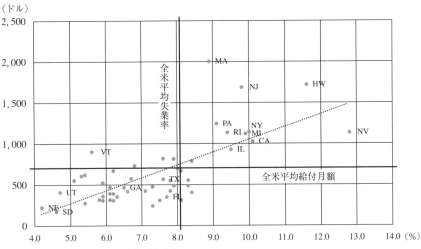

（出所）U.S. Bureau of Labor Statisticsより作成.

者など），失業補償適用期間の拡大，連邦政府による上乗せ給付，といった新型コロナウイルス対策を設計した（図18-3を参照）．ただし，こうした寛大化措置をどのように運用するのかは州政府に委ねられる．また，前述の通り，新型コロナウイルスに対する規制のスタンスもまた，厳格な規制を求める民主党知事州と，規制緩和と平時経済への復帰を急ぐ共和党知事州とでは大きく異なった．その結果，新型コロナウイルス対策による失業補償寛大化措置は，州によって大きな相違をもたらす結果となった．

　図18-4は，全米50州とワシントンD.C.の，2020年のパンデミック時（第2〜第4四半期）の人口当たりの失業補償給付額と，同時期の各州の平均失業率を示したものである．産業構造上，観光産業が主力をなしているハワイ州，ネバダ州を含め，高い失業率を許容し，失業補償給付額も高い第1象限には，巨大都市を抱えたリベラルな民主党知事州が集中している（マサチューセッツ，ニュージャージー，ニューヨーク，カリフォルニア，ペンシルバニア，イリノイなど）．これに対して，パンデミック期にあって失業率を低い水準に抑え，かつ失業補償給付水準も低い第4象限には，共和党知事州が多くを占めている（フロリダ，テキサス，ジョージアなど）．新型コロナウイルスに対する個人救済策の柱の一

つとされた失業補償寛大化措置は，連邦政府，議会での党派間対立のみならず，州政府の党派間対立をも反映した形で展開されてきたことがわかる．

ARPAの立法過程とその後

　2021年1月に正式に発足したジョー・バイデン政権は，議会両院での民主党多数派統一政府という政治構図をバックボーンとして，CARES法のフレームワークを継承することを基本として，民主党主導の新型コロナウイルス財政対策を迅速に推し進めた．その結果，2.1兆ドル規模のARPAはバイデン政権の最優先課題として，2021年3月12日に，完全な党派間対立の下でリコンシリエーション法として採択，成立を見た[2]．両院の共和党は，ARPAが後々の民主党のウィッシュ・リストであるとして反発し，一致して反対の態度をとった．

　ARPAは，CARES法のフレームワークを基本的に踏襲したものであるが，バイデン政権はこれに，低中階層への児童税額控除（CTC）の抜本的拡充措置を盛り込んだ．CTCは，1997年以来設立された，連邦所得税の税額控除を通じた子育て支援措置であるが，ワークフェア原理の下，勤労所得を有さない貧困層には税額控除が適用されない仕組みとなっていた．ARPAは，この勤労義務を廃止するとともに，子ども一人当たりの税額控除額（低所得層にとっては還付となる）を増額させた．この措置により，最貧20％層のCTC受給割合は，73％から83％へと上昇し，同階層の納税者一人当たりの所得額も1220ドルから4490ドルへと急増した（Crandall-Hollick 2022）．その結果，18歳未満の子どもの相対的貧困率は，2020年の9.7％から2021年には5.2％となり，前年度比4.5ポイント減と大きく改善を見せた（SPM基準，Creamer et al. 2022: 7）．

おわりに

　本章では，新型コロナパンデミック期にとられた連邦財政対策の概要と，そ

2）リコンシリエーション法とは，両院の予算決議に基づいて提案される法律である．一般に上院では，立法の本会議での審議を打ち切り採択に入るのに5分の3以上での採択を必要とするが，リコンシリエーション法は過半数の採択でよいという特権を有する．リコンシリエーション法の立法過程における意味については，河音（2010）を参照されたい．

の政策形成過程を検討してきた．そのことで明らかとなったのは，第一に，新型コロナウイルス財政対策が，自立自助と勤労の規範に重きを置いたアメリカの自由主義的ワークフェアとは対極の政策であったということである．そのことは，CARES法以来の失業補償制度の寛大化やARPAにおけるCTCの拡大適用等の政策において典型的であり，これらの政策は低中所得階層の生活を支え，改善することとなった．

　第二に，新型コロナウイルス財政対策の上記のような特徴ゆえに，それは伝統的な自立自助と勤労の規範に依拠したアメリカ的政策との対立を内包したものであり，この対立は，パンデミックが長期化するとともに，新型コロナウイルス対策の継続を志向する民主党と，平時経済への早期復帰を求める共和党との党派間対立として顕在化することとなった．

　バイデン政権は，ARPAを民主党統一政府下で早期に成立させた後，その延長線上にインフラ投資や気候変動対策に加え，就学前児童を抱える父母の子育て支援策，大学生の教育ローン負担の免除措置などを盛り込んだ拡張財政政策を，富裕層・企業増税によって賄うという政策を打ち出した（これらは総じてビルド・バック・ベター計画と呼ばれる）．その中にはARPAにおいて盛り込まれたCTCの恒久化など，ポスト・コロナ期における新型コロナウイルス財政対策の継続措置も含まれている．しかしながら，バイデン政権によるビルド・バック・ベター計画は，共和党の一貫した反対と民主党の内紛により，その立法化はごく一部にとどまっている．新型コロナウイルス財政対策を端緒としてバイデン政権に継承された，拡張財政による再分配政策が進められるのか，それとも自立自助と勤労を規範とした伝統的なアメリカ社会に戻るのか．この点が，ポスト・コロナのアメリカ政治経済において問われている．

参考文献

河音琢郎（2010）「アメリカ連邦予算過程における財政規律の弛緩とリコンシリェーションの変容」『研究年報』第14号．

――（2021）「財政政策――巨額の財政赤字をどうするのか」河崎信樹，河音琢郎，藤木剛康編著『現代アメリカ政治経済入門』ミネルヴァ書房．

佐藤良（2021）「コロナショック後の諸外国の財源確保策」『調査と情報』第1158号．

シーヴ，ケネス，デイヴィッド・スタサヴェージ（立木勝訳）（2018）『金持ち課

税』みすず書房.

大統領経済諮問委員会（萩原伸次郎監修，『米国経済白書』翻訳研究会訳）（2022）
『米国経済白書2022』蒼天社出版.

トゥーズ，アダム（江口泰子訳）（2022）『世界はコロナとどう闘ったのか──パン
デミック経済危機』東洋経済新報社.

マハリッジ，デール（上京恵訳）（2021）『コロナ禍のアメリカを行く』原書房.

宮本太郎（2013）『社会的包摂の政治学──自立と承認をめぐる政治対抗』ミネルヴ
ァ書房.

ルイス，マイケル（中山宥訳）（2021）『最悪の予感──パンデミックとの戦い』早
川書房.

Ackerman, Andrew, et al. (2020) "What's in the $900 Billion Covid-19 Relief Bill,"
Wall Street Journal, Dec. 27,

Bresnahan, John, Marianne Levine, and Andrew Desiderio (2020) "How the $2
Trillion Deal Came Together: And Nearly Fell Apart, *Politico*, Mar. 26.

Center for Systems Science and Engineering at Johns Hopkins University: CSSE at
JHU, *COVID-19 Dashboard*, Johns Hopkins University and Medicine,
Coronavirus resource Center. https://coronavirus.jhu.edu/map.html（2023年1月
23日閲覧.）

Congressional Budget Office: CBO (2020a) *CBO Estimate for H.R. 6074, the
Coronavirus Preparedness and Response Supplemental Appropriations Act*, 2020,
Mar. 4.

── (2020b) *Preliminary Estimate of the Effects of H.R. 6201, the Families First
Coronavirus Response Act*, Apr. 2.

── (2020c) *Preliminary Estimate of the Effects of H.R. 748, the CARES Act, Public
Law 116-136, Revised, With Corrections to the Revenue Effect of the Employee
Retention Credit and to the Modification of a Limitation on Losses for Taxpayers
Other Than Corporations*, Apr. 27.

── (2020d) *CBO Estimate for H.R. 266, the Paycheck Protection Program and
Health Care Enhancement Act as Passed by the Senate on April 21, 2020*, Apr. 22.

Crandall-Hollick, Margot L. (2022) *The Expanded Child Tax Credit for 2021:
Frequently Asked Questions (FAQs)*, Congressional Research Service, R46900,
June 14.

── (2021a) *The Child Tax Credit: Legislative History, Congressional Research
Service*, R45124, Dec. 23.

───── (2021b) *The Child Tax Credit: Temporary Expansion for 2021 under the American Rescue Plan Act of 2021 (ARPA; P.L. 117-2)*, Congressional Research Service, IN11613, May 12.

Crandall-Hollick, Margot L., Jameson A. Carter, and Conor F. Boyle (2021) *The Child Tax Credit: The Impact of the American Rescue Plan Act (ARPA; P.L. 117-2) Expansion on Income and Poverty*, Congressional Research Service, R46839, July 13.

Creamer, John, et al. (2022) "Poverty in the United States: 2021," U.S. Census Bureau, *Current Population Reports*, P60-277, Sept.

Fox, Liana E., and Kalee Burns (2021) "The Supplmental Poverty Measure," U.S. Census Bureau, *Current Population Reports*, P60-275, Sept.

Hardy, Bradley L., and Trevon D. Logan (2020) *Racial Economic Inequality Amid the COVID-19 Crisis, Brookings Institution: The Hamilton Project*, Aug.

Isaacs, Latelin P., and Julie M. Whittaker (2022) *Unemployment Insurance: Legislative Issues in the 117th Congress, First Session*, Congressional Research Service, R46789, Feb. 15.

Kinder, Molly, Katie Bach, and Laura Stateler (2022) *Profits and the Pandemic: As Shareholder Wealth Soared, Workers Were Left Behind*, Brookings Institution, Apr.

Konczal, Mike (2020) "Our Political System Is Hostile to Real Reform," *Dissent*, March 26.

Levitz, Eric (2020) "This Recession Is a Bigger Housing Crisis Than 2008," *Intelligencer*, July 13.

Parlapiano, Alicia, Deborah B. Solomon, Madeleine Ngo, and Stacy Cowley (2022) "Where $5 Trillion in Pandemic Stimulus Money Went," *New York Times*, Mar. 11.

Rodrik, Dani (2022) "The New Productivism Paradigm?," *Project Syndicate*, July 5.

Semega, Jessica, and Melissa Kollar (2022) "Income in the United States: 2021," U.S. Census Bureau, *Current Population Reports*, P60-276, Sept.

Stamm, Stephanie, and Maureen Linke (2021) "What Is in the Third Covid-19 Stimulus Package?,"

Stone, Peter (2020) "Washington Lobbyists in Frenzied Battle to Secure Billion-Dollar Coronavirus Bailouts, *Guardian*, Mar. 20.

U.S. Bureau of Economic Analysis, *Effects of Selected Federal Pandemic Response Programs on Personal Income*, various issues.

U.S. Bureau of Economic Analysis, *Effects of Selected Federal Pandemic Response Programs on State Personal Income*, various issues.

U.S. Bureau of Labor Statistics, "Unemployment Rate in States," *Local Area Unemployment Statistics*, various issues.

U.S. Census Bureau (2022) *Current Population Survey, 1968 to 2021 Annual Social and Economic Supplements (CPS ASEC)*.

Wheaton, Laura, Sarah Minton, Linda Giannarelli and Kelly Dwyer (2021) *2021 Poverty Projection: Assessing Four American Rescue Plan Policy*, The Urban Institute, Mar.

Whittaker, Julie M., and Katelin P. Isaacs (2022) *Unemployment Insurance (UI) Benefits: Permanent-Law Programs and the COVID-19 Pandemic Response*, Congressional Research Service, R46687, Jan. 31, pp.1-19.

第 19 章
グリーン・ニューディールとシェール革命

野口義直

はじめに

　2010年代の「シェール革命」は，アメリカを世界一の石油輸出国とし，世界の地政学的なバランスを大きく変えた．エネルギー安全保障が確立したことで，民主党オバマ政権はイラク，アフガニスタンから米軍を撤退させ，覇権主義から国際協調路線（パリ協定への参加）へシフトした．対して，共和党トランプ政権は「アメリカによるエネルギー支配」を掲げて国内の化石燃料開発と輸出促進政策を展開して覇権主義の復活を試み，パリ協定からの脱退を表明して反温暖化政策を実施した．さらに，民主党バイデン政権は，オバマ政権の温暖化対策と「グリーン・ニューディール」を復活させ，化石燃料から再生可能エネルギーへの移行による雇用創出などで，コロナ禍やインフレからの経済回復をめざしている．

　国内の化石燃料産業保護か，国際的な温暖化対策か．なぜアメリカ政治はこの対立を克服できないのか．アメリカは石油産業発祥の地であり，石油の大量生産・大量消費に依存する「アメリカ的生活様式」の確立した国である．パリ協定の要求する脱炭素革命に対する根強い抵抗が存在する．その一方で，IT革命をET（エネルギー技術）革命へと波及させ，20世紀的な産業構造と生活様式を再構築することで，蓄積基盤を拡大しようとする資本も存在する．本章では，環境エネルギー政策をめぐるアメリカ資本主義内部の対立について明らかにする．

1.　石油とアメリカ資本主義

　最初に石油とアメリカ資本主義の歴史について，簡単にふり返っておきたい.
　19世紀半ばにペンシルバニア州ドレイク油井で石油が発見されたアメリカ
は，国際石油産業発祥の地であり，世界最大の石油生産国であった.　20世紀
初頭にはスタンダード石油がアメリカ国内の石油供給を独占し，世界最大の石
油企業となった.　アメリカ資本主義は国内石油の安定供給という条件を活かし，
これに依存した生活様式と生産力，いわゆる「アメリカ的生活様式」と重化学
工業を中心とする産業構造（自動車産業，電機産業，航空機産業，鉄鋼業，石油
化学産業等）を発展させていく.

　20世紀アメリカ資本主義の成長条件となったのが，国内石油の安定供給に
依存したアメリカ的生活様式の形成である.　20世紀アメリカでは，豊かな中
産階級が形成され，郊外の一戸建て住宅に家電製品を備えて自家用車で通勤す
る，耐久消費財を購入し消費する典型的なアメリカ的生活様式が確立され，大
衆消費社会が出現した.　この旺盛な国内消費は，アメリカ資本主義を成長させ
るだけでなく，対米輸出に依拠する日本資本主義をはじめ，中国や東南アジア
などの新興国資本主義の成長の条件ともなった.　さらに，諸国民の生活様式は
アメリカ的に変革され，各地で市場の拡大と資本主義的発展，高度経済成長を
もたらした.　とりわけ，鄧小平の改革開放により，中国は事実上の資本主義経
済化を遂げ，21世紀にはアメリカ的生活様式を謳歌している.

　アメリカをモデルとする世界の経済発展を可能にしたのは，パクス・アメリ
カーナ（覇権国アメリカの下での安定的な国際関係）の下での安定的な石油供給
であった.　しかし，パクス・アメリカーナは長続きしなかった.　石油輸出国機
構（OPEC）結成による中東産油国の影響力増大による第一次石油ショック
（1973年），イランにおける反米イスラム政権の樹立による第二次石油ショック
（1978年）は，中東諸国の欧米からの自立を意味した.　その後アメリカは，湾
岸戦争，アフガン戦争，イラク戦争と，中東および中央アジアへの軍事的関与

1）スタンダード石油は1911年に世界初の独占禁止法違反で州ごとに分割された.　その後
　継企業が世界最大の石油企業エクソンモービル，シェブロンである.

を続けたが，かえって反米感情の高まりと政情不安定化を招き，原油価格の安定化には成功していない．今またロシアによるウクライナ侵攻により，世界経済は原油価格の乱高下に翻弄されつづけている．アメリカにとってもエネルギー安全保障の確立は一貫して課題となっている．

　さらに，石油を大量消費するアメリカ的生活様式のアジア新興諸国への拡大が，資本主義的経済発展の条件となると同時に，地球温暖化というグローバル・イシューを引き起こしている．パリ協定は今世紀末の気温上昇を1.5度以内にとどめるために，2050年までに脱炭素社会への転換を求めており，20世紀的資本主義の発展を支えたアメリカ的生活様式と産業構造の転換が要請されている．この転換を積極的に進めようとする産業政策が，グリーン・ニューディール政策である．

2．温暖化対策とグリーン・ニューディール

グリーン・ニューディール（GND）政策

　温暖化対策による市場拡大と環境関連産業の創出を，リーマン・ショックに苦しむアメリカ資本主義の再生の一手にしようとしたのが，オバマ政権の「グリーン・ニューディール（GND）」政策である．

　GNDは，再生可能エネルギーの活用，次世代電力網（スマート・グリッド）の整備，自動車燃費規制の強化など，政府主導で環境対策を進めることにより，環境関連産業の育成と景気回復，雇用創出をめざすものだった．オバマ政権誕生直後に成立した2009年アメリカ復興・再投資法（ARRA）は，環境関連プロジェクトと研究開発に900億ドル（うち再生可能エネルギーに200億ドル）を投じ，不十分との評価はあるものの当時としては史上最大のクリーンエネルギー法案となった（河内 2011）．

　しかし，第1期オバマ政権においてGNDは急速に勢いを失った．中国太陽光パネル産業の急成長によって競争力を失ったアメリカ企業の倒産が相次いだ．さらに，後述するシェール革命が進展して天然ガスが安価となり，電力業界は太陽光や風力ではなく天然ガス火力発電を選択した．その中で，第2期政権をめざすリアリストのオバマはGNDの提唱を控えた．第2期オバマ政権は，パリ協定の成立に尽力するとともに，国内では現存する法律と資源（シェールガ

ス）を最大限に活用して温暖化対策を現実的に進める政策を実施した（後述する）.

　2017年に就任したトランプ大統領は，オバマの環境政策を否定し，パリ協定からの離脱を表明した．その中でGNDは野党民主党左派のスローガンとして息を吹き返した．2018年中間選挙でニューヨーク州から初当選したアレクサンドリア・オカシオ＝コルテス下院議員はGNDを提案し，下院に提出した．同法案は共和党が多数を占める上院で否決されたが，2020年大統領選挙で民主党候補バイデンに影響を与えた．2021年就任したバイデン大統領は，GNDという言葉こそ用いなかったが，地球温暖化対策を重視して「クリーンエネルギー革命」と「環境正義」（Environmental Justice）を掲げた（joebiden.com）．同年オカシオ＝コルテス下院議員ら民主党左派の提出したGND法案は否決されたが，実質的内容はバイデン政権に引き継がれる.

　2022年8月にバイデン大統領が署名して成立したインフレ抑制法は，法人税の最低税率設定と処方箋薬価引き下げによって財政赤字を約7370億ドル削減し，これを原資として「エネルギー安全保障と気候変動」分野に3690億ドルを投じるものである．特に支援総額の4割強（1603億ドル）が，再生可能電力事業者に対する税控除であり，アメリカ初の本格的な温暖化対策法と捉えられている（上野 2022）．オバマ政権第1期に早産したGNDは，バイデン政権のもとで開花しつつある.

　アメリカにおけるGNDの復権は，EUと軌を一にしている．EUは2019年12月に「欧州グリーンディール政策」を発表し，2030年に温室効果ガス排出を半減し2050年にはゼロにすること，そのために環境関連産業への支援をおこなうこと，この目標を炭素集約的産業の集積する地域の雇用に配慮した「公正な移行」（Just Transition）で達成するとした．さらに新型コロナウイルスのパンデミックを受け，2020年7月にはグリーンリカバリーファンドと呼ばれる欧州復興基金（7500億ユーロ）の創設を発表し，EU共同債券を発行して温暖化対策の財源とした（上原 2021）.

　リーマン・ショック，新型コロナパンデミック，ロシアのウクライナ侵略など，国際経済に深刻な影響をもたらす問題が突発する中で，欧米では温暖化対策とGNDが政府の巨額の財政出動と経済対策に大義名分を与えている．環境対策を名目とするケインズ政策，環境ケインズ主義の復権である.

温暖化対策による市場拡大を求めるIT産業，アグリビジネス

　GNDは環境保護を名目とした産業構造改革である．特に温暖化対策はエネルギー産業や自動車産業の構造を一変させる．これを成長機会として受けとめる企業もあれば，既得権益の喪失に対して抵抗する企業もある．

　アメリカには，温暖化対策によって蓄積基盤を拡大しようとする産業が存在する．その典型的な業界は，アグリビジネス（農業関連産業）である．アメリカでバイオ燃料ブームを牽引する役割を果たしたのは穀物メジャーのADM社である．

　アメリカは世界最大のトウモロコシ生産国であり，1980年代よりトウモロコシは過剰生産により低価格で推移し，農家経営は政府の補助金と輸出支援政策に依存してきた．トウモロコシを原料とするバイオエタノール燃料は，エネルギー自給率向上の手段として農業州で1970年代に生産が開始され，1990年代にはE10（エタノール10％配合ガソリン）が普及し，2005年エネルギー政策法において再生可能燃料基準目標（RFS）が示されたことで，バイオ燃料ブームが起きた．温暖化対策を名目にバイオ燃料消費が拡大し，トウモロコシ価格は急騰した．2008年の穀物価格高騰と世界食糧危機の発生は，アメリカのバイオ燃料ブームが主因であり，国連食糧農業機関（FAO）は，穀物の燃料化について警告を発した．さらに，化石燃料を大量投入して生産されるトウモロコシ原料のバイオ燃料は効率が悪く，温暖化対策としての効果はないとされる．アグリビジネスは温暖化対策を自動車燃料市場への参入機会として活用したにすぎず，20世紀アメリカ的生活様式や産業構造を変革するものではない（野口2008）．

　温暖化対策の求める技術革新と生活様式革新による新市場創出，そこでの覇権獲得をめざすのは，21世紀アメリカ資本主義を主導するIT産業である．1990年代より開始されたIT革命は，世界をネットワークで結び，IT巨大企業を生み出した．IT巨大企業にとって，情報通信市場に続く有望な市場は，分散的で小規模で双方向的な再生可能エネルギーをネットワーク化した次世代電力網（スマート・グリッド）市場や，CASE（コネクテッド，自動運転，シェアリング，電動化）化が進むとされる自動車市場である．民主党政権の掲げるGNDは，これらの環境関連市場を大きく拡大させるものであり，IT巨大企業はGNDを強く支持している．

　近年アメリカでは，影響力の大きなテック企業の範囲をGAFAから拡大してFAATMAN（フェイスブック，アルファベット，アマゾン，テスラ，マイクロソフト，アップル，ネットフリックス）と呼ぶ．アルファベット（グーグル）は傘下のウェイモで自動運転技術の開発，商用化を進めて，同分野で世界をリードする位置にいる．また，テスラは電気自動車（EV）専業メーカーとして成功し，2021年には株価時価総額が1兆ドルを超え，環境関連投資ブームを牽引する役割を果たしている．テスラが掲げるミッションは「世界の持続可能なエネルギーへの移行を加速させること」であり，GNDとの親和性がある．

　これら巨大IT企業は，政府の温暖化対策の恩恵を受けている．特に，アメリカIT産業の集積地であるカリフォルニア州政府の役割は大きい．同州はアメリカ最大の自動車市場であり，その環境規制の国際的影響力は一国に匹敵する．テスラはスタートアップの期間，州の排出権取引制度を利用して余剰クレジットを他社に販売して損失を補填しており，同州の環境政策による保護なしでは成長できなかった．

　温暖化対策が生み出す再生可能エネルギーやEV関連産業の成長は，アメリカ企業に限らない．中国政府は温暖化対策の名目で，太陽光発電パネル，バッテリー，小型EV企業の育成に成功している．特に太陽光発電パネルでは圧倒的な量産化によりコスト低下を実現し，日本，ドイツ，アメリカ企業を敗北させて世界一の地位を築いた．またEUでも，デンマーク・ベスタスやドイツ・シーメンスの風力発電事業が有名である．中国，EUともに温暖化対策と環境関連産業の育成を同時的に進めている．

　20世紀末に始まったIT革命は，21世紀前半にはエネルギーや自動車産業に波及して，20世紀初頭以来の産業構造とアメリカ的生活様式を根本的に変革し，石油と内燃機関の時代の終焉をもたらす技術的条件を創り出している．国際的な温暖化対策とGNDは，環境市場を拡大して環境関連産業を急成長させ，21世紀資本主義を活気づける側面がある．

温暖化対策と産業構造再編を前提に投資する機関投資家

　温暖化に対応するための産業構造の変化は，金融サイドからも起きている．温暖化のリスクを世界の機関投資家が認識し，環境投資へシフトする動きが加速している．

　2008年のリーマン・ショックは，世界的な金融危機をもたらし，機関投資家に深刻な反省と変化をもたらした．あらためて国連の社会的責任投資原則の重要性が認識されるとともに，短期的で投機的な投資のリスクを回避して，長期的に安定的とされるESG投資へのシフトが進んだ[2]．特に，2010年代以降，ノルウェー年金基金や日本のGPIF（年金積立金管理運用独立行政法人）などの公的機関投資家がESG投資を増やしている．

　温暖化対策との関連で重要な投資の動きは，化石燃料からの投資撤退の動きである．パリ協定が要求するよう気温上昇を2度未満に抑えるためには，今世紀後半にCO_2の排出を実質ゼロにすることが必須である．逆算すると，人類が今後排出できるCO_2の量は1兆トンである．現在のペースでは2050年で使い切り，それ以上，化石燃料を消費することはできない．現在確認されている石炭，石油，天然ガス埋蔵量の3分の2は採掘不可能になり，資産価値が失われる．化石燃料が座礁資産となってしまう[3]．これが，投資家たちが化石燃料から投資撤退する根拠である．

　象徴的な出来事が，ロックフェラー家財団の化石燃料からの投資撤退の表明，特に2016年のエクソンモービルの株式売却である（『日本経済新聞』2016年3月24日付）．ロックフェラーはアメリカ石油産業の象徴，スタンダード石油の創業家であり，エクソンモービルはスタンダード石油直系の世界最大の石油企業である．

　さらに2010年代に投資撤退の標的にされたのが，石炭関連産業であった．2013年6月，オバマ政権は米国輸出入銀行による海外の石炭火力発電所への融資を停止して諸外国にも同調を促し，「脱石炭」の潮流を生み出した．さらに同年9月，アメリカは北欧5カ国とともに，石炭火力発電所の新設に対して原則として公的融資をおこなわないとする共同声明を発表した．さらにパリ協定の発効を契機に，脱石炭の流れが民間の機関投資家にも拡大していった（伊藤2018）．

　また温暖化対策は，様々な環境関連事業への新規投資を促進していく．テスラ株の高騰に見られるように，環境関連への投資ブームはグリーン・バブルの

2）ESG投資とは，財務情報だけでなく環境（Environment），社会（Social），企業統治（Governance）の要素を重視した投資のこと．

3）座礁資産とは，市場環境や社会環境の激変により，価値が大きく毀損する資産のこと．

様相を呈している．アメリカ資本主義の特徴は，発達した株式市場における直接投資が新規産業の起動を強力に支援し，産業構造の再編が急速に進むことである．

　注意するべきは，投資家たちは利殖という経済的基準から投資判断を下しており，必ずしも環境保護や社会的責任といった倫理的基準から判断しているわけではないという点である．温暖化対策は人類社会が直面するグローバル・イシューであり，これが資本主義を巻き込んでいる．資本主義が温暖化対策を蓄積の機会として利用する側面と，人類社会が温暖化対策のために資本主義の蓄積欲求を利用する側面がある．

3．シェール革命と石油大国アメリカの復活

シェール革命のインパクトと脆弱性

　しかし，パリ協定の求める脱化石燃料は簡単には進まない．2010年代「シェール革命」が進行し，アメリカは石油大国として復活したからである．2018年にアメリカは原油生産量で45年ぶりに世界首位となり，2019年9月には石油の純輸出国となった．

　シェールガス・オイルとは，地下2000メートルに存在するシェール（頁岩）層に残留する石油ガスであり，水平坑井，水圧破砕，マイクロサイズミック（人工微弱地震による地層観察）といった技術革新によって採掘可能となった．伊原（2016）は，その豊富な採掘可能埋蔵量は在来型油田の8倍と推定され，この「資源量の革命」が石油採掘技術から見たシェール革命のインパクトだと述べている．当然，この豊富な埋蔵化石燃料を燃やし尽くせば，温暖化は深刻なものとなる．

　アメリカのシェール開発は，2000年頃より独立系開発業者によって口火を切られ，2009年にエクソンモービルが独立系XTOエネルギーを買収したことで本格化した．アメリカの石油生産は1970年代以後一貫して減少してきたが，2008年以後増産に転じて2010年代には急増し，2019年にピークを迎えた（図19-1）．その後，コロナ禍による石油ガス需要の減少と原油価格低下の影響で減産に転じている．

　アメリカのシェールオイルは国際的には価格競争力が弱く，業者の経営は不

図19-1　アメリカの原油・天然ガス生産量（1936〜2021年）

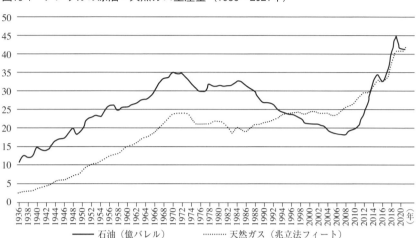

（出所）U.S. Energy Information Administration.

安定である．シェール油井は急激に産出量が減少するため寿命は数年程度と短
く，水圧破砕は大量の水と砂，化学物質の投入を必要とする．さらに適切な環
境規制の下では環境対策費用も発生する．ダラス連銀の2019年の調査によれ
ば，シェール業者の損益分岐点は平均で1バレル50ドル程度とされ，安定的に
利益を出すには60ドル以上の原油価格が必要となる（Plante and Patel 2019）．
これに対して，中東の在来型石油の採算ラインは5〜10ドルであり，20ドルを
下回ることはない．

　実際に，2014年から2016年にかけて原油価格が急落した際には，多くのシ
ェール開発業者が倒産に追い込まれ，業界全体として赤字の状態が続いた．金
融情報会社ファクトセットによれば，シェール業者29社は2008年から2017年
にかけて1120億ドルの損失を出した（WSJ 2019）．また大手業者30社は2012年
から17年にかけて500億ドル以上を失い，17年に原油価格が50ドルに回復して
ようやく17億ドルの利益を出すことができた（Olson and Elliott 2018）．

　2018年には原油価格が70ドル台後半まで上昇してシェールブームが起きた
が，2019年には原油価格は50ドル台後半にまで下落したため，年末には大手
シェブロン社がアメリカ北東部のアパラチア鉱区のシェール油田などを対象と
する110億ドルの減損処理を発表した（『日本経済新聞』2019年12月11日付）．さ

らに，2020年には新型コロナパンデミックの発生によりエネルギー需要が急減し，原油価格が大暴落した結果，大手チェサピークやオアシス・ペトロリアムを含む多数のシェール企業が過重負債を抱えて経営破綻し，生産量も急減した．

　このようにアメリカのシェールオイルは，高コストで国際競争力も低く，原油価格の変動に対して脆弱である．国際原油価格を60ドル以上の水準で維持するためにアメリカ政府の支援を必要とする．後述するようにシェールガスは十分な競争力があるが，シェールオイルの脆弱性が，国内のシェール開発業者の経営を不安定にしている．

シェール開発による環境汚染と環境政策の制約

　さらにシェール開発には，地下水汚染，土壌汚染，水資源の浪費，温暖化ガス（メタン）の放出という深刻な環境問題が付随する．特に水圧破砕法は，膨大な水資源を浪費し汚染する．現役油井のみならず廃坑も，地下水汚染や土壌汚染の原因となり，予防や浄化の技術が確立されているとはいいがたい．

　したがってシェール開発には環境規制緩和という新自由主義的政策が必要となる．第2期ジョージ・W・ブッシュ政権期に成立した2005年エネルギー政策法では，シェール開発に伴う水圧破砕用の水を，環境保護庁（EPA）が所管する安全飲料水法の適用除外にし，水圧破砕液中の化学添加剤に対するEPAの規制権限を剥奪した（野口 2020）．

　この背景には，ディック・チェイニー副大統領の尽力があった．水圧破砕の適用除外は，当時チェイニーが議長を務めたエネルギータスクフォースが，2005年エネルギー政策法に与えた勧告の一つである．チェイニーは大手石油ガス掘削サービス会社ハリバートンの前CEOであり，ハリバートンは水圧破砕サービスを提供する業界大手企業となった．この人的つながりから，水圧破砕の適用除外は，環境保護団体によって「ハリバートンの抜け穴（Halliburton Loophole）」と呼ばれている（McBeath 2016: 204）．

オバマ政権の温暖化対策とシェール革命

　シェール革命は，アメリカにとってはエネルギー自立の達成と中東・中央アジアの原油供給依存からの脱却を意味し，中東・中央アジア安定化のためにア

フガニスタン，イラクに駐留する米軍の撤退と終戦を可能にした．一方では，脱炭素社会への移行をめざす温暖化対策とどのように整合性を付けるのか，さらには地下水汚染のようなシェール開発に伴う環境問題への対策といった課題も生まれた．この課題に直面したのは民主党オバマ政権だった．

第1期にはGNDという理想を掲げたオバマも，2期目には理想に固執せず，シェール革命を環境エネルギー政策に位置づけ直す．すなわち，温暖化対策として脱石炭政策を進めることを明確にし，長期的には再生可能エネルギーへのシフトを展望しつつも，短期的には石炭から天然ガスへのシフトを現実的に進める政策を採用した．

まず2013年6月にオバマ政権は「気候行動計画（Climate Action Plan）」を発表し，天然ガスをクリーンエネルギーへの「橋渡し」と位置づけ，石炭火力発電から天然ガス発電への転換や，グローバルな天然ガス市場の形成促進を掲げた（田中 2013）．

2015年12月，COP21でパリ協定が成立し，オバマ政権はパリ協定への参加を発表した．パリ協定への参加に先立って，各国は「自国が決定する貢献案（INDC）」の作成を要請された．アメリカの貢献案とされたのが，2015年8月にEPAが発表した「クリーンパワー計画（Clean Power Plan：CPP）」である．CPPは，国内の新設・既設火力発電所の二酸化炭素排出量の削減目標を2030年までに2005年比で32％と設定し，さらに二酸化硫黄90％，窒素酸化物72％の削減目標が設定され，各州政府に対してEPAへの排出量削減計画の提出を要求した．CPPの実質的な対象は石炭火力発電所であり，石炭火力から天然ガス火力発電への転換を促すものとなった．

CPPは，2014年から2015年にかけての国際原油価格の急落（1バレル106ドルから34ドルへ）のもとで赤字と債務超過にあえいでいたシェール開発業者を救済する役割を果たした．シェールガスは国内石炭に対しては価格競争力があり，ガス火力発電への転換を促進することによって，シェールガスの安定的な国内需要が確保されるからである．他方で，CPPは国内石炭産業を壊滅させ，2015年には生産量上位10社のうち4社が連邦破産法第11条を申請することになった．

オバマ政権は，シェール革命を全否定せず温暖化対策の手段として容認しつつ，水圧破砕に対する環境規制を準備することで，シェール開発と環境保護と

を両立させる現実的なスタンスをとった．しかし，CPPは国内石炭産業つぶし
として同業界と労働者の反発を生み，トランプ政権誕生の一要因となった．

トランプ政権のパリ協定離脱と「アメリカのエネルギー支配」

　トランプ大統領はオバマ前大統領の環境エネルギー政策を根本から転換した．
すなわち温暖化対策を否定し，環境政策の下にエネルギー政策を位置づけるオ
バマ政権の基本方針を完全に否定した．

　2017年3月，就任直後のトランプ大統領は「エネルギー自立と経済成長に関
する大統領令」に署名し，CPPの廃止を決定した．また，オバマ政権が決定し
た2013年11月1日付大統領令（国連気候変動への影響），2013年6月25日付大統
領覚書（発電所のCO_2排出量削減），2015年11月3日付大統領覚書（天然資源の保
護），2016年9月21日付大統領覚書（アメリカの安全保障の一環としての気候変動
対策）は，いずれも撤回された．トランプ政権は公約通り石炭産業の復権を図
るとともに，シェール開発に伴う環境規制も撤廃した．連邦政府所有地におけ
る石炭鉱区リース停止は解除，石油・ガス生産に伴うメタンガス排出削減を定
めた規則も撤回，連邦政府所有地における水圧破砕規則も見直された．さらに，
同年6月パリ協定から離脱すると表明し，オバマ政権の打ち立てた政策目標の
温暖化対策は破棄された（JETRO米州課 2017）．

　温暖化対策に代わって，トランプ大統領がエネルギー政策の柱とした理念は，
石油大国アメリカの覇権復活である．2017年6月，トランプ大統領は，エネル
ギー省の「アメリカのエネルギーを束縛から解き放つ（Unleashing American
Energy）」と題するイベントで演説し，歴代政権のめざした「アメリカのエネ
ルギー独立（American Energy Independence）」のみならず「アメリカのエネル
ギー支配（American Energy Dominance）」をめざすと発表した．

　これは，国内的には環境規制を緩和して化石資源開発を促進し，対外的には
化石資源の輸出増加をめざすものである．「エネルギー支配」には，シェール
革命を根拠として世界エネルギー市場へのアメリカの影響力を増大させ，アメ
リカ覇権強化をめざすという意味あいがある．しかし，トランプ流の威勢のよ
い言葉は，不安定な国内シェール産業を保護するための虚勢であった．

　前述したように，アメリカのシェールオイル事業は，国際原油価格の変動に
収益が左右される不安定な事業である．トランプ政権は，海外の産油国に対し

て介入を強め，原油供給量を制限し，原油価格上昇につながるような対外政策を進めた．たとえば，ベネズエラへの経済制裁強化と対米石油輸出の禁止，第三国への石油輸出の牽制である．2018年には，オバマ政権が結んだイラン核合意から離脱，イラン産原油禁輸の制裁措置を発動した結果，国際原油価格は上昇し，シェール開発業者は黒字化した．トランプの強硬な対産油国政策は，不安定な国内シェール産業の保護政策として機能した．

　しかし，トランプの強硬な手法には限界がある．OPECによるシェア戦略発動（2014年に原油価格維持のための減産を拒否して価格低下を放置し，高コストのシェール油井淘汰を進めた）の可能性は常に存在する．アメリカは国内シェール産業を保護するためには，サウジアラビアなど主要産油国との協力関係を維持し，減産を要請しなければならない．または，反米的な仮想敵国と見なした産油国を国際原油市場から排除して，原油価格を高水準で維持しなくてはならない．

　トランプ政権は，EUへのシェールガス輸出拡大をめざして，ドイツとロシアを直結するパイプライン（ノルドストリーム2）の建設を妨害した（ヤーギン2022）．しかしEUは自らのエネルギー安全保障の立場からロシア産石油天然ガスを必要とし，アメリカとは独自にNATOの仮想敵国ロシアとの外交関係の構築を模索する．

　しかし，2022年に勃発したロシアによるウクライナ侵攻は，アメリカを中心とする国際社会による対ロシア経済制裁を発動させて国際原油価格を高騰させ，パンデミックによる原油価格暴落で壊滅状態にあったアメリカのシェール産業を復活させることになった．トランプ政権を倒したバイデン政権はGNDの立場をとり，シェール産業保護に消極的だった．歴史の皮肉である．

おわりに

　石油大国アメリカはどこへ向かうのか．枯渇が懸念される地下水資源を汚染し，CO_2の20倍もの温室効果をもつメタンガスを漏出しながら，全て消費し尽くせば破局的な温暖化をもたらすほどの資源量を有するシェール開発を進めるのか．それとも，IT革命をET革命へと波及させ，石油と内燃機関の時代を終焉させるのか．

　これはアメリカ国民が民主的な政治過程を経て決定することである．しかし諸産業の資本と労働者，それらが活動基盤とする州政府ごとに多様な利害が存在し，容易にまとまることはない．アメリカのように州政府の権限が強い分権的国家では，産業間，州政府間の対立は容易に解消されず，連邦政府の環境エネルギー政策は動揺を続けるだろう．

　しかし温暖化というグローバル・イシューとの関係で，20世紀的な資本主義の生産力と生活様式をアップデートすることは，21世紀アメリカ資本主義の延命にとっても課題となっていることは確かである．

参考文献

伊藤葉子（2018）「諸外国における脱石炭の潮流に関する整理と考察」IEEJ，5月．

伊原賢（2016）「シェール革命の今後」『石油技術協会誌』第81巻第2号．

上野貴弘（2022）「米国インフレ抑制法，3690億ドルを気候変動に投資　前例なき大規模投資でパリ協定の目標達成を目指す」『日経ESG』8月．

上原史子（2021）「Covid-19を契機とするパラダイムシフト——ヨーロッパの『グリーン・リカバリー』から考える」『武蔵野大学人間科学研究所年報』第10号．

大場紀章（2019）「脱オイルの世紀　鮮明になってきた米国シェール革命の限界」『日経エネルギー Next』1月29日．

オレスケス，ナオミ，エリック・M・コンウェイ（福岡洋一訳）（2011）『世界を騙しつづける科学者たち』楽工社．

河内信幸（2011）「グリーン・ニューディールのインフラ・イノヴェーション構想——ディヴェロップメントからディプロイメントへ」『産業経済研究所紀要』第21号．

JETRO米州課（2017）「トランプ大統領，前政権の環境規制を大幅に見直し——エネルギー自立と経済成長に関する大統領令に署名」4月6日．

田中鈴子（2013）「米国気候行動計画の概要とその政治的背景」IEEJ．

野口義直（2008）「米国バイオ燃料の政治経済学」『日本の科学者』第43巻第1号．

———（2020）「米国のシェール革命と環境政策」『摂南経済研究』第10巻第1・2号．

ヤーギン，ダニエル（黒輪篤嗣訳）（2022）『新しい世界の資源地図——エネルギー・気候変動・国家の衝突』東洋経済新報社．

Joebiden.com, "The Biden Plan for a Clean Energy Revolution and Environmental Justice," https://joebiden.com/climate-plan/（2022年11月1日閲覧）

McBeath, Jerry A. (2016), *Big Oil in the United States: Industry Influence on*

Institutions, Policy, and Politics: Industry Influence on Institutions, Policy, and Politics, Praeger Pub Text.

Olson, Bradley, and Rebecca Elliott (2018), "Big Fracking Profits at $50 a Barrel? Don't Bet on It," *Wall Street Journal*, Dec.4.

Olson, Bradley, Rebecca Elliott, and Christopher M. Matthews (2019), "Fracking's Secret Problem - Oil Wells Aren't Producing as Much as Forecast," *Wall Street Journal*, Jan.2.

Plante, Michael D., and Kunal Patel (2019) "Breakeven Oil Prices Underscore Shale's Impact on the Market," Federal Reserve Bank of Dallas.

事項索引

人名・組織名索引

執筆者一覧（執筆順）

平野 健（ひらの・けん）序章，第2章
奥付の編者紹介を参照．

十河利明（そごう・としあき）第1章
1964年生まれ．福島大学経済経営学類教授．論文「米国景気第34循環の考察──史上最長の経済拡大とパンデミックの衝撃に関する批判的研究」『商学論集』第90巻第2–4号（2022年3月），「オバマ回復とトランプ拡大の考察」『商学論集』第90巻第1号（2021年6月）．

井上 博（いのうえ・ひろむ）第3章
1961年生まれ．阪南大学流通学部教授．著書『米中経済摩擦の政治経済学──大国間の対立と国際秩序』（共著，晃洋書房，2022年）．論文「サービス貿易とグローバル・バリュー・チェーン──日米中製品輸出におけるサービスGVCの比較」『立命館経済学』第69巻5・6号（2021年3月）．

藤本晴久（ふじもと・はるひさ）第4章
1973年生まれ．島根大学法文学部准教授．著書『アグリビジネスと現代社会』（共著，筑波書房，2021年），『グローバリゼーションと世界の農業』（共著，大月書店，2007年）．

山崎文徳（やまざき・ふみのり）第5章
1976年生まれ．立命館大学経営学部教授．著書『アメリカン・グローバリズム──水平な競争と拡大する格差』（共著，日本経済評論社，2007年），「アメリカ軍事産業基盤のグローバルな再構築──技術の対外『依存』と経済的な非効率性の『克服』」『経営研究』第59巻第2号（2008年7月）．

豊福裕二（とよふく・ゆうじ）第6章
奥付の編者紹介を参照．

磯谷 玲（いそや・あきら）第7章
1960年生まれ．宇都宮大学国際学部教授．論文「金融制度改革と競争条件──『転換点』としての1982年ガーン・セントジャーメイン預金金融機関法」『宇都宮大学国際学部研究論集』第41号（2016年2月），「金融制度改革と連邦による先取──DIDMCA成立過程における先取をめぐる議論について」『証券経済研究』第80号（2012年12月）．

新祖隆志郎（しんそ・たかしろう）第8章
1976年生まれ．山口大学経済学部教授．論文「EU域内銀行の適用開始事例にみるIFRS9の特徴──分類と測定を中心に」『山口経済学雑誌』第70巻第3・4合併号（2021年11月），「大恐慌と銀行有価証券会計における原価評価の制度化」『証券経済研究』第73号（2011年3月）．

森原康仁（もりはら・やすひと）第9章
1979年生まれ．専修大学経済学部教授．著書『アメリカIT産業のサービス化──ウィンテル支配とIBMの事業変革』（日本経済評論社，2017年），『米中経済摩擦の政治経済学──大国間の対立と国際秩序』（共著，晃洋書房，2022年）．

篠田 剛（しのだ・つよし）第 10 章
1980年生まれ．立命館大学経済学部准教授．著書『岩波講座 現代 第3巻 資本主義経済システムの展望』（共著，岩波書店，2016年）．論文「経済のデジタル化と課税をめぐる国際協調と米国の税制改革」日本租税理論学会編『租税理論研究叢書32 災害・デジタル化・格差税制と税制のあり方』（財経詳報社，2022年）．

山口祐司（やまぐち・ゆうじ）第 11 章
1982年生まれ．鹿児島県立短期大学商経学科講師．論文「アメリカ製薬企業による新薬研究開発体制の革新——1960-1970年代の事業環境変化と米メルク社の戦略的対応の分析から」『経営研究（大阪市立大学）』第67巻第3号（2016年11月）．

西村成弘（にしむら・しげひろ）第 12 章
1973年生まれ．関西大学商学部教授．著書『国際特許管理の日本的展開——GEと東芝の提携による生成と発展』（有斐閣，2016年），『グローバル経営史——国境を越える産業ダイナミズム』（共著，名古屋大学出版会，2016年）．

伊藤大一（いとう・たいち）第 13 章
1975年生まれ．大阪経済大学経済学部准教授．著書『非正規雇用と労働運動——若年労働者の主体と抵抗』（法律文化社，2013年）．

宮﨑崇将（みやざき・たかまさ）第 14 章
1978年生まれ．追手門学院大学経営学部准教授．著書に『GAFAM支配と民主的規制』（共著，学習の友社，2022年）．

長谷川千春（はせがわ・ちはる）第 15 章
立命館大学産業社会学部教授．論文「医療保障改革法（PPACA）の10年——オバマケアの成果と課題」『社会保障研究』第6巻第2号（2021年9月）．著書『アメリカの医療保障——グローバル化と企業保障のゆくえ』（昭和堂，2010年）．

増田正人（ますだ・まさと）第 16 章
1960年生まれ．法政大学社会学部教授．著書『通貨危機の政治経済学——21世紀システムの展望』（共編著，日本経済評論社，2000年），『国際経済政策論』（共編著，有斐閣，2005年）．

河音琢郎（かわね・たくろう）第 17 章，第 18 章
奥付の編者紹介を参照．

野口義直（のぐち・よしなお）第 19 章
奥付の編者紹介を参照．

編者

河音琢郎（かわね・たくろう）
1966年生まれ．立命館大学経済学部教授．著書『アメリカの財政再建と予算過程』（日本経済評論社，2006年），『オバマ政権の経済政策——リベラリズムとアメリカ再生のゆくえ』（共編著，ミネルヴァ書房，2016年）．

豊福裕二（とよふく・ゆうじ）
1971年生まれ．三重大学人文学部教授．著書『資本主義の現在——資本蓄積の変容とその社会的影響』（編著，文理閣，2015年），『現代アメリカ政治経済入門』（共著，ミネルヴァ書房，2021年）．

野口義直（のぐち・よしなお）
1970年生まれ．摂南大学経済学部准教授．論文「米国のシェール革命と環境政策」『摂南経済研究』第10巻第1・2合併号（2020年3月），「環境問題と21世紀資本主義」『経済』第272号（2018年5月）．

平野　健（ひらの・けん）
1962年生まれ．中央大学商学部教授．論文「戦後アメリカの経済成長率の長期低落傾向と産業構造の再編」『季刊 経済理論』第58巻第1号（2021年4月），「現代アメリカのグローバル蓄積体制と中国」『季刊 経済理論』第56巻第4号（2020年1月）．

装幀　鈴木衛（東京図鑑）

21世紀のアメリカ資本主義——グローバル蓄積構造の変容

2023年3月17日　第1刷発行　　　　　　定価はカバーに表示してあります

編　者　　河音琢郎 ・ 豊福裕二
　　　　　野口義直 ・ 平野　健
発行者　　中　川　　進

〒113-0033　東京都文京区本郷2-27-16
発行所　株式会社　大 月 書 店　　印刷　三晃印刷
　　　　　　　　　　　　　　　　　製本　中永製本
電話（代表）03-3813-4651　FAX 03-3813-4656　振替 00130-7-16387
http://www.otsukishoten.co.jp/

ISBN978-4-272-15048-9　C0033　Printed in Japan

貿易入門【第2版】
世界と日本が見えてくる
小林尚朗・篠原敏彦
所　康弘　編
Ａ５判二七二頁
本体二三〇〇円

経営学概論
企業と社会が見える
井上秀次郎
安達　房子　編
Ａ５判二六四頁
本体二八〇〇円

資本主義がわかる経済学
阿部太郎ほか　著
Ａ５判二〇八頁
本体二〇〇〇円

バーニー・サンダース自伝
バーニー・サンダース著
萩原伸次郎監訳
四六判四一六頁
本体二三〇〇円

大月書店刊
価格税別